池上彰が聞く

僕たちが学校に行かなかった理由

―不登校シンポジウムより―

はじめに

私自身、不登校の子どもに出会う前には、学校に行けない子どもは、親の過保護からくる甘えだと思っていました。しかし、実際に多くの子ども達に会えば会うほど、自分の考えていた認識が間違っていたことに気付かされていきました。ほとんどの子どもは、過保護からくる甘えでも、怠けでも、精神病などの病気でもありませんでした。そして、これはいったい何だろうと考え始めてから、三十年間、来る日も来る日も、不登校の子ども達と親のための教育臨床の仕事をしてきました。

最初の十年間は、不登校の子ども達と両親の話を聞くことと、子どもが望む学習やスポーツ等の支援を行なっていました。次の十年は、長引いた不登校の子ども達が抱える進級・卒業・進学・進路などの問題について、学校と親と本人の仲立ちの役割が加わっていきました。

不登校との関わりが二十年を過ぎた頃から、不登校に関しての理解や対応のあり方について、学校の先生方の間に情報が不足していることに気付かされました。それをきっかけに、一九九一年、「登校拒否研究会（旧称：現在は不登校問題研究会）」を作り、全国規模の不登校研修活動を始めました。この研修会は、文部科学省・厚生労働省の担当官を始めとし、我が国を代表する学者・臨床家・研究者の協力で、毎年、夏の終わりに東京で開催しています。

研修会の中で、毎年最も人気があって、実りがあったと感想が寄せられるのが、「NHK週刊こどもニュース」のキャスター、池上彰氏が司会をする「不登校体験者の子ども達のシンポジウム」です。学校や社会に復帰した子ども達が、過去の不登校体験を自分の考えでまとめ、自分の言葉で素直に語る。そこには、ひきこもった青年達がテレビ番組で語る誇張も脚色もない。また、子どもたちによく見られる、大人じみた学校批判もない。そこにあるのは、自分の弱さや脆さを素直に認め、客観的に親や先生を分析し整理して、自ら生きる力を付け、学校や社会に復帰していく姿です。

本書では、今までに開催されたシンポジウムから、平成十二年度、十三年度、十四年度のものを収録しました。子どもたちは不登校を乗り越え、壇上からその思いを伝えられるまでになりました。そこに至るまでには何が必要なのか？　ひきこもりや不登校に対する理解や対応のあり方が、子ども達の視点に立って語られていきます。様々な不登校体験を持つ子ども達の生の声は、不登校問題を考える最高のヒントになることでしょう。

二〇〇三年四月

牟田武生

目次

平成十四年シンポジウム　87

平成十二年シンポジウム 209

対談

―シンポジウムから見えてくること―

プロフィール

池上　彰

一九五〇年生まれ。一九七三年、NHKに記者として入局。松江、呉勤務を経て、東京の報道局社会部。社会部記者時代は、教育問題も担当。教員採用のあり方や大学入試改革についてのNHK特集を制作。文部省を担当し、教育改革や校内暴力、不登校問題も取材。その後、首都圏向けニュースのキャスターを経て、一九九四年から「週刊こどもニュース」キャスター。現在、NHK報道局記者主幹。著書に「子どもの教育の『大疑問』」（講談社プラスα文庫）、「今だからこそ！　国際理解」（共著、汐文社）等がある。

牟田武生

一九四七年生まれ。一九七二年に民間教育相談施設「教育研究所」を設立。教育研究所は、「適応指導教室」と「民間施設のガイドライン」のモデル施設となる。「子どもの側に立つ創造的な教育実践家」。特に、不登校の子ども支援援助活動が専門。元NHKラジオ「こどもと教育電話相談」担当、文部省「不登校生徒追跡調査研究員」。現在、教育研究所所長、（社）KODOMO健全育成協会準備室代表、教師&専門家のための研修会「不登校問題研究会」代表主催。著書に「ひきこもり／不登校の処方箋」「すぐに解決！　子ども緊急事態Q&A」（ともにオクムラ書店）がある。

一、学校が贅沢だった時代

池上　今回、今までの「不登校シンポジウム」を本にまとめるにあたって、対談の席が設けられました。

シンポジウムでは、たくさんの子どもたちの様々な思いを聞かせてもらい、子どもたちの気持ちが随分分かったような気がします。

とは言え、私たちが子どもだった頃と今の子どもたちが置かれている環境には大きな隔りがあります。その間を埋める意味でも、私たちの子ども時代の頃のことから、時代の流れを追って「不登校」というものを見ていきたいと思います。

まず、牟田先生にぜひ聞いてみたかったんですが、子どもの頃、「学校に行きたくない」なんて思ったこと、ありますか？

牟田　学校に行きたくないってことは…思わなかったですよね。また、そういう子どももいなかったし。幼稚園のときは、行きたくないなと思いましたけど…。

池上　幼稚園のとき（笑）。それはどうして？

牟田　当時は、今みたいにスクールバスはないですよね。幼稚園に通うときに、最初の一ヶ月ぐらいは母親がついて来てくれたんですけど、もう五月ぐらいになると、「自分で行きなさい」。でも通園路に犬がいて、それが怖くて怖くて。別の道を通れれば良いんですが、幼稚園に申請したその道以外は行っちゃいけないって言われて。もう、毎朝毎朝犬に吠えられて恐怖でしたよ。

池上　ええ（笑）。

牟田　それで帰って来ちゃってね（笑）。見つかると怒られるから、物置に隠れていた。そうしたら、幼稚園から連絡があって大騒ぎになってしまって。もう物置から出て来られないわけですよね、余計大騒ぎになっちゃったから。

池上　うん、うん（笑）。

牟田　結局見付かって、事情を話した。そうしたら、うちの母親、何を考えたんだか分からないんですけど、ちょうどやってた『一〇一匹わんちゃん大行進』っていう映画に連れて行かれて…。

池上　犬に慣れさせようとしたんですね（笑）？

牟田　そう。布団もカーテンも全部それにして…。

池上　犬柄（笑）。

牟田　それで、家の庭にまで柴犬を飼ってしまった。

池上　なるほどねぇ。

牟田　だから庭にも出なくなっちゃって。それぐらい恐怖を感じた体験はありますけど、学校に行きたくないっていうのはなかったですねぇ。

池上　学校、それ自体が嫌だというのは、私たちの時代にはなかったですよね。

牟田　なかったですね。なんでなのかな…。

池上　事情があって、来られない人というのはいましたね。それこそ経済的な理由で、教科書代を払えなかったり…。そうそう、昔は教科書が有料だった

（注＊）っていうのを知らない人が多いと思いますが…。

牟田　そう。そうですよね。

池上　我々が子どもだった頃に「教科書無償化制度」が始まりましたから、それまでは教科書代は親が払わなくてはいけなかったし、それを払えない人もいた。給食費を払えない人もいたし…そういう経済的な理由で、なかなか出て来られない人はいましたね。

牟田　いましたね。

池上　そういう理由もなく、ただ「学校に行くのが嫌だから」というのはなかったですね。

牟田　なかったですね、そういう人は。経済的な理由で、妹や弟の面倒を見なければいけないから来られないとか、そういう人はいましたけれど、それでもそんなに長期に渡って来ないわけではなかったですよね。

池上　そうですよね。ま、あるいは本当に病気で…病弱のために長期欠席という子は、一部いましたけど、いわゆる「行きたいんだけど行けないんだ」というお子さんというのは、ちょっと考えられなかったですねぇ。

＊昔は教科書が有料だった一九六三年（昭和三十八年）十二月に、義務教育で使用される教科書を無料とする法律が通り（教科書無償化制度）、それまで有料であった教科書が翌年の四月から無料となった。

二、授業するだけが先生じゃない

池上　続いて、牟田先生の小学生時代・中学生時代について聞かせて下さい。

牟田　えー、あの…どちらかというと暗いタイプでしたね。

池上　はい。

牟田　暗いタイプだったから、親しい友達は出来るけれど、大勢友達ができるということはなかったですね。で、私は、人だけじゃなく、虫とかにも興味があった方でしたから、どちらかっていうと、友達相手に遊ぶというよりは、虫相手に遊ぶ、っていうような感じだったんです。ただ、兄とか姉の友達が家に遊びに来るんで、その人達とは時々遊んでいました。あんまりクラスメートと一緒に遊びに行くっていうことは、なかったですね。

池上 なるほどね。好きな先生とか嫌いな先生とかいうのはいましたか。

牟田 うーん…一番恐怖だったのは中学校の時の先生。

池上 ええ。

牟田 中学校の英語の先生、今でも覚えています。私は、耳が悪いのか、いわゆるあの、英語の発音、上手く真似できないんですよ。

池上 はい。

牟田 ね？ 真似できないから、同じように発音しろと言われても発音できないんです。で、その先生も相当発音悪かったと思うんですけど…。

池上 （笑）

牟田 かなり日本語的な英語っていう感じだったんですよ。その先生はもともと社会を教えてて、ある日突然英語になったんですけど、その先生に「発音が悪い」って言われて、何回も何回もみんなの前で発音させられたときは、本当に嫌でしたね。

池上 ええ。

牟田 何て言うかな、やっぱり…誰でもそうですけど、理不尽な強制をされることがとても嫌だったんですよね。

池上 そうですよね。…生活指導されたりとか、そういうところはなかったですか？

牟田　生活指導を受けたっていうことはなかったですね。

池上　それは優等生だったんですか（笑）？

牟田　いや、陰ではかなり悪いことやってたんですけど、バレない（笑）。あるいは誰かに意図的にさせて、それで面白がるとか、そういうことはやってましたけど。生活指導でばれたってことはなかったですね。

池上　牟田先生から見て、「良い先生・悪い先生」っていうのは、どういうタイプでしたか？

牟田　うーん…良い先生っていうのは、やっぱり昔は多くいましたね。先生の宿直っていうのがありましたよね。

池上　ありましたね。

牟田　若い先生が宿直のときなんかだと、わりと貧しい家庭の子どもを呼んだりしてくれました。それで一緒に、天井みたいなものを食べて、グラウンドに天体望遠鏡を持って来て、夜、星の観察をしたり…。そんなようなことを一緒にやってくれた先生は、やっぱり今でも良い先生だったなぁって、思いますよね。

池上　うん。

牟田　授業以外に付き合いをやってくれる、そういう先生が、昔はかなりいたような気もするし、そういう先生は話しやすかった。自分の生活のこととか、兄弟のこととか、友達関係のことを、話しやすかった。もちろん親近感があるから話しやすいっていうことは、基本的なことだと思うんですけども。

その点、授業だけをやっている先生、まぁ、先生の事情もあるんだろうけれど、さっと帰ってしまうような、授業以外にあまり関わりのない先生っていうのは、やっぱり僕にとっては悪い先生だったような気がしますね。

池上　なるほどね。生徒にとって、先生は勉強を教えるだけじゃない…教えるというと意味が広いですね。いわゆる、「授業するだけが先生じゃない」っていうことですね。

牟田　そうですね。人格的なふれあいをしてくれるっていうか、授業以外にいろいろ関わりを持ってくれる。そういう良い先生がたくさんいました。

僕の小学校時代は、一クラスに六十五人くらいいたような気がするんですよね。しかも二部授業（注＊）で午後から来るクラスもあった。それでも先生達が、ああやって授業以外に面倒を見てくれていた…。昔の先生って随分タフだったんだなと思いますよ。

三、学校の中の逃げ場

池上　それで思い出しましたが、宿直ってありましたね。交代で先生が泊まるんでしたよね？　宿直室というのがあって…職員室の隣にありました。私のときも一クラス五〇人を越えていましたし、校舎が足りなかったから、やはり初めのうちは二部授業でした。一年生で入学したときは、低学年は午前中で、午後からは高学年が登校してきて同じ教室を使うという…。ほんとに、生徒がたくさんいましたねぇ。

牟田　いましたね。

＊二部授業
一九五五年（昭和三十年）頃、戦後ベビーブームに生まれた子どもたちが小学校に入学した。その時に教室数が足りず、生徒を午前（一部）と午後（二部）の二回に分けて登校させる二部授業が行われた。

池上　それで思ったんですが、例えば四〇人学級とか三〇人学級にすると、先生の目が子どもに行き届いて良いっていう一般論は大変よく分かるんです。でも私なんかは、そんなに常に先生の目が行き届いていたら息が詰まるな、と思って。五〇人を越えてたから先生の目が行き届かなくて、その部分が非常に、ストレスが溜まらないで良かったなと。

牟田　（笑）うんうんうん。

池上　隠れようと思えば隠れられた、先生の目を盗むことがいくらでも出来た。それが良かったんじゃないかな、と私は思うんです。

牟田　ええ。確かにそういう空間がありましたよね。いわゆる、先生の目の届かない場所とか空間とか。授業中もそういう感じがありましたよね。

池上　ありましたね。教室の隅でちょっと内職やってても、それこそ…高校になると早弁やってても気付かれないというのが…そういう逃げ場が学校の中にありましたねぇ。

牟田　だから、人数が少ない方が授業効率は良いのかもしれないけれど、逃げ場がないっていう感じはある。その息苦しさを感じているっていうのが、今の子どもにはありますね。

池上　そうですよね。だけど教える側…先生からしてみれば、自分の教える生徒なんだから、全員のことを把握していたいし、全員に目が行き届く授業をしたい。そう思うのは当然ですよね。けれども、それが子どもにとっては必ずしも良いとは言えない、というのがありますね。

牟田　これはとっても難しいですね。

四、不登校は怠けか病気か非行児か～七〇年代の不登校

池上　そもそも、牟田先生が不登校問題と関わるきっかけとなったのは、どういうことなんですか？

牟田　最初私は、学校を卒業してから教育相談や心理相談みたいなことがやりたかったんですね。でも、場所がなかった。場所っていうのは変な言い方なんだけど、教育委員会の相談室とか公的機関の相談室だと、退職校長がほとんどやってたんですね。

池上　ああ、そうでしたね。

牟田　だから、そういう若い相談員が入る隙間がなかった。それから、児童相談所になると、福祉関係が中心になりますので、性格がちょっと違うなということもありました。教育相談をやりたかったんですが場所がなくて、それで困ってたんですよ。

　ところが、結婚した相手がたまたま中学校の先生をやってたんですね。その頃は、中学校に新任で入ると、すぐにクラスを持たされる。その中に不登校の子どもが…当時は「長欠児」（注＊）って言われてたんですけど、そういう子がたまたまいた。で、彼女が訪問すれば訪問するほど、亀さんみたいに、どんどん引っ込んでいってしまう。

池上　はいはいはい。

牟田　で、その当時は、いわゆる進級の問題が…中学校は義務教育なんですけど、出席が足りないと進級が出来ないとか、卒業が出来ないということがあ

＊長欠児
　一九五〇年頃から七〇年代まで、長期間にわたって欠席が続いている子どものことを、学校教育関係者は、「長欠児」と呼んだ。

りましたので…。

池上　ありましたね。その当時というのはいつ頃ですか？

牟田　その当時っていうのは、昭和四十五年頃ですね。

池上　はい。

牟田　新任の、うちの女房にしてみれば、何とか進級をさせたい、卒業をさせたいという気持ちが強いんですけれど、家庭訪問をしても出て来ない。それで結局、どうしたら良いか女房も分からなくなって、私に、「とにかく家庭教師のようなかたちで行って欲しい」ということを頼んだわけですよ。で、まあ、僕はひもみたいな生活をしていましたから（笑）。

池上　（笑）

牟田　…まあ、そういうことを言われてしまえばしょうがない（笑）。本当は、自宅で本だけ読んでいたかったんだけれど。とりあえずその家に行きまして…。で、家に行くんだけど、当然会えないわけですよね。

池上　はい。

牟田　会えないから成果を持って帰ることは出来ません。それで、その家には妹たちがいたので、一週間に二回、その子たちの家庭教師みたいなかたちで行くことにした。まずは家に入り込むのが重要だと思って、家に入り込みました。家庭教師として少し勉強して、その後でトランプやオセロをやったりして、楽しくワイワイ騒いで。そうすれば本人が、「何やってるんだろう」と下りて来るだろう、って作戦だったんですよ（笑）。

池上　はいはい。「天の岩戸を開かせよう」ということですね？

牟田　そう。そういう作戦をとったんです。それでも九ヶ月ぐらいかかりましたね。あるとき少しふすまが開いて、彼が覗いていたんですよ。でも、「ここで声をかけたら駄目だろうな」って、もっと楽しくわいわいとやった。すると、すっとふすまが開いて彼が出てきた。その子は、色白の、なんかおとなしそうな子どもだった。

池上　はい。

牟田　「僕もトランプに入れて」って言うから、「いいよ。三人でやるよりも四人でやる方が、トランプもいろんなのが出来るもんね」って、何も聞かないでとにかくトランプだけを最初はやったんですね。

池上　なるほど。その子は小学生でしたか？

牟田　中学一年生です。

池上　中学校一年生の男の子ですね？

牟田　ええ。ただ彼は、私たちが教育心理で習っていた、フロイトとかユングの世界に出てこない人なんです。

池上　（笑）

牟田　今まで読んだフロイトやユングの本に、彼のような例は出てこなかった。だから、「これは何なんだろう」と不思議に思ったんです。最初は怠けだろうとも思いました。会うまでは、家にいて非行児ではないというのは分かってたんだけど、もしかしたら鬱病とか、何かあるんだろうと思っていた。それが実際に会ってみると、病的でもないしもちろん非行児でもない。一体これはなんだろう、っていうのが始まりでしたね。

池上　なるほどね。全国的に、その頃から不登校が問題になり始めたんですかね？

牟田　ボツボツと。

池上　そうですか。

牟田　その頃、そういう関係の本は一冊しかなかったですね。兵庫教育大学の元学長の先生が書いていた本なんですけど、それも翻訳本でしたので、ようやく日本にそういうのが出てきたかな、っていう頃でしたね。

池上　なるほどね。そうか、その頃は「長欠児」という言い方でしたね。で、期せずして「天の岩戸作戦」が成功したわけですね？

牟田　そうそうそう。もちろん、その前には業を煮やしてね、その子の部屋のドアを叩いたり、いろんなことで話しかけたりね、ことごとく失敗しました。最後の「天の岩戸作戦」が正攻法だったなって、今にして考えれば思いますけどね。

池上　で、トランプで一緒に遊ぶようになって、その後、その子はどうなったんですか？

牟田　トランプで遊ぶようになって、心理の評価の報告とか教科の報告を女房経由で学校に出してもらって進級できました。中学三年生のときに一〇〇日だけ学校に行けたんですね。

池上　ほぉー。

牟田　その子、高校に行きたいって…。どうして行きたいのか、僕は分からなかったんですが、行きたいっていうから。でも高校を探すのがすごく大変でした。

池上　ええ。

牟田　分かってもらえないわけですから、世の中に。

池上　そうですよねぇ。
牟田　そこで、失礼な言い方ですけど、本当に生徒集めに苦労しているような学校…そういう私立の田舎の学校を探して、校長先生にひたすらお願いをして入れてもらった。
結局その子は、高校一年生のときは三〇日くらい休んで、二年生が二〇日で、三年生はほとんど休まずに行って、卒業できましたんで、良かったなと思ってるんですけども。
池上　そうですよね。それを本当にボランティアで始めたということですね?
牟田　はい。

五、登校拒否の増加と世間の見方～八〇年代の不登校

池上　それが、だんだんそういう子が増えてきたなって、お気付きになったのはいつ頃です?
牟田　そうですね。段々と増えてきて…で、これで何か出来るなってことで、自分で「教育研究所」を開いて、教育相談と学習支援をしていたんです。最初は自閉の子どもとか、あるいは知的な意味でのボーダーな子どもたちなどが来てくれました。不登校の子が増えだしたのは一九八〇年代半ばくらいで、それからどんどん増え始めましたね。
池上　なるほどね。
牟田　一九七二年に研究所を始めて…だから八五年ぐらい。研究所を始めて十三年ぐらい経ってからは、そういう子どもたちの相談ばかりが増えてきて、

という状況でしたね。

池上　なるほど。

牟田　その頃はようやく、「登校拒否」という言葉がマスコミで人気が出て、という具合でしたね。

最初は夜に相談を受けていたんです。まず教育相談をして、お母さんの相談をする。それから、今で言う「メンタルフレンド」みたいなかたちで家に行ってカウンセリングのようなお話をする。それで、遊んだり外に連れ出したりしながら関わりを持っていって。その後、子どもが動き始めたときに、「勉強の遅れもあるから」と、今度は子どもに来てもらうわけですが…他の子が学校に行ってる昼間に来なさい、っていうわけには…。

池上　いかないんですね。

牟田　雰囲気的に、その時代は来られなかったわけですよ。第一、学校の先生達にしてみれば、「何でそんな所に行くの？」。

池上　はい。

牟田　「昼間行けるなら学校に行けばいいじゃないか」と。

池上　そりゃそうだ。

牟田　「あなたがいるからむしろ登校拒否になっているんですよ」という言い方もされましたしね。

池上　なるほどね。

牟田　こちらは、とにかく行くのが主なんだけど、そういう事情で昼間は行けないから、普通の塾みたいに、学校が終わった夕方から夜にかけて、そういった子どもたちの勉強を見ようかな、ってね。

池上　なるほど。それは社会的にそうせざるを得ない…。

牟田　得なかったわけですね。

池上　その頃のお子さんに、もし、「昼間来ても良いんですよ」と言ったら来ましたかね？

牟田　昼間に来ている子もいましたけど、本人たちにはやっぱり抵抗はあったかもしれませんよね。今よりはね。

池上　そうですね。世の中、昼間は学校に行くものだと思いますからね。

牟田　そうですね、当時は今よりは厳しいですから。実際に補導もされちゃいますしね。中学生とか小学生が昼間歩いてたら補導されちゃう。今はあんまり補導されないのはどうしてなのかなと思うんですけど…。

池上　そうでしたね。学校に行かないで街を歩いていたら補導されましたね。

牟田　でもね、困ったことがあったんですよ。このかたちでずっとやってたんだけど、結局夜の七時頃から勉強を始めて九時頃に終わりますよね。そうすると子どもたちは、それからがあれなんですよね。色々な悩み事を聞いて欲しかったり、友達とちょっと遊んでみたかったり、ということがありますよね。十一時を限度にしてはいたんですけど、勉強したあと長く残って、いわゆる放課後的に色々な話をしたりしてるわけですよね。

池上　なるほどね。

牟田　そうすると子どもによっては、帰りが午前様になる子も出てきちゃう。

池上　はぁはぁ…。

牟田　そうすると当然のごとく、お昼まで寝てることになるわけですよね（笑）。

池上　そういうことですよね、そりゃそうだ！

牟田　となると、またこれはジレンマですよね、私としては。

池上　そういうことですね。

牟田　おまえさんが生活リズムを崩してるんじゃないかって。僕も、本当に自己嫌悪感が起こりましたよ。昼間動かすわけにもいかない、夜やってると生活リズムが狂っちゃう、じゃあどうしようか。

池上　うん。

牟田　もうその頃、基本的に一年も二年も行ってない子ども達が中心だったんですけど、どうせ学校に行けないんだったら、思い切って学校と同じ時間にやってみよう、っていうことで昼間に移したんです。

池上　それがいつですか？

牟田　それがね、えっと、昭和五十九年だったですかね。

池上　それはあの、文部省が、いわゆる学校に行けない子どもに関しては、それ以外の教育機関に行っても出席と認める、という方針を打ち出す前ですよね。

牟田　あ、全然前ですね。あれは平成四年ですので。昭和五十九年にそれを全国で初めてやったんです。その一年後に東京シューレ（注＊）が出来ました。

　そのときにＮＨＫで、「お母さんの勉強室」っていう番組がありまして、しょっちゅう取材に入ってくれました。今でも覚えているのは、「先生は何を望まれてますか」と言うから、「いわゆる教育相談とか、こういう活動を公的な場所で認知して、公的機関でやって欲しい」と、一生懸命アピールし

＊東京シューレ
　一九八五年（昭和六十年）六月、奥地圭子さんが東京で開設したフリースクール。初期の理念は、「学校に行かないで生きる」というもので、反学校という要素が強かった。当時不登校は、学校教育機関から、「本人の問題・育て方の問題」と責められており、それに苦しむ不登校の子を持つ親達から支持され、全国的拡がりを見せた。

たんですね、ＮＨＫを通して。

池上　はい。

牟田　それぐらいから、ようやくぽちぽちと教育相談で、不登校の問題が話に乗っかってくるっていうのがありましたね。

池上　なるほどね。しかし昼間にやるとなると、学校や教育委員会からの圧力っていうのはあったんですか?

牟田　いや、実質的には説明をしに行くということでした。昼間にやるからには、夜と違って説明をしなきゃいけないだろう、と。自己責任としてね。

池上　ええ。

牟田　在籍の中学校に説明をしに行く。それから、場合によっては教育委員会にお話をしに行くっていうことをやり始めたら、逆に学校の方がね、「出席を認めましょう」って。

池上　はい、はい。

牟田　東京都の中学校の校長先生がね、「いやー、本当は違反なんだけどね、先生のところに住んでいてうちのところに通っているっていうことにして、通学定期を出しましょうよ」って、配慮してくれた校長先生まで現れてきましてね。

池上　はぁー、大したものですね。

牟田　ええ、本当に。それは嬉しかったですね。だから、その、昭和の時代にも通学定期で通ってくる子、それから、出席扱いを受けてる子どもがほとんどでした。

池上　なるほどね。

牟田　はい。だから、ちゃんと説明して何をやっているかも報告して、連携をとるようにすれば、学校側も分かってくれるんだなっていう実感を、そのときから持つことが出来るようになりました。

池上　なるほどね。

牟田　はい。でも、中には分かっていただけない、杓子定規に、「教育委員会ではそういうことは認められません」と、ズバッと切られちゃうケースもありましたけど。ただ、ちょうど昭和五十八年の八月に、文部省が登校拒否の手引き書（注＊）を出したんですね。

池上　はい。

牟田　で、「進級・卒業にあたって」というかたちの規定があったので、それを根拠に報告書を出すようにしました。というのは、「その子の心身の発達の状態、知的な発達の状態、学習の状態によって、出欠を機械的にではなく、前者の基準で校長が判断して良い」となったんですよ。要するに、学校に行ってなくても、その子の心身が発達していて、学習の遅れがなくって、こういう状態だっていう報告を学校長にすれば、学校長は…学校っていうのは教科担任制ですので、その子の教科担当をしている先生に話して、了解が得られれば進級が出来る、っていうふうに私は考えたんですね。

池上　なるほどね。

牟田　なんにも情報を持っていなくて、それで認めろって言われても、校長も困っちゃうし。

池上　それはそうですよね。

牟田　だから逆に、こちらから情報を提供してあげられれば、認めてもらえる

＊登校拒否の手引き書
　一九八三年（昭和五十八年）十二月に文部省が出した生徒指導資料「生徒の健全育成をめぐる諸問題―登校拒否問題を中心に―」を指す。この手引書の基本的な考え方は、「学校は、教育を専門的につかさどる機関であるので、家庭や関係機関との連携を十分にとり、その教育力を最大限に発揮し、登校拒否を未然に防止するとともに、登校拒否の児童生徒に対する指導に当たることが求められる（同指導資料『まえがき』より）」というものである。

んじゃないかって思ったんです。

池上　なるほどね。その根拠になったのが、文部省が作った「手引き書」ですね？

牟田　そうそう。

池上　あの頃は、まだ「登校拒否（注＊）」っていう言葉ですよね。なるほどね。そうか、そういうふうに考えると、ただ不登校になった子どもを受け入れるだけではなくて、それぞれの子どもが通っている学校や教育委員会に働きかけをして理解を求めながら、運営をしていたってことですね。

牟田　そうですね。基本的には、私のところで全部育つわけではないのでね、子どもって。今、たまたま負担がかかっているから行けないだけであって、その負担を一緒に取り除いてあげて、それで社会に出て行く、学校に戻っていく力を付けさえすれば…。私のところで全て教育できるわけじゃないから、戻って行くことはとっても大切。

池上　はい。

牟田　特に、私たちが子どものときに味わったように、たくさんの同世代…同じぐらいの年齢の子どもと揉みあいながら育つということが、すごく大切だと思うんですね。

池上　そうですね。

牟田　少人数のところではなく、そういうところに戻って行くことがやっぱり大切だって考えたから、そのためにはそういう手だてをしていかなければいけないなって、感じられますね。

＊登校拒否
　けがや病気、家庭の状態や家事の都合、あるいは保護者の学校教育に対する無理解などという理由もなく、何らかの心理的、情緒的な原因により登校できない児童生徒を言う。文部省は「登校拒否（学校ぎらい）」という用語を一九九二年（平成四年）まで使っていたが、それ以後は「不登校（学校ぎらい）」と言うようになり、一九八八（平成十年）からは「不登校」という用語に統一した。現在は、年間三〇日以上、明確な理由がなく休んだ子どもを指す。

六、やっぱり誰かと話したい、相談したい

池上　分かりました。あの、まだ夜の学校をやっていた頃にですね、いわゆる教科支援、教科を教えたあと、子どもたちがそのまま残って話をするってありましたね。

牟田　はいはい。

池上　やっぱり子どもは、しゃべりたいわけですね。

牟田　それは、しゃべりたかったんでしょうねぇ。何でかっていうとね、やっぱり家でも…当時は不登校がすごく少なかったから、認知されていなかった。だから家族にも認知されてなかったというケースが多いんですよね。今みたいには分かってもらってなかった。だから、親子関係も、いわゆる断絶の状態だった。

池上　はい。

牟田　母親はカウンセリングに来るから、母親には理解してもらえるんだけど、どうしても父親とは上手くいかない。そうすると子どもたちは、父親が帰って来て寝たあとに帰りたい（笑）。

池上　（笑）

牟田　顔も見せたくないっていうのが、やっぱり本音としてはあるんですね。だから、人と話す時間に飢えていたということもあるし、父親を避けていたっていうのもあったと思うんですけどね。

池上　はい。

牟田　とにかく帰りたがらない子どもが多かったですね。

池上　なるほどね。子どもからの学校に対する不満というのは、そういうところでは出ましたか？

牟田　学校に対する不満というのは、自分が行ってないから仕方ないんだけど、やっぱり進級や卒業の問題という形式的なものがまずありましたね。

池上　うんうんうん。

牟田　それから、偏差値が騒がれていた時代で、学校の管理化も進んでいた。で、昭和四十七〜八年は校内暴力が非常に盛んな時期だった。当時の不登校の子達っていうのは、どちらかというと被害者だったから、「学校が荒れている、じゃあ行けないね」っていうのがあって、逆に子どもたちにとっては楽な部分もあったけど、学校で被害を受けた部分としてはすごくしんどかったっていうことを言ってましたね。

池上　なるほどね。だからやっぱり、「しゃべりたい、誰かに話したい、相談したい」という、そういう欲求があった。ちょうど牟田先生のところがそれを聞いてくれるから、ということですね。

牟田　そうですね、それに同じような境遇の友達同士が会って話が出来るというのも、子どもたちにしてみれば大きかったんでしょうね。

池上　家でも、「何で学校に行かないんだ」と怒られ、学校は、「出てこい」と言うだけ。それぞれ孤立している子が、ふと牟田先生のところに行くと、自分と同じような子が実は他にもいるんだということを知るんですね。今でこそ、マスコミで不登校問題はよくとりあげられますから、自分と同じような子が全国にいるってことが分かりますけど、当時はそうじゃないですもんね。

牟田　はい。

池上　行ってみて初めて、「ああ、そういう子が他にもいるんだ」と気付く、ということですね。

七、不登校はこうして広まった

牟田　その頃の不登校のお子さんの家庭っていうのは、今とはずいぶん違います。

池上　と言いますと？

牟田　その頃の家庭っていうのは、どちらかっていうといわゆるエリートの家のお子さんなんですね。

池上　ええ。

牟田　僕が最初に行った家も、小さな事業家の名士の家なんですけど、総檜造りの七〇坪ぐらいあるような家で、その地元では結構有名。まあ、そういう実業家の家とか、弁護士さんやお医者さんのお子さんであるとか、政治家のお子さんであるとか、わりと、お父さんが社会のリーダーである家族に、不登校の子が多かったです。

池上　ふーん。

牟田　その子達には、そういう家族の見えざる圧迫もありますよね。

池上　あるでしょうね。

牟田　決して悪い人じゃないんだけれど、父親からも見えざる圧迫っていうのが…。

池上　あるでしょうね。

牟田　そういう家庭の中で、すごく期待されて頑張ったんだけど出来なかった。あのころの特色としては、社会の中である程度リーダー的なお父さんですから、お父さん自身が社会からストレスを受けています。

池上　はい。

牟田　で、まじめなお父さんが多かったんです。

池上　はいはい。

牟田　赤提灯でストレスを発散して家に帰ってくるようなお父さんなら良いんだけど、まじめなお父さんはストレスを受けると直接家に持って来ちゃうから、家の中がピリピリピリピリ…。

池上　はい。

牟田　だから奥様の方が、そういったご主人に対して、なるべく家ではリラックス出来るようにリラックス出来るように、って配慮していた家庭なんですね、今から考えてみれば。

池上　なるほどね。そうするとお母さんもピリピリしますね。

牟田　そうそうそう。お母さん自身も、子育てはなるべくご主人に負担をかけないように自分で頑張ろうとして、必要以上に自分で頑張ってた人達。でも当然不安があるじゃないですか。

池上　はい。

牟田　だから、子どもたちからしてみれば、お父さんからストレスを被って、お母さんから不安を抱かされてしまって、それでも精一杯頑張っていたんだけど、身体症状が起こって動けなくなってしまう、っていう構図。わりと分かりやすかったですよね。

池上　なるほどね。

牟田　最初は分からなかったんだけど、分かりやすかった。

池上　私も、あの頃、学校の先生のお子さんが不登校になるという話をよく聞いて、「ああ、そういうものなのかな」と思いましたけれど、やはりそういうことですね。

牟田　はい。

池上　その親は、ある程度社会的に期待を受けますしね。

牟田　そうですね。そういった本当のエリート集団から、今度は、先生を含めて公務員の人達の層。それから、銀行マンとか一流企業に勤める役職の人達、っていうような層があって、それから一般大衆化していったっていう感じですよね。

池上　なるほどね。だんだん裾野が広くなっていったという…。どうして裾野が広くなったんでしょうね。最初のところの、社会的地位が高い人の家庭にストレスが持ちこまれて、っていうのは大変よく分かるんですが、それが広がっていったっていうのはどういうことなんですか？　社会に、会社や職場でストレスをため込んで家に帰ってくるお父さんが、それだけ増えてきた、ということですかね。

牟田　と、思いますよ。いわゆる効率化が進んでいく、ということはあると思いますよね。それと、全国的な統計を見ると、登校拒否の数は大都市が多かったんです。

池上　はい。

牟田　で、その一九八二年頃に突出していたのは、私の実感としては愛知県と千葉県です。

池上　いわゆる、管理教育が行われていると言われているところですね？

牟田　はい、管理教育の行き届いた県で突出してましたね。管理教育とは、児童・生徒を管理するために非常に細かい規則やきまりを学校がつくり、その決まりを守らせるために、児童・生徒に生活指導を徹底して行う教育をしている県のことです。その当時は、管理教育を行っている地域からの相談が非常に多かったですね。

池上　ああ、そうですか。

牟田　はい。だから、私は横浜なんですけど、千葉とか愛知からの不登校相談のケースも多かったですね。学校で管理され、家でもそういう雰囲気で、子どもがいたたまれなくなった、っていうケース。

池上　なるほどねぇ。

牟田　不登校は、最初はエリートから始まって、高度経済成長の中でだんだん裾野が広がっていって、管理の厳しい都道府県で不登校がウワッと増えて、それから一般化しちゃったっていう感じですね。

八、校内暴力・いじめとの関わり

池上　なるほどねぇ…。私も昔、文部省の担当や教育問題をやってて感じたんですが、一時、いわゆる校内暴力（注＊）が随分問題になりましたよね。そ

＊校内暴力
校内暴力とは、学校内で起こる「生徒間暴力」「教

れで、「校内暴力をどうにかしよう」って、それこそ学校も教育委員会も必死になって、校内暴力をなくす取り組みが行われましたね。

牟田　はい。

池上　それで、確かに数字の上では、校内暴力はみるみる減っていった。そうすると今度は、不登校が急に増え始めたという印象を私は持っています。「何とかして校内暴力を押さえ込まなければいけない」って押さえ込んだ、そのプレッシャーやストレスが、今度は「不登校」っていうかたちで子どもたちに出てしまったのかなっていう印象を受けたんですが、どうなんでしょう。そういうことは言えるんですかねぇ？

牟田　ええ、その通りだと思います。ただ僕が現場にいて感じるのは、その前、校内暴力の前に、偏差値教育（注＊）によって子どもたちの塾通いが一般化してきたことがあると思いますね。まあ、「偏差値」っていう言葉ができて、中学生の子のほとんどが塾に行くようになった。そうすると、子どもが自分のために自由に使える時間っていうのが、本当に少なくなっていった。

池上　はい。

牟田　そうして子どもがストレスを受けていく段階で、有効なストレスの発散の方法がない。そこで、校内暴力というかたちで、塾とか偏差値というものからちょっとあぶれてしまった人達が火付け役となって、昭和四十七～八年頃は、校内暴力が広がったと思うんですね。

池上　そうでしたね。

牟田　あの頃、最初はね、生徒間暴力だったんですね。それで生徒間暴力のと

師に対しての暴力」「器物損壊」等の暴力行為を言う。学校の先生方は七十年代からこの言葉を使っていたが、文部省が校内暴力の調査を始めたのは八十二年からである。最初のピークは一九七三年～七六年頃で、最近、また増え始めた傾向がある。（暴力行為の発生件数の詳細については巻末資料①を参照）

＊偏差値教育
学力試験を相対評価する方法の一つ。大規模な模擬試験業者が七十年代に使い始め、加熱する受験競争に拍車をかけた。特に高校受験に際し、偏差値による学校のランク付けや学校での進路指導に使われた。偏差値教育の弊害をなくすために、文部省は業者テストを禁止した。

きはそれほど問題はなかったんだけど、器物破損…例えば便所の便器やドアを壊してしまう、ってありましたね。

池上　ありましたね。

牟田　それから、対教師暴力になったときに、文部省は強い指導を行ったんですね。そのときの中学校課の課長（注＊）さんが今の文部科学大臣ですけど、強い指導をおこなって子どもたちはどうなっていったのかというと、そのストレスそのものを抱えたままですので、そこからいじめの問題が起こったんですね。

池上　ありました。そうでした。

牟田　だから鹿川君の事件（注＊）なんて、当然…。

池上　そうでした。私のさっきの言い方、正確じゃないんだ、間が抜けてましたね。まず校内暴力が吹き荒れて、それをなんとか押さえ込もうとしたらいじめが起こって、いじめがどんどん問題になっていく。

牟田　はい。

池上　そのいじめの解決のために、また学校が取り組んだら、いじめが減った。そして今度は不登校が急に増えた、と。そうでした。そうそう、そういうプロセスでしたね。さっきの、訂正します。

牟田　だからいじめの定義も、教師が認識していなければいじめはないっていう状況だったんですね。でも、子どもたちは陰に隠れていじめをしていた。教師の見えないところでいじめが横行したんですね。

池上　そうですね。

牟田　というのは、偏差値が厳しかったですから、目に見えるところでいじめ

＊中学校課の課長
文部省初等教育局中学校課課長。当時遠山敦子氏だった。

＊鹿川君の事件
一九八六年（昭和六十一年）二月、東京都中野区立富士見中学校二年生の鹿川雅弘君が、「お葬式ごっこ」を含めた陰質かつ悪質ないじめを苦に、遺書を残し自殺した事件のこと。裁判では教師にも過失があることを認めた。

をやれば内申書にひびく。だから目に見えないところでいじめが横行する、というようになって、表に現れるいじめの数は減っていったんだけど、需要曲線と供給曲線みたいに、不登校の数が増えていっちゃったんですね。

池上　そうでしたね。よく覚えてますが、あの頃、いじめの件数について都道府県別全国の調査（注＊）というのを文部省がまとめて発表しました。それを見ると、いじめの件数が異常に多いところと全然ないところがあって、これはないと言っていても、実際にないわけないだろう、と。

牟田　はいはいはい。

池上　いじめ問題に一生懸命取り組んでいるところほど、いじめの件数が多かったですね。

牟田　そうですね。ええ、認識すればするほど増えちゃうという…。

池上　そうでしたね、うん…で、やっといじめが減り始めたら、今度は何も問題は起こさないけれど、とにかく学校に来ないよ、と。

牟田　そういう不登校の子が増えた。

池上　どんどん増えてしまいましたね。

牟田　だから、その頃は、わりと分かりやすくて、いわゆるいじめから不登校になるっていうケースがかなりあったんですね。ただ、家庭側はまだ認識が十分に出来ていなかった。

池上　うん。

牟田　不登校に…登校拒否に対する認識が出来ていなかったから、登校刺激（注＊）の問題がひどかったんですね。

池上　はい。

＊都道府県別全国の調査
文部科学省は、「学校基本調査」を行い、その中で「いじめの県別データ」を発表している。文部科学省ホームページの「統計調査」で調査結果を見ることが出来る。（最新のいじめの発生件数と不登校の児童数については巻末資料②③を参照）

＊登校刺激
不登校の子どもに、学校に登校することを促す言動をいう。

牟田　特に、親にその問題が顕著だった。熱心な親であればあるほど、将来を案じて、「何とか学校に行かせよう」と子どもに圧力がかかった時代ですよね。それから学校の先生も、さっきも言ったように進級とか卒業とか、将来高校に行くっていうことを考えて、「不登校をしていると絶対に不利だから」と、何とかして学校に来させようとする。このように登校刺激が非常に強い時代がありました。その頃の不登校の子どもは、家庭内暴力がひどかったんですよ。

池上　はいはいはい。

牟田　だから昭和四十年代の後半から五十年代の前半頃にかけて、非常に家庭内暴力が多くて…。

池上　金属バット事件（注＊）もありましたね。

牟田　金属バット殺人事件があった頃、非常に家庭内暴力が多かったですね。

九、不登校の激増〜大衆化・低年齢化・長期化

池上　そういう一連の流れの中で、不登校がどんどん増えていった、ということですね。で、それにしても、ここのところの不登校の件数の激増ぶり、これはどういうことでしょうねぇ？

牟田　そうですね、平成四年に文部省が、「どの子にも起こりうる」（注＊）としましたよね。で、学校側にも要因というのを…子どもが学校に来なくても、小さい変化を見逃さないようにというかたちで指導した。文部省のそういった方針はそのときが初めてですね。校内暴力のときも含めて、それまで

＊金属バット事件
　一九八〇年（昭和五十五年）十一月、受験圧力から二十歳の予備校生が、就寝中の東大卒エリートの父親と名門酒造家の娘の母親を、金属バットで撲殺した事件のこと。受験教育が過熱した時世に問いを投げかけた。

＊どの子にも起こりうる
　一九九二年（平成四年）文部省は「学校不適応対策調査研究協力者会議」の報告を受け、以前、特定の子どもや家族に登校拒否（不登校）は起こるとしていたが、誰にでも起こりうると

はどちらかというと、力による指導でしたから。
池上 そうですね。
牟田 不登校にしても、登校刺激的な対応でしたよね。
池上 はい、そうでした。
牟田 どちらかというと行動療法的（注＊）に、一つ一つクリアさせて、引き上げていくっていうやり方をとっていた。心の問題よりも具体的な行動、かたちの上で、っていう指導だったんですね。
池上 ええ。
牟田 で、平成四年になって初めて、子どもたちの心の内面を理解していこう、という方針に流れが変わりましたね。スクールカウンセラーの配置をするとか、あるいは適応指導教室（注＊）が出来てくる、っていうようなかたち。登校刺激型から、子どもの心を理解していこう、っていう変化があった。
池上 はい。
牟田 で、激増。…最近になって不登校の数が増えてきたのは、平成七年ぐらいから十年ぐらいに、ぐーんと上がっていったんですね。
池上 はい、そうですね。
牟田 で、長期化もしてきちゃった。
池上 ええ。
牟田 その時期の特徴としては、小学生の伸び率が中学生を抜いてしまったっていうことですよね。その原因としては、不登校が大衆化したっていうこともあるんだろうけど…。

いう視点に立って、この問題を捉えていく必要があるとした。

＊行動療法的
　行動療法とは、一九五九年、アイゼンクによって生み出された療法。学習理論に基く心理療法のこと。行動療法では、神経症などは学習された行動、あるいは学習の欠陥などによってつくられるものと考える。よって、異常行動を直接に治療対象とする。しかし、ここで行動療法「的に」とあるのは、不登校の子どもたちの抱える「不安」などは精神分析的な方法で理解するので、あえて「的」を付けた。

＊適応指導教室
　一九九二年（平成四年）以降、文部省が「心の居場所」として、不登校の子ども達の居場所として設置した教室のこと。各教育委員会によって、教室の呼び名や指導体制に多少の違いが見られる。

池上　無理矢理押さえ込まないというか、不登校を、それはそれで認めて「あげよう」ということになった、っていう部分もあるんでしょうね。

牟田　あるんでしょうね、きっと。無理矢理引っ張り出すという指導をしていかないで不登校を認めてあげた、っていうことも、不登校増加の原因のひとつにある。それによって家庭内暴力が減ったなどの効果は上がったんですけれど、不登校が増えてきたっていうことに関しては…まあ、平成四年以降、学校に行かなくても進級も卒業も出来るようになったっていうのも、原因のひとつとしてあるんでしょうけどね。そういう体制によるものもね。

十、虐待と家庭内暴力のリンク

池上　一方、今でも、不登校でなおかつ家庭内暴力をやっているという子どもさんも…。

牟田　もちろん今でもいますよね。

池上　そういうお子さんの件数というか、傾向としてはどうなんでしょうね。

牟田　昭和四十年代から五十年代に比べれば、件数自体は少なくなったけれど、家庭内暴力そのものの質が、ちょっと変わってきているのかな？

池上　ほう…と言いますと？

牟田　というのはね、これについての具体的な数字は持っていないんですけど、昔は登校刺激に対して、「自分の気持ちを分かってくれない」って反発をして家庭内暴力を起こすという部分がありました。

池上　はい。

牟田　今はね、よくよく聞いてみると、虐待と家庭内暴力がリンクしているんです。

池上　はあ…なるほど。

牟田　昔も、親が厳格なしつけとして多少、暴力的な…本来許されないんだけど、暴力的なしつけをやる親はいて、そういう子どもさんほど家庭内暴力が多かったんです。ただ、以前は、どちらかというと父親による暴力が主だったんですね。

池上　ええ。

牟田　で、今は、かなり母親…もちろん父親もやるけど、母親も虐待をやるっていうことがありますよね。その仕返しとして、幼児期に虐待を受けた子どもが家庭内暴力を起こしているっていうケースもありますね。だから、単純にはいかなくなってきた。

池上　親が暴力を振るい、あるいは虐待を受けた子どもが大きくなって、自分の子どもをまた虐待するっていう負の連鎖が、随分ありますね。

牟田　負の連鎖というのは「自分の子ども」が対象ですね。それとはちょっと違って、子どもが親より体格的に大きくなったときに、かつての自分が受けた虐待を仕返す、というのが最近ありますね。

池上　なるほどね。そういうかたちでね。

牟田　ええ、ケースとしては多く見られますね。だからそういう意味では、家庭内暴力の質がちょっと変わってきているのかなと思いますね。

十一、今は「どこの家庭にも起こりうる」時代

池上　それでは、「不登校問題をどう考えるか」という話に入っていこうと思うんですけど、今、まず家庭の話がでました。

牟田　はい。

池上　学校や先生が不登校にどう取り組んでいくべきか、この問題もあとで話をお聞きしますが、今この流れですから、家庭から考えていこうと思います。そもそも不登校を引き起こす子どもさんの家庭というのは、どういう問題があるんでしょう？

牟田　うーん…昔はどっちかっていうと本当に、さっき言ったような「良い家庭」、社会的に認知されている家庭の中に何かしらのゆがみがあって、その一番ゆがんだ部分を背負わされた子どもが不登校になった、っていうかたちでしたが…。今は一概にそんなことが言えなくなっちゃいましたね。

池上　ええ。それこそ文部省じゃありませんけど、「どの家庭にも起こりうる」のだから、どんな子どもにも起こりうるわけですね。

牟田　起こりうると思いますよね。だから要因としては、どこからでも起こっていく、という感じはしますね。

池上　つまり、「不登校の子どもが出たということは、家庭が悪いんですよ」なんてことは、一概に言えないということですね。

牟田　そうですね。かといって、「どんなきっかけがあると不登校になるのか」と考えても、何でもきっかけになりうる、という感じがしますよね。ただ、

＊文部省の調査
　平成四年十月から十二月にかけて行なわれたアンケート調査と面接による調査。「『登校拒否児童生徒の実態』を児童・生徒本人、保護者、学校の三者に対して行い、より多面的に実態を把握し、今後の対応に生かす」ことを目的に行われた。調査は、平成三年度間に「学校ぎらい」を理由に、三十日以上欠席した児童生徒二九三人とその保護者、対象者が在籍する小・中学校六二校を対象とした。
　アンケートでは主に「登校拒否に陥ったきっかけ」として、「学校生活による影響なのか？」「学校生活によるものなのか？」「本人自身の問題なのか？」を聞いた。

例えば文部省の調査（注＊）を見ると、学校の要因と、家庭の要因と、本人自身の要因と、三分割されるんですね。だけど、本人自身の問題っていうのは…。文部省の分析というのは、教師側から見てその三つのうちのどれに当てはまるかって。

池上　はい。

牟田　その後、平成九年に不登校が一〇万人に達したときに、文部省が大規模な追跡調査（注＊）を行ったんです。今度の場合は、本人から見てるんです。どれに当てはまるかを調査しました。「本人の要因」というのは、別にいじめを受けているわけではないんだけど、何となくクラスに居心地の悪さを感じたとか、すごく緊張感を感じて緊張してしまうとか、あるいは自分自身、何か言おうと思っても声を出せず、何も言えなくなってしまった、などがあげられます。

池上　はい。

牟田　これらは、先生から見ると本人の問題なんだけど、本人から見ると、友達とか先生の関係の中で緊張感が走ったのが原因、となるんです。

池上　なるほどね。そういうことですね。

牟田　ですから、あの追跡調査では、「対象があって不安がある。不安がひとりでに起こっているわけではない」という仕組みが、かなり分かりましたよね。

池上　なるほどね。

牟田　あえて不登校の要因ということを考えれば、不登校っていうのは、もちろん本人自身の二次反応として起こるんだけども、一次要因は学校や家庭の

小学校では、学校側に「家庭生活の影響」とする意見が多く、保護者は「本人自身の問題」とする意見が多く、本人は「学校生活の影響」とする意見が多かった。登校拒否に陥ったきっかけについて、学校、保護者、本人の間で認識の違いが見られた。

中学校では、学校、保護者及び本人ともに「学校生活の影響」が多いとされる。（本人・保護者・学校に行った、登校拒否のきっかけと具体的状況についての聞き取りの詳細な結果は巻末資料④を参照）

＊追跡調査

平成五年三月に中学を卒業した中学三年生のうち、不登校生徒二五、九九二人に対して五年間の追跡調査を行った。調査結果は「平成五年不登校生徒追跡調査報告書」として平成十三年八月に報告がなされている。（追跡調査の詳細については巻末資料⑤を参照）

中に潜んでいるのかなと思いました。

十二、母親だからできること

池上 なるほどね。そうは言っても、この本をお読みになっている方の中には、お子さんが「不登校になった、なりかけている、どうしたら良いんだろう」と思って、わらをもすがる思いでこの本を手にとって読んでらっしゃる、そういう親御さんもいらっしゃると思うんですね。

そういう親御さんに対して、どうしてこういうことになったのか、家庭としてどうすればいいのか、何かアドバイスはありますか？

牟田 はい。まずね、さっきの…いわゆる行動療法的な「どこまで達成した」という考え方はやめた方が良いと思うんですね。たとえば、「ようやく家から出て、近くのコンビニまで行けた」「駅まで行けた、図書館まで行けた」という方式はやめた方が良い。確かにそれは成果としては成果なんです。それを子どもが自主的に行っている場合はね。でもそういう考え方をしていると、「じゃ、図書館まで行けたなら今度は学校まで行けるよね」ってやっちゃうんですね。実績を踏まえて次を次を、と目標を立てていくというのは極力やめた方が良い。子どもが自分で自主的に動ければ別だけど、親とか教師から目標を設定しちゃうとまずい。僕は「アイコンタクト」とか、感情的な関わりというのがとても大切なものに思えるんですね。

池上 はい。

牟田 今の子どもたちって、すごくそれを求めている。まあ、「情緒的な交流」

と言うんでしょうか。人間関係の中で、何も言葉に出さなくても相手の表情を見れば、その人が怒ってるのか、悲しんでるのか、寂しいのかって分かりますよね？

池上　そうですよね。

牟田　でも、それが上手く伝わらない、分からないっていう子どもたちがやっぱり多いんです。親子の関係でも、その情緒的な交流がやっぱり少ないのかな。何か「先に先に」って焦らされている部分があって、言葉だけのやりとりだけを実績として信じちゃって、本人の気持ちや思いが置き去りにされているっていう気がするんですね。

池上　ええ。

牟田　それが置き去りにされちゃって、自分の感情がいつもついていかないから、人間関係をどうやったらいいか分からなくなっちゃってる子がすごく多いんですね。だから、不登校の子どもを見ていると、身動き出来なくなって、お母さんが登校刺激をしなくなったら、一番安心できるお母さんにはりついて幼児退行（注＊）…幼児戻しみたいなことを起こす。そうして求めていることは、二歳とか三歳の子どもと全く同じで、言語の結びつきではなくて、感情として「僕は認められている、私は認められている、愛されている」っていう確認なんですね。それを何回も何回もするんです。

池上　ほぉ…。

牟田　で、安心が出来ると、お母さんからすっと離れる。もう一回、一次成長を繰り返しているんですよ。…二次成長が十歳から十八歳。そこで問題が起こって挫折すると一次成長の〇歳から六歳の、非言語の社会に戻って発達課

＊幼児退行
　思春期の不登校の子どもが、母親に対して幼児戻しを起こし甘えること。一過性であるが、母親への信頼感が得られないと長く続く場合もある。幼児期の発達課題のやり直しと考えられる。

題のやり直しをする。それからもとの問題に戻ってくる。

そういうことがあるんですね。そこまできて、「でもまだ学校に行けない、それでも何か試してみたい」と思う。自分の感情が伝わるか試してみたいと思っているんですよ。それで小集団に来るケースが多いですね。

そう考えると、確かに僕らのところに来るのは、体力を付けるとか学力を付けるという目標で来てるんですけど、実はそれ以上に、気持ちの交流をしたいっていうことがすごく大きいんですね。

池上　なるほどね。今のお話を聞くと、思い当たるという親御さんが多いんじゃないかと思います。いつでもひたすら、「早くしなさい、早くしなさい」とせかしてばっかりで…子どもの頃は抱きしめたりいつも触れ合っていたのに、学校に行くようになったら、「早くしなさい」あるいは「塾に行きなさい」と、せかすことしかしていなかったなあと、ふと気付く方がいらっしゃるんじゃないかと思うんですよね。で、幼児退行を起して、急に赤ちゃんみたいになってじゃれついてきたり、いつもぴったりくっついてきたりするようになった。「一体この子はどうなるんだろう」と心配されている方もいらっしゃると思うんですけど、発達段階をやり直しているんですね。

牟田　そうです。だからそれを完全にやり直せた子どもは、再発していかないんですね。でもそれができなくて、途中で、「あなたいい加減にしなさい」ってやっちゃった場合は、ひきこもりが長引くケースが圧倒的に多いですね。

池上　そうしますと、いろんなタイプがあるにせよ、不登校になってしまった子に、「しょうがないわね、じゃ無理して行かなくても良いのよ」と言ったら、みるみる幼児化していって母親にまとわりつくようになったとする。そのときに、「うわぁ、大変だ」とは思わないで、「これは、本来の親子の関係で、きちっとした発達段階を上手く過ごすことが出来なかったから、今やり直しているんだな」と考えて、根気強くきちっとその子に向き合う。「そうか、自分は子どもの情緒が安定するような人間関係としての親子関係を作れなかったんだな。じゃ、今、子どもと一緒にそれをやってみましょう」という姿勢で、途中で「いい加減にしなさい」と言わずにしっかりと関係を作り直す、そういうかたちで発達段階をやり直していけばそこから上手くいく、と。

牟田　いきますね。

池上　焦らずにいく、と。

牟田　そう。大体ね、そういうときにはお母さんを求めるんですね。一対一の関係、気持ちをぴたっと分かってくれる恋人同士みたいな関係を作りたいんです。そのときにお父さんが入ると、三角関係になって許せない、ということがあるんですね。

池上　うわー、駄目ですか（笑）。

十三、父親だからできること

牟田　はい。ですからお父さんは無理矢理入らないで下さい。子どもは嫌がっているのですから、直接関わろうとなんてしない。

池上　はい。

牟田　その代わり奥さんを、子どもの見えないところで…近くのおいしいレストランにでも奥様を連れて行って、普通にゆっくりとお食事でも召し上がって、子どものことで大変なお母さんを支えてあげて欲しいんですね、父親としてはね。

池上　うん。

牟田　そうすると、支えられることで、お母さんは安定した良い状態像をお子さんに提供することが出来ると思うんですね。

池上　なるほどね。

牟田　これが、お母さんだけで孤独で不安になっちゃうと、また、「孤独で不安なもの」を子どもに提供しちゃう。

池上　そういうことですね。夫婦関係が安定していれば、お母さんも落ち着いてお子さんに対応できますね。

牟田　はい。そこがやっぱり基盤だと思うんですね。

池上　なるほどね。いや、私も父親であるんですが、子どもが不登校になったとしたら、父親として何かやらなければならないだろうって、「さあ、父親の出番だ」って乗り出していくって、そう考える父親って多いと思うんですけどね。

牟田　ほとんどそうですね。

池上　そうですね、やっぱりね（笑）。それは良くない？

牟田　そうですね、冷静になって考えてみて下さい。たとえば、赤ちゃんが産まれて半年くらいで熱を出したとしますね？　あるいはお腹の具合が悪い。そのときに、「パパ、パパ」って、お父さんのところに行く赤ちゃん、いると思います？

池上　いませんね（笑）。

牟田　必ずお母さんのところに行くでしょ？

池上　そうですね。

牟田　で、お母さんにね、癒されて看病されて、病院に連れて行ってもらって…普通、具合が悪くなったらお母さんに救いを求めますよね？

池上　はい。

牟田　それってもう、性的なものだと思うんですよね。それで、三歳くらいになって子どもがいろいろ話をするようになる。毎日元気いっぱい。そうすると今度は、「パパ、公園に連れて行って」とか「キャッチボールして」とか、なりますよね？

池上　なりますね。

牟田　お母さんからは得られない、違ったかたちの求め方をしますよね。そのときがお父さんの出番ですよね。

池上　ええ。

牟田　つまり子どもっていうのは、ちゃんと性差をわきまえているんですよね。

池上　なるほどね。

牟田　男女平等で同権の時代なんだけど、子どもから見ると同質ではない。明らかに、生理的に見るとお父さんとお母さんの使い分けをやっている。それを、一緒くたに、「よし、僕の出番だ」なんて思っちゃうと…。

池上　間違いだ、ということですね。

牟田　と思いますよ。

池上　なるほどね。その一方で父親は、「そうか、そういえば自分を求めていたときに、仕事が忙しくてちゃんと関わってあげることが出来なかったな」と、今になって反省しているお父さん、随分いると思うんですけどね。

牟田　はいはい。だから、不登校の子どもが、一歩社会に出始めようとするときにね、例えば、まだ学校に行けなくても、フリースクールとか適応指導教室に行きたいっていうときにね、お父さんがホームページで調べてあげるとか、そこに行って話を聞いてきてあげるとか、あるいは中学校は卒業しちゃったけど高校に行くときとかに、お父さんが調べてあげるとか、そういうことをやると子どもはすごく喜びますよね。

池上　なるほどね。今度は父親が、子どもと社会との架け橋になるってことですね。

牟田　そう。僕はそれが大切だと思うんです。お母さんみたいに、ぴったりとした心の架け橋にはなれないけど、社会との架け橋として、子どもは父親を求めている部分が多いですね。

池上　そうすると、ちょっと勝手に図式化しますけど、例えば、さまざまな理由で子どもが不登校になってしまったら、登校刺激をしないとか焦らないということはあるにせよ、親が取り組むべきこととしては、まずは母親が、改めて子どもとの親子関係のやり直しをする。その間、父親は母親をしっかり支える。そしてその親子関係のやり直しが終わった子どもが、「さあ、そろそろ社会に出ていこうかな」となったときに、今度は父親が、その社会に一歩足を踏み出すときの架け橋になってやる。「社会はこうなっているんだよ」

っていうことを知らせる。そういう役割分担をすると良い、ということですね。

十四、タイミングが重要

牟田　そうですね。大まかに言えばそうだと思います。でもやっぱり多くの親は、不登校になって退行現象で母親にぴたっとくっついてる子どもに、「適応指導教室に行きなさい」とか、やっちゃうんですよね、乱雑に、乱暴に。

池上　はいはいはい。それは親にしてみれば、「不登校になった、なんとかしよう、よし、適応指導教室があるんならそこに行こう」って、思っちゃいますよね。でも焦っちゃいけないということですね。

牟田　そうそう。お父さんが入って来たって混乱しちゃうのに、ましてや他人が、家庭訪問だ、メンタルフレンドだって家庭に入って来て、「あなた、その人達と話しなさい」ってやられたら、「私はお母さんを求めているのに、なんで第三者を紹介するんだ」ってことになっちゃう。それで余計に悪化させているケースっていうのもあります。

池上　なるほどね。

牟田　子どもの心理的な発達に応じて、条件を整えてタイミングを合わせて提供していけば、必ずスロープを上っていけると思うんですけど、急に子どもが不登校になったという親は、何が今必要か混沌としている状況にあるんだろうと思うんですよね。

池上　ながーいスロープが必要なのに、いきなり、非常に高い階段だったり壁をポンと突きつけて、「ここをよじ登れ」といっているようなものだということですね。

牟田　はい。だから、今回のシンポジウム（注＊）のパネリストの人にもいるんですが、「お母さんは前からカウンセリングのためにフリースクールに行っていたんだけど、ある時期から自分も行くようになりました」という子ども。それは状況として、わりと合った対応の仕方だった。「とにかく一度、一年前の中学一年生のときに行ったんだけど、それから僕は行けなくなって中二になってから行きました」という子もいましたよね。

池上　あ、いましたね。

牟田　もしその時、中一のときに行けないからといって、無理矢理に来させるというような指導を適応指導学級やフリースクールがやっていて、親もそうだったら、その子はずーっと、状態の悪いままだったと思いますね。

池上　そういえば今回、パネリストの中にいましたね。「親がどうも、教育研究所に大分前から行っていたようです」という子が。

牟田　はい。

池上　「ずっと相談に行っていたみたいだけど、そのうち、『行ってみない？』と言われて行った」というお子さん、いましたね。

牟田　はい。だからそれは、ポイントの時期だと思うんですね。ポイントの時期を間違えると、かえって時間が無駄になってしまったり、時間がかかってしまうことはあると思います。だから、その時期を見極める力を、教育相談やスクールカウンセラーの人に持って欲しいですね。そうすれば子どもたちは混乱しないですむし、親も楽で良い。

＊今回のシンポジウム　平成十四年シンポジウムを指す。

＊本当の「ひきこもり」　「ひきこもり」についてはまだ明確な定義はないが、一般的には、「長期間にわたって人間関係を退い

十五、ひきこもる理由

池上　なんかすごく、クリアに問題が見えてきたような気がするんですが…。もう一つ、いわゆる本当の「ひきこもり（注＊）」がありますよね。たとえ退行してでも、そういうふうに親にぴったりとくっつくなら良いんですけど、そうではなくて自分の部屋に本当に閉じこもってしまって、食事のときも出て来なくて、作った食事を届けてやらなければいけないという場合。そういう本当のひきこもりになっちゃうと、母親が新しい親子関係を作ろうとしても、どうしたらいいか分からない、そういう場合もありますよね。

牟田　その分け方として、「自我」という言葉を使うんですが、ある程度、自分で自分のことが見えていて、自分自身をコントロールできるようなものが心に出来ている人、いわゆる一般では十八歳以上の「大人」と言われる人は自我が形成されていて、その場合は退行現象を起こしません。自我が形成されていない子どもの場合は、ほとんど退行現象を起こします。でも、ほとんど起きない人もいるんです。これは母親が小さい頃からそういう関わりをしなかった人。

池上　はい。

牟田　どちらかというと、〇～六歳の間に情緒交流がまるきり出来なかった人。その人達が不登校になったときに、その人にとっては、母親というのが本当に信頼感のある人ではないから、退行を起こさないですね。

池上　はぁ…起こせないのか。

てしまい、家族以外の他者との関わりを拒絶して、精神的に自分の世界の中にいる状態」を指す。具体的には次の三点を含んでいるものと考えられる。

1、学校を含む社会的活動やアルバイトなどの経済的活動をせずに半年以上に家にいる人

2、統合失調症（精神分裂病）が背景にない人

3、十八歳未満の人（十八歳以上の人は最近「社会的ひきこもり」と呼ぶようになってきている傾向がある）

ここで本当の「ひきこもり」と呼んでいるのは、不就労、不就学の人（仕事に行く、学校に行く等の活動はしないが、日常生活は普通の人とあまり変わらない生活をしている「ひきこもり」）に対し、不登校だけでなく自室にこもってしまい、他人との係わりを避けるためにほとんど外出しない人を指している。

牟田　そう、起こせないんです。誰も信用できないからひきこもっているケース。延々とひきこもっているケースがありますよ。ほとんどの人は退行現象を起こすんだけど、母親が面倒くさがったり、大変だと思ったり、子どもがはりつくことに生理的に抵抗を感じたりして拒絶しちゃった場合、子どもは、家にひきこもるか、家庭内暴力を起こすか、神経症を起こすか…ですよ。

池上　なるほどねぇ…。

牟田　だから完全にひきこもっているケースでは、「ほとんど退行現象を起こさない場合」と、「退行現象を起こしたときに失敗したケース」が多いですね。それで三年も四年も、というケース。それが十八歳以下です。

　十八歳以上の場合は、大人になってから…大学や会社に入って、それから人間関係やいろんなことからひきこもっちゃったというケース。で、その人達は自我が確立してますから、退行現象は起こさないんです。

池上　はいはいはい（笑）。そりゃそうですね。

牟田　起こせないんですね。で、自室にずーっとこもった生活をしている。これに対してのフォローの研究は、まだ現実にはないですね。個々の問題でね。ただ、若い人の場合、「はりつきたいんだけどはりつけない」といった場合、仮の母親とか仮の父親を求め出すときがあるんです。そのときに、お母さんでなくても、代役の家庭訪問の人達に対して、「仮の母親」像を求める。

池上　そうすると、それはやっぱり女性でないといけないんですか？

牟田　それはそんなことないんです。

池上　つまり、母親「役」をやってくれる人であれば、男性でも良いんですね？

牟田　そうそう。僕も何度も、はりつかれるというケースがありました。八年も九年もひきこもっていた女性にはりつかれたこともあります。人からは「良いですね」なんて言われるけど、とんでもない（笑）。

池上　（笑）

牟田　養分を吸われるような感じなんですよ。彼女は僕のことを「母親」だと思っていて…僕は中年の男性なんだけど、彼女は母親を求めている。

池上　なるほどね。それはとても「良いですね」とは言えませんね。

牟田　とっても言えませんね（笑）。それは男の子も同じですね。だから八年九年ひきこもったケースでも、本人の方から求めたときは行ってあげる、ということが大切だと思うんですね。そういったときに必ず信頼関係…この人は自分の心の全てをうち明けるに足りる人間かどうかを確かめて、その後、「この人には話しても良い」と思ったときには、もう完璧にはりつかれますね。それはもう、母親を求めているんですよね。

十六、放置は長期化のもと

池上　ひきこもりになってしまった、でも、そういうのは回復するまでに時間がかかるんだから気長にやろう、とそのまま放っておいたら、いつまでたってもひきこもりが続いているよ、どうしよう、という家庭も最近多いですよね。

牟田　多いですね。結局、子どもの不登校とかひきこもりの問題は、その子自身の問題だから、と捉えているお父さんお母さんが多いんです。だから、登校刺激などの社会刺激もしないし関わりもしない、っていう状態で放置されるケースがあります。

僕は相談件数の半数が不登校なんですが…半数の人はどこの相談機関にも相談をしないんですね。毎年行われる文部科学省の「学校基本調査」や東京都教育委員会の調査（注＊）によると、不登校十四万人近くのうち、児童相談所にも医療機関にも相談しない、教育相談もしない人が半数以上いるんですよ。その半数の人達には、心のどこかにそういう感情があるんだと思うんですよ。で、そういう状態に置かれた子どもはどうなのかというと、ひきこもりの時間がずーっと…延々と日にちが過ぎている。

池上　気付いたら三十歳を過ぎている…。

牟田　そうそうそう。

池上　これは…そうか。いわゆる「登校刺激をしちゃいけないよ」と言われて、「それぞれまた改めて、人生をやり直しているんだから、そっとしておけばいずれその状態から脱するだろう」と考えていると、これはこれでとんでもないことになるんですね？

牟田　そうそうそう。だからやっぱり関わりは必要だと思うんです。学校とか仕事のことを言わなくても、「今日のこの料理、おいしいね」とか、「辛かった？　どう？」と味覚の話をしたり、あるいはテレビを見ながらその感想を言い合ったり、あるいは、「もう紅葉が綺麗になってきたね」とか、そういう日常会話はとても大切だと思うんですよね。その中にその人の感情が入っ

＊東京都教育委員会の調査　詳細については資料⑥参照

ていますからね。

池上　人間的な関わりは、常に欠かせないということですよね。

牟田　そう、常に。その日常会話の中に、自分の求めている本心がポロッポロッと出てきますから、それを子どものサインとして見逃さないようにして欲しいんです。

で、子どもが何か求めているなと思ったら、ちゃんと確認してね…人権の問題（注＊）もあるから。僕は驚いたんだけど、どこかの市なんかではね、「相談件数を上げよう」っていうことで、親も来ない、子どももひきこもったままのところに、先生が勝手に入って行っちゃった。家庭訪問するのは良いけれど、人権の問題を考えると、例えば児童相談所なんかでも、虐待とか犯罪的な問題があったとしても、介入ってすごく難しいですよね。

池上　そうですよね。

牟田　だから児童相談所の人達は、そういう問題にかなりシビアに取り組んでいますね。でも教育相談の人達っていうのは、自分が善だと思っているから、意外と荒っぽくやっちゃうんです。それで子どもとの関係が駄目になっちゃう。だから、子どもが求めたときにちゃんと対応できるように、本当に求めているのか求めていないのか、日常生活の会話の中で子どもの奥底の気持ちを理解していくことが必要なんだと思いますね。

池上　なるほどねぇ。子どもが求めてもいないのに、無理矢理ひっぱり出したり、刺激したりするわけにはいかない。かといって放っておいてもいけない。常に人間的な関わり合いを持ち、そういう関わり合いを持つことで、その子のサインを見付けなきゃいけない。それを見付けるためにも、人間的な

＊人権の問題
　本人及び保護者の意思を確かめずに、ひきこもっている子どもの家庭を訪れ、土足で家の中に入るのは、たとえ善意であっても、住居の不法侵入であるとともに、本人への人権侵害とも考えられる。

関わりは常に持ち続けなければいけないということですね。

牟田　はい。例えば、部屋にこもっちゃってその子の姿を全然見ない、と相談に見える方がたくさんいます。で、「先生どうしたら良いんですか?」と聞いてくる。そういうときには、「最初は筆談をしなさい」と答えます。ホテルで、ドアの下に新聞紙を入れるように、ああいうかたちで筆談をしなさいと。例えば、「何か必要なものはない?」とか、「寒くなってきたけど、トレーナーとか、何か必要なものない?」とか。最初は何も言ってこない、返事もかえってこないけれど、延々とやって下さい、と。しばらくすると、必要なものだけ書き始めます。二ヶ月三ヶ月経つと、必要なものを書き始めるんですよね。下着が必要だとか、なんとかが必要だとか。そうやって、責めたりしないで筆談をしていけば、必ず部屋のドアは開くはずです。関わりをしなければ開かないですよ。

池上　そうですね。

牟田　ドアが開いたら、話はしないけれど、食事を一緒にする。食事をしておいしいか聞いても、無愛想な顔をする。でも、ある日突然、「ごちそうさまでした」と言う。

池上　言う…。

牟田　「何年かぶりに初めてあの子の声を聞きました」って、実際にそういう人がいるんですよね。それから、お母さんの季節の話とかも聞いてくれるようになる。少しずつ会話も出来るようになっていくので、「あなたが生きているだけで良かった」っていうかたちで接していくと、次第に家の中で何か手伝いをするようにもなっていく。「庭の植木が伸びちゃって。本当は庭師さんを入れなきゃなんだけどこういう状況だからね」と言うと、「じゃ、僕がやるよ」って言って、本当に木を切り始めたりとかね。

池上　ほぉー。

牟田　で、お父さんがはさみの入れ方を教えるとか、一緒に関わりが持てるようになる。その子のお父さんは火災保険の代理店をやってたんだけど、コンピュータ化しちゃって分かんないからその子が手伝いだした。

池上　なるほどねぇ。

牟田　まだ社会には入っていけないけど、自分の家の事務所ぐらいなら働けるようになった。その一歩一歩、そういうのがとても大切ですよね。

池上　そうですよね。ひきこもりになってしまって自分の部屋から出てこない、「さあどうしよう」っていったら、それこそ手紙を書いて出すこと自体が人間的な関わり合いですよね。

牟田　そうです、そうです。「寒くなってきたから…」とかね。そうすると、子どもの方からも、「蛍光灯の球が切れてる」とかね。

池上　はいはいはい（笑）。

牟田　実際にあるんですよ（笑）。切れてるんだけど我慢してもう半年もたってるとかね。

池上　なるほどね、分かりました。

牟田　だから、そういう関わりが必要だと思いますね。

十七、間違い探しという勘違い

池上　では、今度は学校と先生の話にいきたいと思うんですが、クラスの教え子が、いわゆる不登校になってしまった。不登校になってしまった子どもには家庭の問題があるにせよ、学校や先生との関係で不登校になるお子さんもいろいろいらっしゃいますね。

牟田　はい。

池上　それはどういう理由、どういう問題があるんでしょうか。

牟田　シンポジウムに出てくれた女の子の話に、やっとの思いで先生にいじめの相談をしたら、「おまえ、被害妄想だ」と言われちゃった、っていうのがありましたよね。

池上　ありましたねぇ。

牟田　確認もしないのにそういう言動をすることは、子どもをすごく傷つけるっていうことがありますね。それから、「『不登校の子』って一括りにされるんじゃなくて、人を見て欲しかった」という子がいますよね。ひきこもりの子も不登校の子もそうなんだけど、先生が、先入観とか一つのカテゴライズしたかたちで見ている、っていうことで傷ついてしまうことがある。生徒と先生なんだけど、人と人との関係のまっさらな気持ちで見ていただけると、本当はもっと見えるんじゃないかなっていう気がしますね。

池上　そうですね。あのシンポジウムの中で不登校のお子さんが言ってましたね。「担任の先生は、自分のクラスから不登校が出ると自分の成績に関わるといって、生徒を見ないでひたすら上司を見ていた」って。

牟田　うん。先生も一つの管理の社会の中に入ってはいるんだけど、子どもが求めているのは、教師と子どもとの関係の中、特に生徒指導の関係の中だと、「先生が一人の信頼できる大人であること」だと思うんですよね。だから、そういう関わりが出来る方が良いと思いますよね。

あと、私が思うのは、教師っていうのは癖ができちゃってるから、常に「この子はどこで間違ってるか」と、間違い探しをしちゃうんですね。熱心な数学の先生が、「全部、式を書いてみろ」ってずーっと書かせて、「ほら、君はここで計算ミスしてるじゃないか」って…。

池上　ああ、やりますね。

牟田　ただ丸とかバツだけだと、その子は伸びないですよね。だからそういうことをするんですが、計算ミスなのか考え方のミスなのかっていうのはとても重要だから、過程をずっと見て、「ここが間違ってるよ」とやる。それを生徒指導にもやっちゃうんですね。

池上　なるほどねぇ。

牟田　間違い探しの心理学、じゃないけれど。

池上　ええ。

牟田　でも、「どこでこの子は勘違いしちゃって間違って不登校になったか」なんていうふうに見ちゃうと、逆に分からなくなっちゃいますよね。

池上　なるほどねぇ…。はぁー、それは面白いな。先生がやりがちなことですよね。

牟田　例えばそれが、非行のタイプの子どもだと、どこで社会規範を間違っているかというポイントを理解して、「君はここの考え方とか価値観を間違えてるから」っていうかたちで、「これはこういうふうにする」という指導をすると、わりと上手くいくんですね。だから、生活指導の先生というのは、対非行型のタイプの子だと、かつては比較的効果が上がったんですね。

池上　なるほど。

牟田　だけど今は…ハッキリ黒の人（注＊）だとそれで良かったんですが、グレーの人達が増えてきちゃったから、なかなか判断が難しくなってきている。まして人のことを考えて動けなくなっちゃった不登校の子にそれをやっちゃうと、難しいかなって気がしますよ。

十八、先生のするべきことは

池上　なるほどねぇ。分かりました。で、「不登校の子が出た」。さあ、そのとき先生はどうすべきでしょうか。

牟田　子どもの話を聞くことが、とても大切です。特に、出来る限りその子の様子を聞いてあげることがまず大切ですよね。きっかけを聞くのではなくてね。その子が学校に来ていた間の状態をとにかく的確につかむことが、先決だと思います。けれども、一番重要なことは、家族、家庭との連携なんじゃないかな。ついついきっかけ探しで、「学校が悪い」「いや、親が悪い」って、その論争で犯人探しをしちゃって、学校と家庭の連携が上手く取れなくなっちゃうことがあるんですけど、基本的には学校の問題に起因するタイプ（注＊）以外は、複合的なんですよね。

＊黒の人
いじめをする人、違法行為する人、などの加害者の人を指す。一九八〇年代前半、主に中学校が校内暴力で荒れていた時期、暴力行為を行う「黒の人」と暴力行為を行わない「白の人」の区別が明確だった。しかし、現在はその中間の「グレーの人」が増えている。

＊学校の問題に起因するタイプ

池上　色んな要素が積み重なって…。

牟田　積み重なっている。明らかに単純に、学校が原因の場合っていうのは、対処の仕方ってあると思うんですよね。

池上　そうですね、それは解決しやすいですよね。

牟田　しやすいですよね、単一的な理由なら。でも、ほとんどの場合はそれが明確でないことが多いから。…そうすると、犯人探しをしても、そこでは結論が出てこない。さらに犯人探しの中で連携が出来なくなって、勉強することさえ困難になってしまいますから。

池上　学校と家庭が、それぞれ出来ることをちゃんとやっていく、ということですよね。

牟田　そうですね。

池上　シンポジウムで聞いているとですね、先生の家庭訪問の話が出てきますよね。

牟田　はい。

池上　家庭訪問に来てくれたけど、一回だけ来て、あとは知らん顔だとか、親とだけ話をして、部屋にいる子どもに声をかけてくれることもなかった、とか。随分そういうお子さんが多かったですよね?

牟田　多いですね。僕は、基本的に家庭訪問というのは、突然行ったら卑怯だと思う。

池上　はい。

牟田　「突然、先生と生徒全員がうちの前にいた」というのもありましたよね?

不登校の原因を「学校」「家庭」「本人」に分けて考えた時、「いじめ・体罰・教師による叱責・暴力・セクハラ」など明らかに学校生活がきっかけで不登校になった人を指す。

池上　はいはいはい（笑）。

牟田　「僕は寝てたから気が付かなかったけど、それは驚いたよ」って。

池上　ええ。

牟田　やっぱり、基本的には、家庭訪問をするんだったら家に連絡をするべきでしょう。「お母さんと会いたい」とか、「本人に会えますか？」と聞いて、本人がそこで会えないということだったら、「無理に会わなくても良いから、家庭訪問に行ってお母さんとお話をしたい」と。で、先生はお母さんに、家庭での様子をちゃんと聞いてきて欲しいわけですね。

池上　はい。

牟田　子どもは、「本当は会いたいんだけど会えない」とか、すごくアンビバレンツで、自分の気持ちがすっきりしないっていうことが多い。だからお母さんからその子どもの様子を聞いて、もし子どもが、「会わない」って言ったら帰ってくる。こちらから、「会いたい」って言えば、会える場合なら本人はほとんど出てきてくれますから。ですから、話ができれば、ちゃんと本人と話をするっていうことが大事だと思います。一方通行で、先生がいきなり子どもの部屋に行っちゃうなんていうことがあるけれど、これは絶対にいけない。それをやっちゃうと二度と会えない。こう思った方が良いですね。

池上　先生もまた、焦っちゃいけない。

牟田　そうそうそう。

池上　いっぺんに成果を得ようとしちゃいけないんですね。

牟田　とにかく、足繁く通って…。事前に連絡してから足繁く通う。

池上　なるほどね。でも、先生方にも戸惑いがあると思うんですね。つまり、いたずらに登校刺激をしてはいけないという気持ちが先生にもありますよね。そうすると、とりあえずは家庭訪問をするんだけど、あんまり家庭訪問をすると、それが子どもや家庭へのプレッシャーになってしまうんではないか、だから、「とりあえずはそっとしておいた方が良いのかな」と、思っていらっしゃる先生もいるんじゃないかと思うんですね。それは駄目なんですかね？

牟田　僕はね、時期（注＊）があると思うんですよ。不登校が始まった直後の時期というのは、やはり家庭訪問しなきゃいけない時期なんです。登校刺激したらすっと戻れたっていうケースも、実際あるんです。ある程度刺激をしてみて、様子を見てみる。でも、完全に身動きできなくなった、退行現象を起こしているっていうときに家庭訪問をしたって、これは仕方がないんですね。

池上　はい。

牟田　それよりは、お母さんを支えてあげる方が良い。お父さんが支えるようにね。それは家庭訪問して支えるんじゃなく、近くでちょっとお茶を飲みながらお話を聞いたり、あるいは学校や公民館にお母さんに来てもらって話をしたり、っていうようなかたちで、先生がお母さんの支え役になる。その後、子ども自身が安定してきて動き始める時期、いわゆる、心の不安が、愛とか信頼という抽象的な不安から、「体力がなくなっちゃった」とか「数学が一年も遅れている」などの具体的な不安になったときが、また、先生登場の時期なんですね。

池上　なるほどね。

＊時期
登校刺激をするタイミング。不登校は、①前兆～前駆期、②進行期、③混乱期、④回復期に分けられるが、初期の段階に軽度の登校刺激を行うことは大切である。

牟田　だから、メリハリをつける。前期と後期の回復期（注＊）の時期には、なるべく家庭訪問をした方が良いですね。先生の出来ることがたくさん出てくると思いますから。高校の情報が欲しいとか、学校のみんなに追いつくための数学の問題集はどういうものがいいかとか、どういうところから勉強を始めたらいいかというアドバイスとかね、あると思いますよ。この時期の先生は、クラスの子ども達の調整役もやらなきゃいけないし、子どもからのお願いも多くなってきますから、そういうときに足繁く家に通ってあげたほうが良いですよね。

池上　なるほどねぇ…。今のをまとめてみますと、つまり、クラスの子どもがどうも不登校になったらしい、そうしたら、とにかくすぐに行って、会って話をする、と。

牟田　はい。

池上　もしかすると軽く学校に戻れるかもしれないから、とりあえずそれはちゃんとやるべきだ、ということですね。

牟田　そうです。

池上　で、どうもそれが退行現象になって長期化しそうである、となったら、無理に子どもに会おうとしなくて良い。だけどお母さんとの連絡は常にとりつつ、そしてお母さんを支えてあげる。そして、やっと退行現象から脱出して、具体的な不安を子どもが口にするようになったら…学校のことや勉強のことを口にするようになったら、先生の出番。

牟田　そう、出番。

池上　そこから、せっせと通って対応してあげるべきだ、ということですね？

＊前期・後期の回復期
　一口に不登校といっても、悩みが深く複雑なケースもあれば、単一の原因によるもので担任教師を含めた周囲の人達の配慮によりすぐに回復できる浅いケースもある。
　不登校を①前兆～前駆期、②進行期、③混乱期、④回復期に分けた場合、①と④の段階に、それぞれ回復期がある。ここで前期と言っているのは①の段階における回復期、後期は④の段階を指す。不登校の初期の段階では、回復期が表面的には分からないので、タイミングを見計らって、受容の後、登校刺激を入れて確かめてみる。それにより学校に再登校出来たら前期の回復期と見られる。後期の回復期とは、不安や緊張・孤独を含めた様々な対応や回復を図った後、学校や社会に戻る直前の時期を指す。

牟田　具体的な不安を一つ一つ消していってあげるということが、とても大切ですよね。

池上　これもまさに、焦らないで、でも、いつも常に見てあげて、きっかけやサインを見逃さないように、ということですね。

牟田　そうですね。各市町村で派遣している「メンタルフレンド」（注＊）とかも、具体的に不安になったときに、家庭教師のお兄さんやお姉さんに遊び仲間になってもらっている。それは、そういう時期に家庭訪問をするっていうのと同じだと思うんですよ。

池上　なるほどね。ここまで個別の担任の先生の取り組みについてお話しいただきましたが、学校全体、あるいは教育委員会全体で取り組むべきことってありますか？

牟田　私が一番気になっているのは、適応指導教室に、不登校全体のまだ一割しか行ってないことです。適応指導教室自体は、「割と役に立った」「大いに役に立った」と、結構評判が良いんです。カウンセリングよりも評判が良い。だけど、一割しか行ってない。これは適応指導教室自体にも問題があるんです。

つまり、どっちかというとおとなしい、ちょっと引っ込んでしまう子どもたちのために適応指導教室を作ったんだけれど、そこにはそうじゃない人がいる。学校にいるおっかないタイプの人がいるんですね。彼らは、どちらかというとおっかないタイプではあるんだけど、学校にいるそういう人たちの中では下っ端であると、自分自身で分かっている。

池上　（笑）

＊メンタルフレンド
ひきこもっている子ども達が、自分の意志で誰かと話したり遊んだりしたいと思った時に、子どもとの信頼関係を築くことを目的に家庭訪問する人のこと。子どもが幼児退行を起こしているときにメンタルフレンドを派遣してもマイナスになることが多い。母親との信頼関係を築いた後の方が効果的である。

牟田　だから学校では居心地が悪いけど、適応指導教室に行けば自分が一番上になれる。こういう不登校の子どもたちが集まっている適応指導教室も多いんですよねぇ。

池上　ええ。

牟田　でも、その人達を排除するわけにはいかない。そこで、例えば東京だったら、区ごとに設置（注＊）しているし、交通の便も良いのだから、例えば新宿区は、「本格的な不登校・ちょっと引っ込みがちの子」、でも、隣の中野区は、「ちょっと元気の不登校の子」の適応指導教室って、色分けしたらどうなのかな、って思いますね。

池上　なるほどね。それぞれやっぱり、縦割りですからね、「我が区の適応指導教室はこう」って、みんな同じようなのを作ってますよね。

牟田　そう。だからそこが問題なんだっていうことを、先般「主導主幹の課長会議（注＊）」のときに、そういうかたちに組織を改めていきましょうよと話をしてきたんですけどね。

池上　つまり、個別の市の教育委員会や区の教育委員会だとなかなかそうはいかない。だから都道府県の教育委員会が、それを総合的に上から見てやればいいんですよね。

牟田　そうです、そうです。上から見て、そういうかたちで…いわゆる地域っていうのをもっと広く考えて、それぞれ役割分担していきましょうよ、と。そうすれば、適応指導教室はもっと行きやすいところになるかなっていう気もするんですけどね。

＊区ごとに設置
東京都の場合は、区ごとに教育委員会があるので、区ごとに「適応指導教室」がある。二十三区外は市町村ごとに設置している（予算の都合でまだ実施していないところもある）。なお、二〇〇〇年度の全国の適応指導教室数は九二八箇所である。

＊主導主幹の課長会議
正しくは、東京都教育委員会「教育相談担当主管課長会議」

十九、 教育研究所のやり方

池上 それからもうひとつ。例えば牟田先生のところ…教育研究所へ不登校の子どもが行きますね。そこでは子どもは一体何をやっているんだろう、と思う先生や父母の方がいらっしゃると思うんですが、どんなことをやっていらっしゃるんですか?

牟田 まず、私たちの仕事の一つは、不登校になった子どもたちが、教育研究所を含めた学校以外の機関に行けるようになるまでのカウンセリング。そしてもう一つは、動けるようになったあと、学校や社会に戻れるまで、という二つにわけて指導をしているんですね。

通って来る子をタイプ別に見ると、不安などの情緒混乱型とか、無気力とかの複合型の子が通ってきています。

そこでやっている具体的な内容は、まずは教科指導。国語、数学、理科、社会、英語、その他家庭科とか体育とか。実習校扱いになりますから、出席の問題もあるし、教科内容の問題もある。

池上 はい。

牟田 そうした教科指導の他に、新聞を読んでのディベートなども授業の中に取り入れています。自己発言をちゃんと出来るようにしていこう、と。資料はこちらが提供して、子どもたちには自由にディスカッションをしてもらいます。そういう授業をやっていると、テレビはよく見るようになるし、新聞もよく読むようになる。それに、自分で考えて自分で発言をすると、自分の発言が相手には半分くらいしか分かってもらえないことを認識する。そうすると、もうちょっと違った発言がないかどうかと模索する。こうしていけば、いざ学校に行ったときに、自分の気持ちを話しやすくなりますよね。

池上　なるほどね。

牟田　そうすると、自分の気持ちが先生にも友達にも分かってもらえますよね。それが武器になります。

池上　社会性を身に付けたり社会復帰の…それもまた、ある種の架け橋ですね。

牟田　架け橋ですねぇ。だから僕はそういう授業をなるべく多く取り入れていくことって、大切だなあって思うんですけどね。

池上　うーん、なるほどね。それをやっていて、お子さんが、「さあ、学校にまた通い始めるぞ」という、きっかけってどういうことですかね？

牟田　授業と並行して心理カウンセリングをしていくと…心理カウンセリングといっても、思っていることを言わせていくんですけど、ある日、「昔の自分に戻ったよ」ということを言いますね。

池上　ほぉ？

牟田　「昔っていつ？」って言うと、「いや、小学校の中学年の頃とか高学年の頃って、楽しかったんだよね。今、そういう気持ちにだんだんなれてきたんだよ」って。なぁーんにも人のことを気にしなくて、わりと自由にものが言えて、不安感もなくなってきて。そういうふうに言い出したら、すっと戻っちゃいますよね、学校との連携をきちっとやって、パイプを太くしておくと。

池上　ふぅーん…。

牟田　だから、子どもの心の状態としては、「ああ、自分は抑圧されているようなこともなくて、葛藤も大分少なくなって、自分で自分の問題をある程度処理できるようになったな」となれば準備ＯＫです。今度は我々が、学校との連携をとって、「実験的に行ってみましょう」ということで行かせてみる。マイナスのことを受けてきたときにはそのことを、学校で負担だったことをずーっと聞く。その後で、「それは君の主観から感じたことだよね」と言って、「こういう考え方も、こういう考え方も、こういう考え方も出来るよね」と社会の見方を広げてあげるとね、「あ、そうか、そういうふうにも見られるんだね。じゃ、今度それで確かめてくるよ」というかたちになります。

池上　なるほどねぇ。

牟田　学年が変わる時、それから中学から高校に進学といったときが、時期的には一つのチャンスなんですけど、そのときにこっちがそういうところにふっと繋いであげると、比較的上手くいくんじゃないですかね。

池上　本当に、心から何からがんじがらめで、それこそ心がコチコチに凝った状態を、こうゆっくり時間をかけて解きほぐし、そして社会性を身に付けながら社会との架け橋を作っていって、学期の変わり目・学年の変わり目に戻す、ということですね。

牟田　それが大切ですね。そのときに、知っている先生がいると楽なんです、子どもにとっても。

池上　そうでしょうね。

牟田　だから例えば、「先生のところの研修会に参加したよ」という先生がたまたまいると、子どもにとっても楽だったり、自分達も研修会でボランティアなんかやったりしますから、「あ、そうか」なんていう感じで戻りやすかったり、あるいは自分が行こうとしている学校の先生が来てくれたりということが、大きな力になりますね。

二十、不登校の今とこれから～二〇〇〇年代の不登校

池上　これまで毎年、不登校の子に実際に来てもらってシンポジウムでやりとりしてますが、この四年間で、子どもさんの変化っていうのはあります？

牟田　大きく考えると、すごく大きなダイナミックな変化があるんです。

池上　ほうほう。といいますと？

牟田　例えばね、僕は「不登校の子は病気じゃない」って思ってるんです。

池上　はい。

牟田　病気じゃなければ、人間には環境というものが大きく作用します。教育環境を含めて、社会環境というものがね。だから社会環境によって、子どもたちは変化していきます。

それと関係あると思うのが、復帰率の変化です。昭和の時代の子どもたちを見ると、学校の復帰率が今よりは高いんです。

池上　はい。

牟田　登校刺激もあったからひきこもりも多かったんだけど、復帰率も高かった。

池上　なるほど。

牟田　当時の子は、自分自身がかなり大きな問題を抱えている、という意識が、すごく強かったんですよ。平たく言えば、不登校の子どもが少なかった。みんなが楽しく行ってるのに、自分だけ行けなかった。それで、親からは「学校に行きなさい」と言われる、先生にも言われる。自分だけがおかしいんだ、と思っていて、必死の思いで学校に行って社会に復帰したっていうケースの子がたくさんいます。復帰できないでそのままひきこもって大人になったというケースもあるんですけどね。それが、昭和の時代に中学生になった子。それから、平成三年ぐらいから七年ぐらいに中学生になった子が、一番復帰率が高いんですよ。

池上　ふーん。

牟田　これは平成四年（注＊）が影響していると思うんですよ。どの子にも起こりうる、と。

池上　ええ。

牟田　そうすると、聞いてくれる先生もいる。

池上　なーるほど。

牟田　保健室の先生はよく話を聞いてくれる、カウンセラーの先生もよく聞いてくれる。でも生徒指導の先生は自分の将来のことを主に言って、「とにかくおまえ、早く学校に来なきゃ駄目だよ」って。母親は理解してくれるんだけど父親は登校刺激をする。別に連携をとったわけじゃないけれど、バラバラの時代があった。その頃が一番復帰率が高いんですよ。

池上　なるほど（笑）。

牟田　ところが、平成八年以降になってくると、もう受容的対応…さっき言っ

＊平成四年
　特定の家族や生徒が不登校になるという認識から、「不登校はどの子にも起こりうる」という認識の変更がなされたのが、この平成四年。教育臨床現場では、「登校刺激」中心の対応から、無理しなくても良いという「受容」中心の対応へと変化が見られた。

てたような何にもしない対応が増えてきちゃったから、長期化、無気力化しちゃってるし…。

池上 そうか、なるほど…。

牟田 もう長くなっているから、自分自身が悪いって意識はないのね。むしろ、長いから身体症状がある。イライラ感が抑えられないから衝動傾向が出てくる。それは今の子どもと共通しているんだけど、そういう傾向が現れ始めているんですよね。

池上 なるほどねぇ。

牟田 それがね、心理検査（注＊）を分析して出てきたんですよ。

池上 ほぉー？

牟田 実際にそう感じたから、全部の過去の心理検査をバーッと調べてみて、それでどういう傾向があるか分析をしてみたら、そういう結果が出てきましたね。これ、面白いなと思います。というのも、平成四年の方針は、それより十年くらい前の子どものことを見て方針を立てているでしょ？

池上 はい、そうですね。

牟田 で、今年平成十四年ですから、それから十年たってますよ。ね？　その時の子どものことを見て、今、方針を立てたって意味がないわけで、今の子どものことを果たしてどれだけ的確につかめているかなっていう不安があるんですね。

池上 なるほどなぁ。

牟田 社会環境が変化することによって子どもも変化していく。だから、それによって僕らは対応を変えていかなければいけないんですよね。

＊心理検査
分析した心理調査は田研式「不安要因検査」、「ＹＧ検査」

池上　うーん…。
牟田　病気の方が楽でしたね（笑）。
池上　（笑）
牟田　病人はいつの時代でも、原因は一緒でしょうから、きっと。

二十一、不登校で得たもの、失ったもの

池上　私、毎年シンポジウムに出させていただいて、子ども達の話を聞いて思うんですが、同世代の、不登校を経験しなかった子ども達に比べて、みんなものすごく大人ですよね。
牟田　そうですね。
池上　しっかりしてますよね。
牟田　しっかりしてますね。
池上　いや、だからそのたびに私、「不登校は決して無駄ではなかった」とか、「マイナスだけではなかった」とかっていう話をいつも聞くんですけども、本当にそう思うんですよね。そりゃ、あの子達や家族にとっては辛かっただろうけど、でもその結果、こんなに自立した、しっかりした大人になれたなと思うんですよね。いわゆる不登校になって、あの子達が得たものっていうのはなんでしょうね？
牟田　まず「時間を得た」って言いますよね。
池上　時間を得た、ね…。
牟田　それから、「自分でゆっくり自分のことを考えられるようになった」と

ね。

池上　なるほどね。

牟田　それから、「優しくしてもらったとか親切にしてもらったことを、相手にも出来るようになった」っていう三点。これは追跡調査でも同じだったんですけどもね。

池上　ゆっくりできる時間とか、自分を見つめ直す時間っていうのは、学校生活や家庭生活の中で、本来なければいけない時間ですよね。

牟田　そうですよ。基礎学力はもちろん必要です。けれど、自分を見直す時間も必要ですよね。両方必要ですよね。

池上　それがいつしか失われていたので、不登校というかたちで結果的に無理矢理、時間を作った、と。それがあったので、その失われた時間を不登校になることで獲得し、そして成長した、ということですね？

牟田　そう。でも、失ったものも、何かあった。学歴とかね、友達とか。

池上　学歴、友人…そうですね。

牟田　それから、みんなが楽しく遊んでいる思春期、というのが得られなかった。

池上　ですよね。これはなかなか、ボーイフレンドとかガールフレンドも…。

牟田　そうそう、含めてね、得られなかった。だから、あのタイプの子どもは、「大学に行きたい」って…中学校から高校に戻れた子は別なんだけど、中学・高校と状態が悪くて行けなくて、大検（注＊）で行った子どもたちなんかは、やっぱり「大学に行ってみたい」っていう気持ちが強いですね。

＊大検
　文部科学省が毎年、八月と十一月に実施する「大学入学資格検定」の略。全九科目合格すると、高校卒業にはならないが、大学や高校卒業程度の専門学校・公務員試験などの受験資格が得られる。

二十二、その後の進路

池上　そうですね。大検を受けてちゃんと大学に行っている子もいました。で、いよいよ就職するとき…しかし、いわゆる一般企業がですね、「さあ、この子を採用しようか」といったときに、履歴を…学歴を見たりすると分かりますよね。

牟田　分かりますね。

池上　このとき、一般企業ってどういう対応をするんでしょうね？

牟田　平成十年ぐらいのときに、ある大きな会社の人事部長さんのお子さんが不登校になりまして、教育研究所に来たんですね。その後そのお子さんは大検から大学に行った。その方が部下から、「部長、部長、うちにこういう、大検から大学に行ったっていう人の採用って初めてですね。大検って一体なんですかね？」って言われたことがあったそうです。「本当はその部下に対して怒鳴りたくなったんだけど、でも、自分のこともばれるしなと思って、なかなか言えなかったんだけど、まだ社会はそうですよね」と。でも、こうして色々聞いて調べたりしていると、理系の方はそれほど厳しくないんですね。

池上　なるほどね。

牟田　技術屋さんに関しては。大学で、どれだけの技術を身に付けたかっていう…。

池上　獲得した知識なり技能があれば、それでいいやってことですね？

牟田　そうですね。で、文系の方だと、不登校の子はもう分かっているから、「営業は向かないな」と。

池上　はいはいはい（笑）、そうですね。

牟田　だから、簿記とか会計とか、何か専門分野に進みたいって言う子が多いですよね。

池上　だから、「何らかの資格を取ろう」ということですね。

牟田　そうですね。

池上　そうすると、それで道は開けていますか？

牟田　開けて見えますね。僕が初めての接した子が四十三歳になったんですが…。

池上　もうそんなになりましたか（笑）。

牟田　はい、十二歳下ですので。ずーっと見ていきますと、みんなそれなりにやってますね。

池上　なるほどね。

牟田　やっぱり、自分を知っているから、自分に合う仕事、合わない仕事が分かるでしょ？

池上　そうですね。

牟田　だから、自分に合いやすい仕事を…。

池上　そうか、むしろ普通の子どもは、自分は何が合っていて何が合わないのか、分からない…。

牟田　はい。

池上　そういう子どもが今、一般的に非常にたくさんいますよね。

牟田　はい。
池上　自分を見つめていないから、自分が分からないわけですね？
牟田　そう。まず大学受験のときに、そういう子との違いが見られますね。自分はこういうもの…例えばロボット工学をやりたい、ロボット工学をやりたいから、それをやってるのは東工大と東京理科大と電気大と電通大と…似たような大学で、似たような偏差値ですよね、それをばーっと受けて、一年目、全部落ちる。
池上　（笑）
牟田　で、二年目。父親に、「大学受験したい」と言う。「どこ受けるんだ？」と聞かれて、同じところを答えるんですよ。そうすると親が相談に来るわけですよ。「なんとか偏差値を縦にしたい」と。
池上　横にしないで縦にしたい、と（笑）。はい。
牟田　「説得してくれませんか」って私に言う。でもそれは無理なんですね。要するに、「何かやりたいことがあるからその大学に行く」っていうケースだから。
池上　それって、本来の大学の選び方ですよね（笑）。
牟田　そう、「本来の大学の選び方なんだからとんでもない」って、親に言うんですけどね。就職するときも、基本的には調べてますよね。大きい・小さいよりも、「どういう会社で、どういう業績内容で、どういうことをやろうとしているのか」って。
池上　なるほどね。
牟田　それこそ、インターネットで調べたり、『会社四季報』で株式を調べてみたり、いろいろ研究をして、入っている人が多いですね。

池上　なるほどね。そういうことを考えれば、我が子が突然、不登校になってしまっても、「わぁー、お先真っ暗だ」って考えることはない、そういうことを考えちゃいけないってことですね。

牟田　そうですね。それなりに自分のことをつかんでいるから、それなりに幸せを得ることは出来ていますよね。

池上　ですよね。

牟田　一番困っちゃうのは女の子ですけどね。子どもを産まないんだもの、なかなか…。

池上　なるほど。結婚はするんですか？

牟田　結婚はするんですよ。「どうして？」って聞くと、「いや、私みたいに変な子が産まれたときに困っちゃう」ってね。

池上　うーん、自信がないのか。

牟田　自信がないの。「そのときは先生、もらってくれる？」って（笑）。

池上　なるほどね（笑）。

牟田　自信がないんですね、育てる自信とかね。自分がすごく苦労してきたから、それより仕事やってるほうが楽ですもん。それが一番、困りますねぇ。

二十三、最後に

池上　最後になるんですけど、この不登校問題にずっと取り組んできて、今、どんなことを考えていらっしゃいますか？

牟田　そうですね、もう三十年やってきたわけですけれど、いろんな人生を見させてもらったなって。いろんな人生、いろんな家庭があって、幸せは一つじゃないな、いろんな幸せがあるんだなあって思いましたよね。

始めた頃には、自分の中におごりがあったんです。

池上　うん。

牟田　例えば、基本的に日本は民主主義の国家じゃないですか。それに、いろんな国でみんな「民主主義」って言っている。でも僕は、民主主義の成熟の度合いって、社会的弱者がどのようなポジションでどのように幸せに暮らせているか、っていうものだと考えて、それで民主主義の度合いを測ろうと二十三〜四のときに思ったんですね。

池上　ええ。

牟田　だから日本って、一応民主主義社会だけれど、社会的弱者に対してほんとに…例えばその頃、「落ちこぼれ」っていう言葉があった。一定のカリキュラムで一定に教えて、それで出来なくなっちゃったやつを「落ちこぼれ」って。「落ちこぼれ」って呼ぶのは良いけれど、救済の方法が、ちゃんと国とか学校にあるのかってなると、あんまりなかったりするでしょう?

池上　うん。

牟田　だから、やっぱり、ちょっとでもそういう受け皿になりたいなって思ってやってきたんだけれど、なかなか、ちょっと大変だったなって（笑）。

池上　日本が民主主義として成熟するために努力されたってことですか（笑）?

牟田　と、思いたいんですけど（笑）。それは自己満足なんですけどね。

池上　うんうんうん。いや、でもさっきのね、「いろんな人生を見ることが出来た」とか、「幸せは一つじゃない」って、本当に良い言葉だと思いますよ。

牟田　本当にそれは思いましたよね。で、やっぱり、速く歩きすぎたなって。日本全体がね。

池上　なるほどね。

牟田　それは思いますよね。

池上　急ぎすぎた、と…。

牟田　急ぎすぎたねぇ、って思いますよ。もっともっと自分の人生を味わい深いものにするんだったら、大人ももっとゆっくり歩いてくれたらなあって。そうしたら子どもたちも幸せだったんじゃないかなって…思いました。

池上　分かりました。ありがとうございました。

平成十四年シンポジウム

――八月二十二日　東京代々木（国立オリンピック記念青少年総合センター）にて開催――

平成14年度　夏期セミナー/第12回教師＆専門家のための不登校問題研修会

※初日の開場は会場の都合により午前10時ごろを予定しています。

	時間	研修テーマ・講師	講義内容紹介
八月二十一日(水)	11：00 ～ 12：00	『不登校問題等に対する教育行政の取組』 文部科学省初等中等教育局児童生徒課 生徒指導調査官　黒岩　万里子	教育改革元年の今年、生徒指導上の問題としてのいじめ・不登校・学級崩壊・校内暴力などまだ予断を許さない状況にある。教委・学校における行政の取組みについて考える。
	13：00 ～ 14：00	『子ども・若者の居場所』について 厚生労働省雇用均等・児童家庭局環境課 児童健全育成・児童環境づくり専門官　鈴木　雄司	児童虐待から不登校問題等、今日の家庭は様々な問題を抱えている。家庭に行政サイドから支援サービスを行なう取組みの一つとして『子ども・若者の居場所』づくりがある。
	14：20 ～ 16：10 ◆	『不登校調査から見えてきたもの』 文部省「不登校追跡調査」代表 大阪市立大学大学院教授　森田　洋司	平成10年から3年間の歳月をかけた文部省「不登校追跡調査」。そこから不登校問題の本質が見えてくる。不登校の実情、学校や社会の取組みは如何にあるべきか。シャープに鋭く核心にせまる。

八月二十二日(木)	10：00 ～ 12：00 ◆	シンポジウム『私にとって不登校とは』 コーディネーター NHK週刊こどもニュースキャスター　池上　彰 様々なタイプの不登校経験者4名	不登校体験者の生の声は不登校にかかわる教師・相談員にとっては、抱えている臨床を理解する最高の手がかりになる。子ども達が感じた学校社会・先生・学習・進路・家族等やひきこもり時の心情を聞き、明日の教育相談に役立てたい。『毎年・好評の講座』
	13：15 ～ 16：25 ◆	『学校における対応①～ADHD～』 『学校における対応②～不登校～』 ～質疑～ 国立特殊教育総合研究所情緒障害教育研究室長 花輪　敏男	「ADHD」についての正しい知識や情報を整理し、学校現場ですぐに役立てることが出来るように最先端の研究をしている講師が講義する。また、「不登校」についても教師としての経験を生かした豊富な教育相談の技術を学ぶ。質疑時間を充分に確保。『好評の講座』

八月二十三日(金)	10：00 ～ 11：50 ◆	『不登校から引きこもりへ』 北の丸クリニック所長・青少年健康センター常任理事 倉本　英彦	ひきこもりの臨床現場で精神医療に取り組む第一線の医師でもあり、ひきこもりの現状調査の研究者でもある講師から具体的に「不登校からひきこもり」を実情と対策を聞く。
	13：05 ～ 14：05 ◆	『ひきこもりの長期化・社会環境の変化と不安の質』 教育研究所所長・教育コンサルタント　牟田　武生	「学校に行きなさい」から「無理して行かなくて良いよ」という対応の変化はひきこもりの子どもの心にどのような変化を起こしたのか？心理検査の調査から教育臨床への提言
	14：25 ～ 16：15 ◆	『不登校心理とその予防、再登校への援助』 国立学院埼玉短期大学教授 附属教育相談研究センター所長　金子　保	不登校問題の大ベテラン。実践家でもあり研究の第一人者の講師から毎年学ぶことは数多い。豊富な教育相談の技術と金子理論は明日の教育相談活動に勇気と力を与えてくれる。

◆のマークは時間内に質疑時間があります。

パネリストの紹介

自己紹介

なおみさん

シンポジウム当時の状況

19歳。中学2年生から本格的に不登校。高校合格を目標に、12月からフリースクールに通い高校に入学するが退学。以後2つの高校に入学し、いずれも自主退学。現在通信制の高校に籍を置くが、アルバイトに夢中でほとんど手付かずの状態。

(平成15年4月の状況：その後、時給アップのため大検をとり、アルバイト中。)

自己紹介

小野くん

シンポジウム当時の状況

21歳。中学2年で不登校。4年間のひきこもりの後、フリースクールに通い大検を取得。予備校に通い大学に合格。現在有名大学2年生。

(平成15年4月の状況：その後、3年生になり、エンジニアを目指して就職活動中。)

自己紹介

湊くん

シンポジウム当時の状況

21歳。中学2年生で不登校。その時は家から出ない状況だったが、3年になりフリースクールに通う。高校は通信制に入学し、フリースクールに通いながら卒業。沖縄の大学（経済・法律）で1人暮らしをしながら、現在は東京の提携校に通っている。

(平成15年4月の状況：その後大学を卒業し、アパレル関係の社員となった。)

自己紹介

なづなさん

シンポジウム当時の状況

19歳。中学2年から不登校。進学を考えるにあたり、フリースクールを親から勧められ、そこに通いながら全日制の高校にも通う。高校1年の10月から10ヶ月南米に留学し、今年の春卒業。現在大学1年生。

(平成15年4月の状況：大学2年生に進級。)

あいさつ

一、はじめに

司会　ＮＨＫ「週刊こどもニュース」のキャスターでおなじみの、池上彰さんにコーディネーターをお願いしております。池上さん、パネリストのみなさん、よろしくお願い致します。

池上　ご紹介いただきました池上です。今日は、不登校の経験をした四人の人達に、ここに来ていただいています。小野君、湊君、なづなさん、なおみさんの四人に、これからいろんな話を聞いていこうと思っております。

　大変大勢の方がいらっしゃっていますが、今年から、夏休みの自宅研修が認められなくなったせいでしょうか。それでも、みなさん方、いろんな意味で、悩んでいたり模索されてたりしていらっしゃるんだろうと思います。私は、不登校あるいはひきこもりの問題に関しては、全くの素人です。今からの時間、どれだけお役に立てるか分かりませんが、全くの素人の立場として、とにかく知りたい、聞きたいことを四人の方に聞いていきます。その後に、会場のみなさんからの質問コーナーとして、後半に三〇分時間をとります。マイクを持って参りますので、これからの私の話を聞いていて、「どうしても聞きたい、池上に任せておくとどうも隔靴掻痒である」というお気持ちになりましたら、ぜひ質問して下さい。

　それでは、四人の人に、これまでの…辛かったのか楽しかったのか分かりませんが、経験を聞いていきます。まずは、四人の方に自己紹介をお願いします。簡単に、今までどんなことがあったのかなども含めて、時間はいくらでもご自由にどうぞ。はい。

二、中学二年からの不登校

小野　小野と申します。二十一歳の大学生です。えっと、中学二年のときに不登校になり、そのまま四年間引きこもっておりました。その後社会復帰してフリースクールに通うようになり、それから大検を取り、予備校に通って勉強し、一昨年、大学に合格しました。そして今、大学に通っております。以上です。

池上　はい、それだけで良いんですか（笑）？　じゃ、また後で聞きますね。じゃ、湊君。

湊　湊です。二十一歳です。えっと、今は大学四年生です。不登校と言われる状態になったのは、中学二年生の頃です。体の調子が悪くなって、だんだん学校に行かなくなって、それで中学二年生のときは全く家から出ない、という状態でした。それで、えーと、中学三年生になって進路のことかを考え出すようになって、やはり親も焦ったりしたので、フリースクールに行くことにしました。学校の先生と親が調べてきて、「行ってみないか？」ということで、それで一応行ってみました。でもやっぱり体の調子があまり良くなくて、昼夜逆転（注一）というか夜型の生活になってしまっていて、体力も落ちていて、週に一回行くというかたちでした。

だから高校は、普通の全日制高校には通えないなと思って、フリースクールに通いながら通信制高校に通いました。高校三年間は通信制高校とフリースクールの両方でやっていました。

卒業後は、沖縄の大学に行くことになって、一人暮らしをするようになりました。そのころから一応回復…普通の生活に戻ったな、っていうのが今の状態です。今は四年生で、大学間の提携大学が東京にあるので、そちらの大学に通っています。以上です、はい。

池上　はい。またあとで詳しく聞きます。じゃ、なづなさん。

なづな　はい、えっと、なづなです。十九歳です。よろしくお願いします。えーと、私が不登校になったのも中学校二年生の頃からです。さっき湊君も言ってましたが、生活の、特に睡眠のリズム（注二）が狂ったのを親が心配して、中二の頃か

（注一）　昼夜逆転　ひきこもりを体験した、ほとんどの人達が経験するのが昼夜逆転。昼夜逆転とは、生活リズムの乱れから昼と夜の生活が逆転し、朝、起きることが出来ないために、午前中の活動が出来なくなる状態を言う。

（注二）　睡眠リズム　規則正しい生活をしていれば、朝、目を覚ましてから、十四時間後にメラトニンが出始め、次第に眠くなるというように、ある一定の時間になれば眠くなる。そして、毎日、同じような時間に目を覚ますことができる。これを睡眠リズムと言う。

ら病院に通ったのですが、なかなか治りませんでした。中三のときに進学を考えるにあたって、親がフリースクールを紹介してくれたので、そこに通いながら全日制の高校に行ってました。で、高校一年生の一月から高校二年生の一月まで、南米のボリビア共和国に留学しました。そこから帰ってきて、普通に進級して、今年の三月に高校を卒業しまして、今大学一年生です。おわります。

なおみ　えっと、なおみ、十九歳、フリーターです。私が本格的に不登校になり始めたのは、中学校二年生の頃からです。他の人達と同じように、フリースクールに中二の十二月ぐらいから通い始めまして、とりあえず全日制の高校に入ることを目標に勉強したんですけれど…高校には受かりましたが、続かず途中で辞めてしまいました。その後も、二つの高校に入学しましたが、それも全て自主退学してしまいました。一応、今は通信制の高校に籍は置いていますが…そちらには全然手をつけない状態で、バイトばっかりしてる感じです。以上です。

きっかけ

三、私立中学の勉強についていけずに

池上　それでは、それぞれ、どういうきっかけで不登校になったのかということから聞いていきましょう。四人とも、期せずして中学二年生の頃からですねぇ。小野君、この不登校になったきっかけっていうの、何かあります？

小野　ちょっとさっき説明が足りなかったんですけれど、僕は小学生のときは、地元の公立の小学校に通ってまして、中学校は私立に進学したんですね。

池上　うん。

小野　私立のその中学は、やっぱり進学校ということもあって、勉強が結構厳しいということがありました。それについていけなくなる、落ちこぼれていく、っていうのがあって、だんだん学校に行きづらくなってきたことが、まずあります。あと、昔から性格的にあまり人と合わないというか、けんかしたり、いじめられたりとか、そうい

うことが多くて、それもかなりの悩みの種になっていました。

直接のきっかけとなったのは、二年生の夏から秋頃にかけて、勉強が出来なくて、授業の宿題すらも出来なくて、それでもう学校に行くのが嫌だって感じたことです。母親には風邪だってことにしてもらって、ズル休み、っていう感じですけど(笑)、最初は週一回行かなくなって、だんだん週二回とか行かなくなって。中学二年の、ちょうど期末試験の頃になると、当然勉強も全然出来ていなくて、試験を受けてもたいした成績にもならないから、そんな成績をとるのが嫌だった。だからもう、現実から逃げ出すような感じで、それをきっかけにぱったりと学校に行かなくなって、そこから四年間…ずっとひきこもった生活が始まった、という感じです。

池上　ふーん。その私立中学校は卒業したことになるわけ?

小野　とりあえず二年生の冬で行かなくなったんですが、中卒にはなったみたいです。両親がいろいろ学校と話し合ってくれたみたいで。

池上　うん、なるほどね。ところで、別に私立の中学に行かなくてもいいんだよね? 公立中学に転校しようとか考えなかった?

小野　それも、ちょっと…思わなかったですね。というのも、僕は昔から自意識が強くて、人の目ばかりを気にするような人間だったんです。それで、例えば、公立の中学に転校したとする。公立ということは、おそらく地元の中学校で、そこにいるのは小学校のときの顔見知りがほとんどでしょうから、その子達に合わせる顔がない、ということで、まぁ…(笑)。

池上　なるほど…うん…。

小野　だからその選択肢も、ちょっと考えられなかったっていうのもありますね。

池上　なるほどね。「公立の小学校からあいつ、私立のいいトコいったのに、何だ、結局こっちに来たんじゃないか」って思われると考えたわけ?

小野　まぁ…私立行ったからどうこう、というよりも、学校をさぼって行かなくなったこと自体に対して、何か後ろめたいものがずっとあったというのがあると思います。

池上　なるほどねぇ。後ろめたい気持ちがあったわけ?

小野　はい。

池上　うん。それで、あなたが学校に行かなくなったことに対して、学校の先生は何かしたのかしら？

小野　担任の先生からは、家に何度か電話があったみたいですけど。あと、先生が実際に家の方に来ました。母親と色々と話してたようですが、ただ、そのときはもう、僕は自室にひきこもっていて出ようともしなかった。本当に、先生に合わせる顔がないって感じで…。

その後も、さっきも言いましたけれど、卒業とか進級とかその関係で、先生方と親は話し合っていたんじゃないかとは思います。

池上　そうか。先生は電話しただけじゃなくて家に来てくれたんだけど、あなたは会おうとしなかったわけね？

小野　そうですね。

池上　先生は、あなたに会おうとはしたのかしら？

小野　ええ、そうだと思います。家は一戸建てで、僕の部屋が二階にありまして、そこにこもってました。最初、先生は一階で母親と面談していましたが、「もし本人が良ければ、三人で話さないか」ということになったんだと思います。それで母親が呼びに来たんですけど…まぁ、当然出ることができなくて。そのときに階下から、「無理だったら良いんですよ」と先生がおっしゃって、それで結局、会うことはなかったんですけど。先生が実際に、僕に会おうとしたっていうのはありますね。

池上　その、「無理だったら良いんですよ」っていう先生の声が聞こえたとき、あなたどう思った？

小野　そうですね、ちょっと複雑な感じでしたね。

池上　複雑っていうと？

小野　そうですね…まず先生が家に来たってことで、「自分はもう本当に登校拒否になってしまったんだ」っていう気持ちになっていて…。そこで、「無理だったら良いんですよ」って言うのを聞いて、先生自体がちょっと事務的だと思いました。

今にして思えば、先生はあっさりあきらめないで、もっと無理矢理じゃないですが、もうちょっと熱意というか説得する感じで、声が届くんですから直接僕に問いかけて、「おい、おまえ、どうしたんだ？」と言ってくれても良かったと思います。

池上　なるほどねぇ。まぁ、先生がどういうつもりでそうおっしゃったのかは分からないけれど、「無理強いするとかえって良くない」と、先生なりに配慮したのかもしれないよね？

小野　はい。

池上　でも声が聞こえるんだったら、「おーい、小野、ちょっと降りて来いよ」くらいは言って欲しかった？

小野　まぁ、多少は…。その担任の先生には、中一、中二、ずっと受け持ってもらってたんですが、僕自身一年生のときから成績があまりかんばしくないっていうのと、周りと衝突することが多くて…けんかしたりいじめられたりとか、トラブルメーカーというかちょっと問題的な存在だったこともあって、前々から目を付けられていたって感じはあったのですが。

池上　ああ、そう…。あなたは二階の部屋にいたんだね？　自分の。

小野　はい。

池上　そこは、なに、中から鍵はかかるの？

小野　いや、それはないですね。

池上　そういうことはないんだね？　外から開けようと思えばいくらでもできるんだね？　で、お母さんと先生が一階で話をしている、その話し声っていうのは聞こえていた？

小野　うーん…何かしゃべっているのは聞こえましたけれど、内容自体は聞こえませんでした。お互い大声出して話しているわけじゃないので、「あぁ、何かしゃべってたのかな」くらいは…。

池上　どんなことを話してるのかって、気になった？

小野　気になった、っていうのはありましたね。ちょっと記憶は定かじゃないんですけど、そのとき、ちょっとドアを開けて聞き耳を立てていたっていうのはありますね。

そのとき以外でも、階下のほうで、例えば両親が言い争っていたりすると、自分のことについて何か揉めてるんじゃないかって思いました。そういうときに、一階に無理矢理押し掛けて、「なんで俺のことをこそこそ話してるんだ！」って、怒鳴りつけたりすることも、たまにありました。後から知ったところによると、実際は、自分のことばかりとは限らなかったんですけど。

池上　うん、なるほどね。そうか、その、先生が来たときだけじゃなくて、あなたの両親が下で何か言い争いをしているのが聞こえると、自分のことで争ってるんじゃないかと思った、と。こういうこと？

小野　はい。

池上　だからやっぱり気にはなってるんだな？

小野　はい。

池上　うーん。分かりました。またね、後でさらに聞きます。

四、兆候は「なんとなく行きたくない」

池上　湊君。あなたもやっぱり中学二年のときだそうですが、不登校になったきっかけというのはどういうことかしら？

湊　先ほど中学二年生から不登校になったと言いましたが、その兆候は一年生の頃の冬休み明けぐらいからありました。「なんか学校に行きたくないな」「学校に行くと精神的にすごく疲れてしまうな」ということで、仮病を使って、「ちょっと調子が悪い、頭が痛い」って学校に行かなくなったのと、精神的なことが原因で、本当にお腹が痛くなったり、頭が痛くなるという身体症状のようなものが出たこととがあって、その頃から不登校気味でした。

それで、中学二年生のときにちょうど引っ越しをしたんですが…引越しの環境変化で、ストレスが一気に強まって、そこでぱたんと行かなくなってしまった、というのが原因です。

池上　引っ越しっていうのは家の引っ越しね？　学校は転校したの？　してないの？

湊　学校も転校して変わりました。それで、周りの友達とかもいっぺんに変わってしまって、精神的にもちょっとストレスみたいなのがかかって、それから行かなくなったんですけれど…。でも、今自分を振り返ってみると、不登校の原因の大半が、家族の…親子関係の問題だったと思っています。もちろん学校の問題もあるとは思うんですが、自分の場合は、まず親子関係があって、引越しがその引き金になった、ということでしょうか。

池上　わかりました。その親子関係については、あとで詳しく聞きますけれど、前の学校も転校した後も、公立の中学校？
湊　はい、公立です。
池上　で、転校する前のときは仮病を使ったりして休みがちになっていたぐらい？　転校してから完全に行かなくなったっていうこと？
湊　えーと、前の学校でも休みがちでしたが、冬休み明けにちょっと試験があったんです。それを受けたくなくて仮病を使って休んで、それから徐々に一ヶ月に三日とか休むようになって、三学期の終わり…転校する直前には、もう行かなくなるぐらいでした。
それでも、地元の友達…前の中学の一年生までの友達には会っていて、そこまで完全にひきこもってはいませんでした。でも徐々に…なんていうんだろう、悪い方というか、ひきこもる方に傾いてはいました。
池上　うんうん。それで前の学校のときには、あなたが休むようになってから、担任の先生は何か行動されたのかしら？
湊　まず自分が仮病を使ったので、親も先生も、最初はやっぱり、「調子が悪い、病気かな」と思っていましたが、一ヶ月二ヶ月して、病気じゃないってことが分かりました。
それで先生も何回か家に来て、「どうしたんだ？」「いじめられてるのか？」とか一般的なことを聞いてきて、別にいじめられているわけではなかったので、「別にそういうことはない」って言いました。三回くらいは来たんじゃないですか。
池上　つまり、担任の先生とあなたは、家で会ったわけね？
湊　はい。
池上　話をしたんだ？
湊　はい。
池上　うんうんうんうんうん…。
湊　別に嫌な感じはしませんでした。その中学一年生の先生は、ちゃんと相談にものってくれる人で、「家にまで登校刺激をしに来て嫌だ」って感じではなかったですね。
池上　最初の仮病を使ったときには、お母さんも「あ、病気なんだな」と思ってたの？　仮病だってことには気付かなかったの？
湊　はい、一応。お腹が痛いとか、調子が悪いって言ったら、親もやっぱり、「風邪かな？」と思いますよね。

池上　そりゃそうだな。分かりました。で、そのあと学校が変わったよね。

湊　はい。

池上　前の学校にいて、何となく欠席しがちになってずっと行かなくなった。「転校したら、さぁ心機一転して、今度は行けるかな?」って思いはあった?

湊　それはやっぱりありまして、「学校が新しく変わったらやり直そう」って、張り切って思っていたんです。行ったことは行ったんですよ。四月だけは。

池上　四月は、一ヶ月間行ってたの?

湊　そうですね、最初の一ヶ月くらいは頑張って、全部普通に、遅刻することもなく行って、部活もちょっとやってみました。でも、一ヶ月くらいでやっぱり行かなくなって…。

池上　その、行かなくなったきっかけは?

湊　精神的な面だと思うんですけど、体の調子が悪い、ちょっと辛いっていうのがあって、学校に毎日通うことが辛くなりました。体がだるくなってしまって、身体が辛いんで休ませてくれよ、みたいな感じです。それで行かなくなりました。

池上　その身体の症状ってどんな感じ?　またお腹が痛いってこと?

湊　そうですね、不登校の人は朝になるとお腹が痛くなることがよくあるって聞くんですけど、やっぱりそれがあったり。あとは、サボリとは違うんですが、朝、本当に起きられなくなる。朝になれば、親も、「学校行くの?　行かないの?」って聞いてくるから、やっぱり朝がストレスになって、その朝を無意識的に避けるような感じで眠かったのもあります。あと、ストレスが溜まると睡眠が不安定になるらしく、十二時間とかそれ以上の長時間睡眠(注三)って感じになってしまって、普通に朝起きて学校に通うという生活が出来ないようにはなってました。

池上　なっていたんだね。で、そういうときっていうのは、何時くらいに起きるの?

湊　十二時に起きたり…お昼ですね、お昼まで寝ている感じです。

池上　で、お昼に起きて、それからどんな行動をしてたの?

湊　テレビをぼーっと見たり、ファミコンをやったり、マンガを読んだりとか。

池上 それは、自分の部屋があるわけ？

湊 自分の部屋はあったんですが、テレビは居間に置いてありました。

池上 居間でテレビゲームをしてたってわけ（笑）？

湊 はい。

池上 分かりました。ま、じゃ、そのへんはまた後で聞きます。

五、「行かなきゃ」「行きたくない」の板ばさみに

池上 じゃ、なづなさん。不登校のきっかけはどういうことかしら？

なづな はい、私も小野君と同じで、小学校は公立で、中学から私立の女子校に通うようになりまして、またそれが進学校で、すごく勉強するところでした。それで、別に勉強が嫌いでもなく、そういう問題があったわけでもないんですが、「目的もないのになんでこんなに勉強するのかな？」ってすごく疑問に思いました。目的があるならいくらでも勉強しますが、まだ中学一年で、入ったばっかりで自分の目的が全然定まってないのに、一生懸命勉強することにすごくギャップがあって。それで学校へ行くのも辛くなったし、精神的にも「行きたくないな、行きたくないな」っていう思いがあって。

もちろんそのころは不登校なんて思いもよらないことで、自分では考えてもないことですよね。だから、学校には行くものだっていう考えと、行きたくないっていう思いとの間で板挟みの状態に

（注三） 長時間睡眠 ストレスが溜まると、そのストレスを発散するために副交感神経の働きが活発になり、睡眠時間が長くなる。そのような状態を長時間睡眠と言う。しかし、ストレスの度合いにもよるが、一晩の長時間睡眠では十分にストレスを発散することは出来ない。不登校の子ども達の場合は普通、一ヶ月から三ヶ月位、長い人だと六ヶ月位、長時間睡眠が続くこともある。しかし、ストレスはなくなったあとでも、昼夜逆転の生活に陥ることもあるので注意が必要である。また、六ヶ月以上続く長時間睡眠は、単に運動不足のため体が疲れず、浅い睡眠で長時間眠っていることもある。

なって。
　それでも、中学校一年生の終わり頃まではちゃんと行ってました。それが、終わり頃から、まず朝起きられなくなって、睡眠時間が狂うっていう症状が出てくるようになって、で、それがきっかけですね。

池上　うーん…その、「目的もないのに何でこんなに勉強するんだろう」って悩んだときに、そういうことを友達と話したりとか、した？

なづな　中学一年生なので、そんな重い話題をする友達がいなかったし、周りの大人にもそういうことを相談できる人がいなかったんですね。

池上　先生に、そういう質問をぶつけたりはしなかったの？

なづな　しませんでしたね。私の担任の先生は、そこ出身の女の先生で、そこの方針を受け継いだ人だったんですよね（笑）。だから、多分相談しても分かってもらえないと思ったのか、分からないんですけど…。

池上　なるほどね。あなたが学校に行かなくなったときに、担任の先生はどういう行動をとっていました？

なづな　母親も同じでしたが、まず、「病気だ」っていうことで、病院に行きなさいってことになりましたね。で、担任の先生のほうは何も動いてくれませんでしたね。「病気なんだから治してきなさい」みたいな（笑）。

池上　ああ、そう。家庭訪問は？

なづな　なかったです、一回も。

池上　一回もなかった!?

なづな　なかったです。

池上　ああ、そう…だってあなた、そのままずーっと学校に行けなくなったんでしょ？

なづな　ええ。でも、やっぱり行けなくなったにしても、自分の中で行きたいっていう思いはありますよね。そう思っていたので、無理してでも行ける日だけは行こうって自分で決めて、年に三〇〇日ある中で六〇日くらいは行ってました。

池上　行ってたんだ？

なづな　はい。

池上　はぁー…そうすると、学校の先生としては、あなたはとにかく体の具合が悪くてなかなか来られない、でも、少しでも体調の良いときには何とか来てるんだな、っていうふうに思ってたわけ？

いわゆる「不登校」とは認識してなかったってこと?

なづな　よく分かんない…先生と全然話してなくて、対話がなかったんです。そういう話が、全く。

池上　はぁー。だってたまに出てきたら、「あー、よく出てきたわね」とか「大丈夫?」とか、声かけてくれないの?

なづな　ないです、全然。

池上　声をかけてくれないことに対して、あなた、どう思ったの?

なづな　そうですね、なんか…やっぱり「問題児」って目で見られていたんだなと、思いましたけどね。

池上　問題児っていうと?

なづな　問題…普通の子とはやっぱりこの子は違うから、特別なんだから、という…。

池上　あぁ、そう…。

なづな　完全に除外している感じですよ。

池上　担任の先生以外が声をかけることもなかったの?

なづな　えーと、中学校三年生のときに一度、保健室の先生に、「いつでも保健室に来ていいからね、授業に出なくても、話しに来て良いからね」って言われたんですけども、いかにも、あなたを助けてあげるのよみたいな、哀れみを持ったような感じがあったので…。

池上　あぁ、そう(笑)。

なづな　自分ではそんな人に相談したくないなと思って、一度も行きませんでしたけど。

池上　あぁ、そう。そういうふうに受けとめたのか…。

なづな　はい。

池上　なるほど…難しいもんだなぁ…そうか、いわゆる「保健室登校」ってあるよね?

なづな　はい。

池上　なんか、いかにも、「保健室はそういう生徒のためにあるのよ、来てよ」って感じが見えちゃったの?

なづな　はい。

池上　あぁ、そうか(笑)。ちょっと鋭すぎるのかもしれないな。そうすると、外見的には、非常に身体の具合が悪い、でも無理して時々来ているっていう感じで、そのまま卒業したってかたちなの？

なづな　そうですね。勉強はすごく遅れていましたが、何とか卒業はできましたね。

池上　そこの高校には行かないことになったの？

なづな　はい。中高一貫校でしたけども、中学校まででで、高校は受験しました、普通に。

池上　あぁ、…それは公立の…。

なづな　公立の全日制高校。

池上　公立の全日校、別の学校を受けたのね？

なづな　はい。

池上　わかりました。で…朝起きられなくなった、ずっと寝ている、生活リズムが狂うというのは、まぁ言ってみれば湊君と同じ部分なんだけど、きっかけは何？　つまり、なんだろ、「どうしてこんなこと勉強しなけりゃいけないの？」という、その思いがあったってことなの？

なづな　学校に行くことが、精神的に本当に苦痛だったんです。授業を受けていても全然面白くないし。「何で学校に行っているんだろう」と思う反面、「学校には行くものだ」っていう、普通の常識みたいなものが自分の中にもあって、その板挟みの状態がずーっと続いて、一年間…。

池上　はい。分かりました。はい、じゃ、また後で聞きますね。

六、休んでしまえばつらくない

池上　なおみさんは不登校のきっかけって何だったのかしら？

なおみ　本格的に不登校を始めたのは中二なんですけれど、それより前、小学校五年生と中学校一年生のときに、短期間のいじめを受けていまして、それでこう、休みがちではあったんですよ。でも、いじめなんていうのは、その問題がなくなれば学校にも行けてたんですが、味をしめちゃったんですね。休んでしまえば、辛くないじゃないですか。

池上　おぉ、おぉ。

なおみ　で、二年生のときに、クラス替えがあるじゃないですか。

池上　うんうん。

なおみ　それでクラスが変わって、新しい友達を作れずなじめずにいたので、楽な方へ行きましたね。

池上　あなたは、小学校、中学校は公立？
なおみ　公立です。
池上　小学校五年の頃からっていうのは、男子、女子、どちらにいじめられてたの？
なおみ　両方ですね。
池上　両方にいじめられてた。
なおみ　はい。
池上　で、中学にはその子達もそのまま一緒に来たの？
なおみ　上がってきましたね。
池上　そうすると中学一年のときのクラスにも、その小学校のときにいじめた子は…。
なおみ　いました。
池上　いたんだ。そもそも小学校のときのいじめっていうのは、どういういじめだったの？
なおみ　小学校では、うーん、ホウキを投げられたりとか、あとは無視されたり、あとは…変なあだ名をつけられたりとか、してましたね。
池上　ひっぱたかれたりとか、そういうのはなかったの？
なおみ　ありましたね。
池上　やっぱりあった？
なおみ　はい。そのときの担任の先生が、結構生徒を差別しちゃう先生で…私がまず先生に嫌われてたんですよ。
池上　うん。
なおみ　だから、先生についていく人たちがいて、そういう人たちは、「あの子は先生に嫌われてるから、一緒に嫌っておけば先生に良く見てもらえる」っていうのがあったので…。
池上　うん。
なおみ　で、先生にこう、叩かれたりとかもあったので。
池上　あ、あなたが？
なおみ　はい。
池上　それはみんなの見てる前で？
なおみ　はい。先生がそういうふうにするから、「とりあえずこいつはぶっていい」ってみんなも思って、ぶたれたり、ものを投げられたりとかしましたね。
池上　そのときに…先生がぶったりするのはあなただけだったの？　他の生徒は？
なおみ　他にもいましたね。
池上　そうすると、それに対して他のクラスの子がさ、「なんでそんなことするんですか」って抗議したりっていうのはないの？

なおみ　えーっと、ちょっとした問題になりまして、その先生は、その学校を去りました。

池上　（笑）去りましたっていうのは、なに、次の転勤のときに、異動のときにいなくなったってこと？

なおみ　そうですね。その先生は臨時教師か何かで、五年生のときだけ来てたんですよ。で、五年生が終わるまでその問題は依然として続いていて、教育委員会にうちの親が電話したりとかありまして、で…六年生のときは、別の先生が晴れて担任になりました。

池上　ふーん。でもいじめは続いたの？

なおみ　いじめは六年生のときはなかったですね。

池上　あ、なかったんだ。

なおみ　先生が代わっただけでなくなりました。

池上　生徒はそのまま？

なおみ　そのままです。

池上　そのまま持ち上がったのにいじめはなくなったんだ？

なおみ　なくなりましたね。

池上　ふぅーん…どうしてなくなったの？

なおみ　分かんないです（笑）。多分先生が代わったから…あまりにも大きい問題になっちゃったから…。子どもにとっては怖いじゃないですか、「教育委員会」だ何だって…。

池上　（笑）うん。

なおみ　晴れてそんな怖いことからみんな解放された感じでしたね。

池上　なるほどな。でも、五年生のときにクラスの中でいじめる子と、あなたのようにいじめられる子っていう存在があったんでしょ？

なおみ　はい、ありました。

池上　そのままで六年生になって、人間関係がまずくなったりはなかった？

なおみ　なかったですね。

池上　あぁ、そう。

なおみ　あ、でも、女の子同士では、無視したりっていうのは普通にありましたけど。五年生のときに私に色々と言ってきた子とも、仲良くしてましたね。

池上　あぁ、そう。

なおみ　はい。

池上　先生によってずいぶん違うもんなんだねぇ。
なおみ　そうですねぇ。
池上　いじめがなくなったとき、どういう気持ちがした？
なおみ　解放された感じで、六年生は学校が楽しくてしょうがなかったですね。
池上　良かったね…で、中学に入って、また五年生のときにいじめた子がいたわけだよね。
なおみ　はい。
池上　中学一年生のときはどんな感じになったの？
なおみ　中学校一年生のときは、ある一定の子…一人の女の子に標的にされて、聞こえるところで「○○最悪だよなー」とか言われて。
　ちょうどルーズソックスがはやり始めた頃で、私も履いていたんですけど、やっぱり一年生だと、スカートが短かったり、ルーズソックスを履いてたりすると目立っちゃうんですよ。しかも私図体でかいんで、目立つんですよね。その女の子は、部活の先輩にすごく気に入られてて、「○○がスカート短くしてルーズソックス履いてますが、良いんですか？」みたいなことを先輩に告げ口したり。それで、廊下で先輩とすれ違うたびに、「スカート短えんだよ！」とか言われたりしましたね。
池上　ふーん。そのいじめについては、先生は気付いたの？
なおみ　ええ、気付いてましたね。
池上　で？　先生どうした？
なおみ　で、やっぱり説得してくれて、はい…もうしないっていう誓約書みたいなのをその子は書かされてましたね。
池上　それでいじめは止まったの？
なおみ　えーっと、止まったのかな？　多分、覚えてないんで止まったんだと思います。
池上　で、その先生がいじめに気付いたきっかけっていうのは、どういうこと？
なおみ　私が言いました。
池上　あ、あなたが？　担任の先生に？
なおみ　はい。学校にも行かなくなっていたので。
池上　そうか、いじめられて学校行かなくなって…先生にそう、「いじめられてるんだ」って話したのはどういうとき？　先生が家に来たとき？
なおみ　家に来たときですね。
池上　家に来て、「どうして学校に来なくなったの？」って聞かれたとき？
なおみ　はい。言いましたね。
池上　それ、なんか言うと告げ口みたいだなって思わなかった？
なおみ　いや、向こうも先輩に告げ口してるんで…。
池上　（笑）ああ、そうか。あなたが学校の先生に、「実は私いじめられてるんです」って言うときに、葛藤はなかった？
なおみ　ないですね。
池上　すぐに言えた？
なおみ　はい。
池上　ふーん。
なおみ　なんかこう、変な子どもだったんですよ。今も変なんですけど。なんていうのかな、金八先生（注四）の子どもバージョンみたいな、「まっすぐ！」な感じだったんですよ。すごい、考え方が真っ直ぐな…。金八先生ってあるじゃないですか。
池上　うん、それは知ってるけど、先生が？
なおみ　あ、いや、私が（笑）。
池上　私が（笑）。
なおみ　そんな子どもだったので…。
池上　あの、金八先生のクラスに出てくる…。
なおみ　きまじめで、そんな感じだったんです。正義漢だったかどうかは分からないんですが、自分なりの正義感であふれかえった子どもだったんで。はい。
池上　うん。
なおみ　いじめられてることを言うのは悪くないんだというのが自分の中でありましたから。
池上　ふーん、これは告げ口じゃない、と。
なおみ　はい。
池上　うん。そしたら先生はどんな対応をとったの？
なおみ　とりあえず最初は、「来い」って言いましたね。「おいで」って言ってくれたんですけど、私も頑固なんで、「いじめないと約束するまで行かない」と言いましたね。
池上　うん。そしたら？
なおみ　そしたら、「じゃあ、なんとかするから」って言って、動いてくれました。
池上　うん。で、誓約書とって…。
なおみ　はい。

池上　それから学校に行くようになった？

なおみ　行きましたね。二学期の終わりくらいから少しずつ行くようになりました。

池上　でもまた不登校になったんでしょ？

なおみ　はい。

池上　どうして？

なおみ　クラス替えがあって、仲良い子が何人かいたんですけどバラバラになりまして。最初は、寂しいなとか、つまんないなと思いながらも行ってたんですよ。仲のいい子と同じ委員会に入ったりして会えるようにして。でも、やっぱりつまらないことは長続きしないですね。行けなくなりまして…。

池上　うん。

なおみ　そのときは、「なじめない」という、まっとうな理由で行けなかったんですけど…なじめない、浮いてる、つまらない、寂しい、すごいひとりぼっちだったんで…。でも今考えると、単に楽な方に逃げてましたね。

池上　ふーん…そうすると、学校に全然行かなくなったのは二年生のとき？

なおみ　はい、そうですね。

池上　二年生のときは担任の先生は、また一年のときと変わったの？

なおみ　変わりました。

池上　二年生のときの担任の先生はどんな対応をとってくれたの？

なおみ　二年生のときは、一年生のときの先生がみんな持ち上がりなんですよ。

池上　うんうんうん。

なおみ　だから、不登校のことも知ってたので、もう仕方ないから、無理矢理来なくてもいいから、という感じでした。

そのときには、行きたくないなぁと思うと胃が痛くなったり吐き気がしたりという心身症的な症状があったので、「そのままだと胃に穴が空いちゃうから無理はしないように」っていうことで…。たまに家庭訪問はしてくれましたけど、とりあえずはそっとしておいてくれました。

池上　そっとしておいて「くれました」って言い方

（注四）　金八先生　「三年B組金八先生」というテレビ番組。熱血教師が学校における問題と闘う青春ドラマ。

をしたけれど、つまり、その方が良かったってこと？

なおみ　はい、良かったです。

池上　ふーん、先生が来てくれない、声をかけてくれないほうが良かったの？

なおみ　そうですね。だって、先生が来て言うことって、「学校に来てみないか？」っていうことじゃないですか。

池上　ああ、そうか（笑）。いや、学校に来てみないかじゃなく、ただひたすらあなたの話を聞くっていうことはしなかったの？

なおみ　それはしないですね。

池上　うん。やっぱり、「来いよ」ってことを言いに来るわけか。

なおみ　はい。できたら来てくれないかな、みたいな…。

池上　できたら来てくれないかな、って言い方をするの？

なおみ　はい、そんな言い方をされましたね。

池上　うん。それに対しては、その先生の言い方、どう思った？

なおみ　いや、なんか、悪いことしてるなぁと思いましたけど。

池上　え？

なおみ　先生に対して申し訳ないなぁって…。

池上　あぁ、先生に対して悪いなって思ったわけ？

なおみ　思いましたね。

池上　ふーん…家庭訪問したときには、あなたと直接話をしたわけね？

なおみ　はい、そうです。

池上　あなたの親とは？　話は？

なおみ　話してますね。

池上　あ、それはそれでしてるんだ？なるほどね。で、心身症の症状になって、病院に行ったりはしたの？

なおみ　しましたね。そのときは近所の内科に行きました。で、胃痛があんまりにもするので内科で診断したら、「特におかしいところはない、たぶん、ストレス性の胃炎とかじゃないかな」と言われました。

池上　ふーん、なるほどね。えーと、わかりました。で、高校に入ったんだよね？

なおみ　入りました。

池上　これは要するに高校入試を受けて？

なおみ　受けましたね。

池上　うん。そしたらもう、中学のときとは全く生徒たちが違うよね、先生も生徒も違う関係でしょう？

なおみ　そうですね、はい。

池上　入ってみてどうだった？

なおみ　入ってみて…まず朝が辛かったですね、遠かったので。

池上　うん。それは中学のときに比べれば、早く家を出なきゃいけなくなるよね。

なおみ　そうですね。

池上　うん。

なおみ　中学もまともに行ってないんで、朝起きるっていうのが…。私も昼夜逆転気味だったので、朝起きるのが非常に辛くて。それにやっぱりどこかで行きたくないなぁと思ってたので、無理して起きるよりは布団の中にいてしまったので…。

池上　ふーん、なるほどね。ご両親はそれに対して何かしましたか？

なおみ　えーっと、病院に連れてってったり…。

池上　でも病院に行ってみれば、いわゆる不登校だなっていうのに親は気付いたんでしょう？

なおみ　そうですね、はい。

池上　「うちの子は不登校だな」って思ったときに、お父さんやお母さんはどういう態度をとってました？

なおみ　そうですね、中学校二年生の十一月ぐらいから、どっかから探してきたフリースクールに行ってみないかという話がありました。私も、あんまりずっと家にこもってても仕方ないので、「行きます」ということで…。結局、入試の面倒も全部そこで見てもらいまして、もう親はそのフリースクールに私のこと任せっきりかな、という感じでした。

なのに、任せていながら、でもやっぱり学校には行って欲しいみたいなのは、結構うざかったですね。

池上　うざかった（笑）。そうか。どうして？

なおみ　やっぱり登校刺激がありまして。父が昔ながらの体育会系の人なんですが、「そんなにだらだらしてるから気持ちが滅入るんだ、スポーツしろ」とか言われまして。

池上　（笑）そう言われたことに対しては、どうしたの？

なおみ　全然的が外れてるので、私も、「そうじゃないんだ」って怒ったんですけども、話は絶対にぶつからない感じで、すれ違ってましたね。

池上　親子で激しくぶつかることはなかったの？

なおみ　ぶつかっても論点が違うんです。

池上　相手にしなかったの？

なおみ　いや、あの、お互いにヒートアップはするんですが、話が全然ずれてるので。結論を得ない、不毛な争いはずっとしてました。

池上　不登校になって、いわゆるひきこもりにはならなかったの？

なおみ　ひきこもってはいなかったですね。遊びに行くのは行けるんですよ。

池上　ああ、そうなんだ（笑）。

なおみ　学校にも遊びに行ってたんですよ。

池上　うんうんうんうん。

なおみ　保健室の先生と仲良かったんで、そこにお茶飲みに行ったり…。

池上　それは？　中学校のとき？

なおみ　中学校のときですね。

池上　そうか。あなたは保健室登校してたわけね。

なおみ　保健室登校してましたね、はい。

池上　それこそあの、なづなさんじゃないけど、保健室の先生が、「さぁこっちにいらっしゃい」って…。

なおみ　あ、そういうことは言わない先生だったんですよ。だから逆にいいかなって感じで。「また来たの？」とか言われながら、「来ちゃった」って感じで、行ってましたね。

池上　ふーん。保健室登校するようになったきっかけは？

なおみ　中一のときにはもう既に、教室にいると胃とかが痛くなってたんで、保健室にはよく薬をもらいに行ってたんです。だから保健室の先生とは仲良かったですね。

池上　うんうんうん。で、保健室でどんな話してたの？

なおみ　紅茶とか映画とか、そういうどうでもいいようなことを話してましたね。

池上　それは授業に出ないで？

なおみ　出ないでずっと、ですね。

池上　その保健室の先生は、「来なさい来なさい、私が話し相手になる」なんていう態度ではなかったのね（笑）？

なおみ　そういうタイプだったら多分、私も行ってないですね。
池上　はぁーん。どういう感じだったの？　「なぁに、また来たの？」って感じだったの？
なおみ　そうですね。知り合いのお姉さんみたいな感じでしたね。
池上　ああ、そう。で、話を聞いてくれて？
なおみ　いや、保健室の先生にもお仕事があるんで、私は勝手に本を持ってきて読んでたり…なんか、普通に友達と一緒にいるような…。
池上　その保健室の先生がね、例えば、「もう具合良くなったのなら授業に出たら？」っていうことは言わなかったの？
なおみ　言わなかったですね。
池上　うーん。その、言われなかったほうが良かったの？
なおみ　はい。
池上　言われたらどうだったんだろう？
なおみ　言われたら多分、保健室にも行かなくなってましたね。
池上　はぁー…そういうことを言わないで、とにかくあなたが行けばただ受け入れてくれる…。
なおみ　はい。
池上　それが良かったんだ？
なおみ　はい。
池上　なるほどね。えー、分かりました。

不登校後の活動

七、フリースクールの印象

池上　今度はなおみさんから逆に聞いていこうと思うんだけど、なおみさんにもうちょっと話を聞いた上でね。
　その、フリースクールに行ってみて、どんな感じだった？　フリースクールに最初に行った印象は？
なおみ　不思議でしたね。
池上　不思議？
なおみ　ビルに入った塾みたいなのをイメージしてたのが全然違って。そのとき行ったのが、普通の家みたいなところを改造してやってたので、それにまずびっくりしましたね。

池上　うん。それから？
なおみ　みんな、だらだら自由にやってるんで…。
池上　（笑）
なおみ　結構衝撃でした。
池上　衝撃？　どうして衝撃だったの？
なおみ　しっかりしなきゃいけない、と思ってたんですよ。
池上　あぁー…。
なおみ　はい。
池上　すごくぴちっとした指導してくれるところかなと思ったらそうじゃなかった？
なおみ　なかったですね。けっこう楽に…無理のないように進めさせてくれたんで。朝起きられないのも、「だんだん出られるようになれば良いんじゃないかな」という考えで…。
池上　ふーん、そうか。あなたはそもそも、「楽な方に行きたい、楽な方に行きたい」って言ってたもんなぁ。
なおみ　そうですねぇ。
池上　そうすると？　最初は楽なところから少しずつフリースクールには通えるようになったの？
なおみ　そうですね。基本的に学校に憧れるというか、学校は好きなんですよ。学校には行きたいんです。だから高校に行きたかった。でも、高校に行くときにこんな生活リズムじゃ行けないし、勉強ができないから入試を受けられないというんじゃ困るなと思いまして、結構だらだらしてる中でも、勉強はちゃんとしてました。
池上　あぁ、そうか。で、フリースクールに行きながら高校受験して…。
なおみ　しました。
池上　で、高校に入って、えー、フリースクール行きながら高校もちょっと通ってみた？
なおみ　通いましたね、はい。
池上　でも、続かなかった。
なおみ　はい。
池上　フリースクールは続いたのね？
なおみ　フリースクールは続きましたね。
池上　高校は…結局いくつ？
なおみ　えっと、結局三つ…今は、三つ目の通信制に在籍中です。
池上　最初の高校はどうして駄目だったの？
なおみ　えーと、ちょっと待って下さいね。…朝起きられなくなってたのと、それだけじゃなくて、血圧が下がってた。
池上　うんうんうん。
なおみ　疲れを感じながらも最初は行ってたんですが…失敗したと思ったのが、学区外の公立高校で、知り合いが全然いなかったこと。基本的に寂しいのが駄目なので、友達を作ったりもしたんですけど、テンションを合わせるのが辛かったんですね。私は、そのころにはテンションが低めの人になってたので、周りのキャピキャピした女子高生には、合わせづらかったですね。
池上　キャピキャピ…あぁ、そう（笑）。
なおみ　一学期だけ行って、それで辞めてしまいました。
池上　辞めて、で次の高校は？
なおみ　私立の通信制に入学しました。
池上　そこは？　登校することはあったの？
なおみ　登校日が月に二回くらいありました。それでも、私は都外に住んでいて、そこから都内の学校に通っていたので、九時頃までに学校に行くとなると、相当早起きをしなければならなくて…。
池上　そうだよなぁ…。
なおみ　人混みが駄目で、人に酔っちゃうので、満員電車なんかに乗った日には、ちょっと悲惨な目に遭ってました。
池上　うんうん…で、そこも続かなくて？
なおみ　続かなかったですね。
池上　いつ頃辞めたの？　そこは。
なおみ　多分三ヶ月くらいで辞めちゃいました。
池上　そして今は？
なおみ　去年の四月に公立の通信制に入りましたが、去年は入院していて、全然行けませんでした。その後も具合が良くなくて休んでて、今年になってもう一回行ってみようと思ったんですけど…。高校は卒業したいし、友達も欲しいし、だから行きたいんですけれど、行ってみると辛いんですよ。学校に行くと思うだけで辛い。でも、バイトには行けるんです。
池上　（笑）
なおみ　二月くらいからバイトを始めて、バイトには行けるのに学校には行けなくて、結構悩みました。でも、親や先生が、「学校に行けなくても、とりあえずバイトができてるんだったらそれで良いんじゃないの」と言ってくれまして…。
池上　それはどんなバイト？

なおみ　今もですけど、アパレルの販売のバイトです。
池上　アパレルのバイトってことは、お客さんの相手をするわけでしょ？
なおみ　そうです。
池上　見も知らない人が来るわけでしょ？　その人に対して、「いらっしゃいませ」って？
なおみ　やってますね。
池上　それはできるんだ？
なおみ　できます。
池上　うん、辛くないの？
なおみ　人と話すのは…好きなので。
池上　うん…だけど学校は（笑）、駄目なんだ？
なおみ　なんかこう…何ででしょうね。
池上　何が違うんだろうね？
なおみ　集団になじまなきゃいけないのが辛いみたいです。
池上　うーん。フリースクールだとそういうことはない？
なおみ　なかったですね。
池上　ふーん、なるほどね。あ、そうそう、入院したっていうのは、なに、どうしたの？
なおみ　あ、えっと、精神科のほうに…。
池上　うん。うん。それは？　どうして？
なおみ　…境界性人格障害（注五）とかいう病名をいただきまして、入院しました。自傷行為（注六）が止まらなかったんですね。
池上　あぁ、なに、リストカット（注七）したの？
なおみ　そうですね。
池上　うんうん…止まらないってことは、何度もやったわけだ？
なおみ　はい。
池上　どんなときにやるの？
なおみ　どんなときでもやってましたけど…。
池上　どんなときでも（笑）。…えーと、例えば一日のうちで言うと？
なおみ　夜…やってましたね。みんなが寝てるときに起きてたから、時間をもてあましちゃって…。
池上　そのときの気分ってどんな感じ？
なおみ　なんか、不思議な感じでしたよ。今は絶対に切れないですけど、そのときは、切ってると気持ち良いんですよ。
池上　うん。で、血が出るんでしょ、当然。
なおみ　はい。

池上　血が出てきたらどうするの？

なおみ　すかっとします。

池上　で、そのできた傷はどうするの？

なおみ　ほったらかしにしてたときもありますけど、結局病院に運ばれたりしてましたね。

池上　なるほどなぁ…それってつまり、不登校になったことと一連のことなのかな？

なおみ　何だかんだ言って、楽な方に逃げてはいたんですが、自分の中には違う思いもありました。「このままじゃいけない」とか、だからこそ高校に行きたいとか、将来はちゃんと就職したいとか。でも実際は、学校を休んでて、高校も普通には行ってないわけですよ。

池上　うん。

なおみ　留年と同じような感じで。今十九歳で、高校一年生ですから、大幅に遅れをとっているので、辛かったんですね、やっぱり。

池上　ふんふんふん…。

なおみ　楽したい自分と、ちゃんとしたい自分、きちんとしたい自分がいて…。

池上　うん。今はもうリストカットはしなくなった？

なおみ　今はしないですね。

池上　どうしてしないですむようになったんだろう？

なおみ　何ででしょうね…。今は一つ、バイトはできています。学校とバイトで、楽な方のバイトにを選んだんですが、それでも続けられているから…。何にもしていない状況じゃないんで、多分それでだと思います。焦らないようになりました

（注五）　境界性人格障害　アメリカ精神医学会の診断基準によると、「対人関係・自己像・感情の不安定等によって起こる衝動的で激しい行動を伴う人格障害」を言う。成人期早期に始まる。

（注六）　自傷行為　自殺行為、そぶり、「自殺してやる！」と言った脅し、リストカット、薬物乱用、むちゃ食い、浪費、異常な性行動、無謀運転、壁などへの撲打等、自殺未遂を含む、様々な自らを傷つける行為のこと。

（注七）　リストカット　手首をナイフなどで傷つけること。自傷行為の一つ。最も多く見られる自傷行為で思春期の若者に多い。「ふり向いてほしい」「愛してほしい」「他の人のところに行かないで」など、自分に注目して欲しい時に起こすことが多い。

ね。

池上　分かりました、はい。ありがとう。なおみさんだけ非常に長くなっちゃったね。少し休んでください。また後でちょっと聞きますからね。

八、ボリビアへの留学

池上　えぇー…なづなさんも…病院に通うようになった。

なづな　はい。

池上　だよね。朝起きられなくなって病院に通う。どんな体の具合になったの？　お腹が痛くなったり？

なづな　そういうことはなくて、ただ、朝起きられなくて睡眠リズムが狂っていくので、普通の生活にはどうしても合わせられなくて、学校には行かれなくなった…。

池上　それに対してあなたのご両親はどうしました？

なづな　ええと、多分母親が学校に呼ばれて先生と話し合って、それで病院に通うことになりました。

池上　病院は何科に通ったの？

なづな　えっと…小児神経内科…。

池上　ふーん。で、どんな治療を受けたの、そこでは？

なづな　基本的にカウンセリングですね。あとは、夜眠れるように、睡眠薬じゃないですけど、眠れる薬を出してもらったりしてました。

池上　その治療を受けてどうなりました？

なづな　今考えてみれば、全然見当違いっていうか…。あの時は、心に問題があって、悩みを聞いてもらえれば良かったと思うんです。

池上　うん。

なづな　でも、そういうことを聞いてくれる、話せる大人が本当にいなかった。それで問題が起きたわけですが、周りの大人は、「この子は絶対病気」「精神的におかしいんだ」っていう…(笑)。

池上　おぉぉおぉ…。

なづな　と判断したらしく、「病院に行きなさい」ということになりました。

池上　カウンセリングの先生は、その悩みを聞いてくれることはなかったの？

なづな　なんか、初対面の相手に話せる気分じゃなくて…。

池上　そりゃそうだ（笑）

なづな　自分はもちろん、信頼できる相手に話したいわけだし…。

池上　そりゃそうだな。

なづな　うん、相手を選ぶんです、やっぱり。で、そのカウンセリングの先生も、普通に映画の話とか最近のこととか、そういう話しかしなくって。何のために行ってるんだろうって…。

池上　あなた、南米のボリビアに留学したって言ってましたね、さっき。

なづな　はい。

池上　何年生から何年生のとき？

なづな　高校一年生の一月から高校二年生の一月まで、一年間行ってました。

池上　それはなに、自分で選んだの？

なづな　はい。あ、選んだっていうか…。もともと留学したかったんです。その希望を出したら、たまたまボリビアだったたっていうだけで…。

池上　希望を出したっていうのはどこに出したの？

なづな　そういう留学機関です。

池上　ああ、留学斡旋機関に。「ボリビアに行きたい」じゃなくて、「留学したい」って言ったら…。

なづな　はい。

池上　だってほら、例えばヨーロッパとか北米とかアジアとか、色々あるでしょ？　そういう希望はどこか出したの？

なづな　いや、希望を出したら、英語の点数を普通に換算して、「じゃ、あなたはボリビアに決定しました」って通知が来たんですよ。

池上　えぇー（笑）。

なづな　初めて聞いたときにはどこの国か分からなくて（笑）。

池上　うん（笑）、だってボリビアはスペイン語でしょ？

なづな　スペイン語です。

池上　英語でも良いわけ？　授業はなに、スペイン語だったの？

なづな　授業はスペイン語ですね。普通に、現地の学校に通ってたので…。

池上　いきなり？

なづな　はい。

池上　だって出来ないでしょ、スペイン語。

なづな　出来ないです。

池上　どうしてたの（笑）？

なづな　いやー、最初の頃は全然分からない。生活するのも大変でした（笑）。

池上　それはどこかの家庭にいながら？

なづな　はい。普通のボリビア人の家庭に入って、普通にボリビアの学校に行って、という生活です。

池上　ふーん。どうだったの？　そこでの一年間？

なづな　そうですね、まだ上手くまとめられてないんですけど…。留学をしようと思ったきっかけに、全然自分の知らない環境で、いろんなことに甘えないでどれだけ頑張れるかな、自分の可能性を試したいな、っていうのがありました。行って一番良かったなって思うのは、自分の生活環境を外から見ることによって、自分の置かれていた立場がすごく良く分かったんことですね。

池上　ほぉー、どんなふうに？　要するに、自分のことを客観的に見ることができたの？

なづな　客観的に見ることが、すごくできた。自分は、こういうところは親に甘えてたんだなとか、こういうところは頑張ってたんだなっていうのが、全然違う環境に行って初めて見えました。日本の、この高校のこととかも、すごくハッキリ見えたんですね。

池上　ふーん。で、自分はどんな人間だって思ったの？　そのとき。

なづな　うーん…どんな人間とは思いませんでしたけど、なんだろう…。

池上　そうか（笑）、わかった。そこは一年間ね？最初から一年間って決まってたの？

なづな　決まってました、それは。

池上　決まってたんだね？　で、なに、スペイン語はできるようになった？

なづな　なりましたよ。

池上　やぁーっぱり、さすがだな。

なづな　（笑）

池上　日本語全くしゃべれないんだもんなぁ。

なづな　しゃべれないです。

池上　日本人はいたの？　周りに。

なづな　えっと、日系人の方は結構いたりしたんですけども…。

池上　あぁー、そうかそうか。

なづな　そういう方とは、普通の生活をしていく中では会いませんから。

池上　うんうんうん。
なづな　たまに会うだけで、ほとんどもう、日常生活はスペイン語で。
池上　そうだねぇ。その後日本に戻ってきて、日本では全日制の高校に行ってたってこと？
なづな　はい。行ってました。
池上　で、そこにまた戻ったわけ？
なづな　戻ってました。
池上　それで通えたの？　日本の高校に戻ってからは。
なづな　そもそも行けない原因が、睡眠リズムが狂うってことで、全日制の高校に入っても、全然戻りませんでした。でも、高校一年生と三年生のときの担任の先生がすごく良い先生で、「とにかくこの子の望むように、この子が頑張れるんならとにかく応援してあげよう」と…。高校一年生のときには、「一月に留学する」って目標があって、それならそのために学校に行こうってなりますよね。高校で単位が取れてないと行けないんで。
池上　そうか。そこで目的ができたんだ？
なづな　はい。
池上　うん。
なづな　初めて「勉強する」とか「学校に行く」ってことに対して、目的ができました。それでも、生活リズムが合ってないから、高校一年のときはすごく苦しかったですけど。じゃ、行きましょうかってことになって、その時に担任の先生が、こちらの希望もすごく聞いてくれたし、「留学させるためには何が出来るだろう？」ってすごく頑張って下さったんですね。
池上　うん。
なづな　留学するという目的のために高校行って、まず一年生の単位が取れて。その後三年生のときボリビアから帰ってきてからは、「卒業する」って目標がありますよね？　先生は、「この子を卒業させるためには何が出来るだろう」ってすごく考えて下さって。私も一生懸命頑張って行ったんですけども…。
池上　うん。
なづな　目標ができたことで、自分で頑張ろうって気持ちになれたんだと思います。
池上　日本の、その全日制の高校で友達は？
なづな　友達は…高校三年生で卒業したときには、結果的にはすごく少なかったですね。やっぱり。

池上　うん。

なづな　ボリビア的な雰囲気を醸し出してたもんで（笑）。

池上　あはは（笑）。ボリビアの高校と日本の高校、どこが違う？

なづな　向こうには、いじめとかの問題は全然ないですし、不登校とか言っても理解されない。そういう問題が全くなくて、「今が楽しければいい」という感じで。本当に、遊ぶために高校に通っているようなものですけれど、そのかわり大学に入ったら一生懸命勉強するよって…。

池上　うんうんうん。ボリビアの場合は、みんながみんな高校に行けるってわけじゃないよね？

なづな　貧富の差がすごく激しいので、お金持ちの子は私立の高校、お金を持ってない子は公立の学校…。

池上　あなたはどちらに？

なづな　私は私立に行ってました。

池上　お金持ちの…言ってみればボリビアでも恵まれてる…。

なづな　お金持ちのほうですね。

池上　だよね。

なづな　はい。そういう家族じゃないと、ステイさせられない…留学生を預かれないですから。

池上　そうだよね。

なづな　はい。

池上　うんうん。だから、それはボリビア一般、って言えるのかな？　やっぱりその、ボリビアの一部の恵まれた学校の生徒さんってことなのかな？

なづな　はい、そうです。

池上　その、「今が楽しければいい」っていうのは、なに、嬉しかった？

なづな　いやーもう、言葉が通じないので必死で。あと、高校二年生の…もちろんボリビアでの単位を取ってこないと、日本で進級できない状態なので、単位を取るために必死でスペイン語を勉強してましたね。

池上　なるほどね。

なづな　はい。

池上　つまりあなたは、まあ言ってみれば今は不登校でなくなっているけれども、それは要するに、海外に留学するという目的ができて、それを実際に実現したことによっていつの間にか不登校ではなくなっていた、ってことになるの？

なづな　いやー、あの、問題は全然解決してなくて…。高校三年生になってからも、学校の卒業日数はホントにギリギリで、補習までしていただいて卒業したんで…。

池上　解決してないってことは、なに？　まだ不登校が続いてたってこと？

なづな　いや、不登校はもうしていなかったですけれど、睡眠リズムは、まだ全然治ってなかったです。

池上　今は？

なづな　今は大学に入って、高校のときみたいに絶対一時間目からというわけではないから、自分でメリハリをつけてます。時間割を動かせるようになったので、起きなきゃいけない日は起きる、寝てても良い日には寝るっていうふうに。

池上　ああ、それは出来てるんだ？

なづな　出来てます。

池上　大学はちゃんと通ってるわけ？

なづな　はい。

池上　そうですか。はい。わかりました。

九、沖縄での一人暮らし

池上　はい。えー湊君。大変お待たせをいたしました。あなたも、昼夜逆転して体力が落ちてた、ということでしたね。「家から出なかった」という話がありましたね。自分の部屋からは出ることはあったんだな？　家から、そもそも外に出なかった？

湊　まず、家からは…一番悪かった中学二年の頃は、ほとんど家から出なくて、月に数回、ちょっと買い物に行く程度でした。それで、家の中では…自分の部屋から出るときもあるんですけど、自分の部屋にずっとこもってることも…。家族と上手くいかないとか、けんかみたいになったときには、家の中でも、さらに部屋に閉じこもるときがありましたね。

池上　食事はどうしてたの？

湊　うちの家族は、父親の仕事が忙しくて遅いっていうのもありますし、二人の妹がいるんですけど、それも塾に通っていたり部活をやっていたりとかで…。あんまり家族で一緒に食事をするっていう時間はなくて、みんなバラバラに、家に帰ってきたら食べるという感じだったので…。

池上　うん。

湊　さすがに、部屋に持っていって食べることはなかったですが、一人で食べたり、母親と二人で食べたり、そういう機会が多かったです。

池上　それは、要するに自分の部屋で一人で食べるんじゃなくて、居間というかダイニング…みんなが食事をする場所で…。

湊　食べてました。

池上　食べてたってことだね？　うんうん…で、あなたが不登校というか、ひきこもり状態になったことに対して、家族や両親はどういう対応をとったの？

湊　最初の不登校をし始めた頃は、登校刺激…「学校に行きなさい」みたいな感じでしたけど、でもフリースクールに通うようになってからは、それはなくなりました。

　多分、フリースクールのスタッフの人が、親に対して、「登校刺激は良くない」とか、「ちょっと放っときなさいよ」とかいうアドバイスをきっとしたと思うんです。フリースクールに行ったあとには、そういうのが一転してなくなって、逆にもう、「何でも思ったときにやりなさい」っていうような態度に変わりました。

池上　うん。そうか。お父さんは会社がとっても忙しいって言ってたね？

湊　はい。

池上　お父さんと話をすることはあった？

湊　自分の進路の問題とか、そのときに抱えている葛藤とかは、ほとんど話したことはなくて…。そうですね、直接そういう相談とかをしたことはないです。

池上　いや、あなたの方から相談しなくても、お父さんから、「おい、おまえなんで学校に行かないんだ」って聞いてくることはなかった？

湊　たまにあったんですけど、あまり…。自分は通信制高校に行ってたんですけど、通信制高校はどうなんだとか、授業の仕方はどうなんだとか、そういうふうに聞かれたことはなくて、ただ、「学校に行ってるのか？」「ああ、行ってるよ」で、「楽しいか？」「うん」で終わりという程度の会話でしかなかったです。

池上　それだけか？

湊　はい。

池上　はぁー…。父親とは平均して一週間でどのくらい話してた？

湊　父親が夜遅く帰ってきて、テレビを居間で見ている夜の九時から十二時くらいの間にちょっと話すくらいで、ほとんど…。しかも、自分と父親の気持ちとか、そのときあった状況とかの話はしたことがなくて、ついてるテレビの話をちょっとしたりとか…。あんまり直接的な会話じゃなくて、よそよそしいと言ったらおかしいんですけど、そんな深い会話はしない、という感じで…。

池上　ふーん。あなた母親とはどういう会話をしてたの？

湊　父親には相談する機会がなかったので、やっぱり、家にいる時間が多い専業主婦の母親と直接会う時間は多かったです。ですから会話の量は多かったんですけど、相談はあんまりしなかったです。

　母親はもともと過保護で、最初は登校刺激のようなかたちで、先回りして、「ちゃんと良い高校入らなきゃ駄目だよ」「塾に通いなさい」とかいうふうに、本人の気持ちに関係なく習い事させたりして、とても私に構っていました。でも、そのフリースクールに通うようになってからは、逆にそういうアドバイスや進路のことで意見するのをやめて、「何でもして良いよ」「何でも自分の好きなように」とか、「まだ学校に行きたくなければ行かなくていいよ」って。普通だったら例えば、「大学どうしようかな」って言えば、「どういうところに行きたいの？」とか「何をしたいの？」って聞いてくると思うんですけど、それもなくて、「あなたの好きにしなさい」って…。中学、高校だと親に相談しますよね。でもそれを全部任せられちゃって、相談する相手がいないような…。

　だから、話すことは話すけれど、考えを聞くっていうのはなかったですね。

池上　何、それは母親の態度が急に変わったの？

湊　そう…フリースクールに通うようになって、「登校刺激をするのは良くない」というのを聞いてから、母親は極端に、自分の意見を言わなくなってしまって。多分母親には、「刺激するのは良くないんじゃないか」って怖さがあって…。

池上　はあはあ…。

湊　「塾に通いなさい」「ああしなさい、こうしなさい」って言ってきたせいで、子どもが不登校になっちゃったんじゃないか…っていうのがあるから、それを恐れて今度は逆に、子どもの言うことは何でも受け入れる、という態度に変わったんだと思います。

池上　それって、あなたのお母さんがフリースクールの先生にそういう指導を受けたってことかしら？

湊　「登校刺激はしない方が良い」とか、「無理をさせちゃいけない」っていうのは、多分どこのフリースクールでも言われると思うんです。でも、母親と子どもの関係でしたら、「将来どうするの？」とか、そういう葛藤とかぶつかり合いが必要だと思います。だから、多分、フリースクールの先生が言った事を、母親はそう、勘違いというか…。

池上　勘違い…（笑）。

湊　そういうのがあって、何でも聞くようになってしまって、逆にそれが今度はすごいストレスになってしまったというか…。

池上　それはそれでストレスになってしまったのね。

湊　なってしまいましたね。

池上　急にお母さんの態度が変わってしまったことを、どんなふうに思ったの？　ストレスって今言ったけど。

湊　結局、「塾に通いなさい、ああしなさい」っていうのも、こっちの意思を聞いてのことではない。それでまた、ころっと態度が変わって、「相談したいのに聞いてくれない」っていうのも、こっちのことを考えてないってことじゃないですか。

池上　うんうんうん。

湊　結局、子どもである自分の気持ちを考えてくれないっていう面では一緒で。

悩みを相談しても、答えが返ってこない。いつも、「好きなようにしなさい」って返ってくるから、結局自分の考えを聞いてもらえない、相談にのってもらえないっていう状態にいつもいました。

池上　なるほどな。そういうときは、「どうしたらいいかね？」って親に聞くときは、やっぱり親のアドバイスを求めてたの？

湊　親にアドバイスというか…親じゃなくても、普通人と話すときは、「どうしたらいいかな？」って聞いたら、その人の意見が欲しいじゃないですか。

池上　うんうんうんうん。

湊　でも、母親には、不登校の本やテレビのせいか、「親自身の意見を言う」ということを恐れているような、ぶつかるのは良くないと思っているようなところがあって、母親自身の意見を言ってくれませんでした。それが…。

池上　なるほどなぁ。例えばあなたが、「将来どうしようかな」とお母さんに声をかけるでしょ？　そのときにお母さんが、「こうしたら良いんじゃない？」とまではいかなくても、「あなたはどう思ってるの？」って聞いてくれることもなかったわけ？

　つまり、「どうしたらいいかな？」と聞いたときに、「あなたが自由にして良いのよ」じゃなくて、「あなたは今どう考えてるの？」っていうふうに、話を聞いてくれることは、あったの？　なかったの？

湊　うーん…、とりあえず自分の意見を言うじゃないですか。相談して、自分はこう思う、って…。

池上　うん、君なりの思ってることを言うわけね？

湊　例えば、「沖縄に行きたい」というときに、「自分の環境を変えてみたい」とか「一人暮らしをしてみたい」とか、そういう理由を言うと、全部受けとめるというか、批評を加えないというか…。「一人暮らしをするのは大丈夫なのか」くらいは聞くんですけど、その先は聞かずに全部、「それで良いんじゃないの、それで良いんじゃないの」って言うから…。

池上　（笑）

湊　相談の意味がないというか…（笑）。

池上　それはまた逆に、ストレスになるわけだな。

湊　はい。

池上　さっき、「うちは過保護で」って言ってたよね。過保護だって認識があったわけね？

湊　はい。

池上　お母さんが、先回りして先回りして、「塾行きなさい、お稽古ごとしなさい」ってやってたわけね？

湊　はい。

池上　それが手のひら返したように、また逆に何にもしなくなっちゃったってことなんだな？　はぁー…なるほどな。で？　だけどあなたは、沖縄の大学を選んだ。

湊　はい。

池上　どうして？

湊　母親から自立するために一人暮らしをしたいというのが一つ、沖縄という土地に行きたいというのが一つ、その二つが理由です。

母親が、手のひらを返したように何も言わなくなったとはいえ、洗濯物をたたんでくれたり、部屋の掃除はしてくれる状態は続いていて、それに甘えていました。それと、自分の中で、母親が先回りしてくれないと不安だ、自分一人になるのは怖いって思いを抱えていたので、それもやはりまずいなと思っていました。だからとりあえず、母親と距離をとるために一人暮らしをすれば、少しは変わると思ったんです。

それ以外では、沖縄には一度旅行に行ったんですけれど、ちょっと違う独特の雰囲気がありました。こっちとは環境が違って、「そこに行ったら何かが変わるんじゃないか」っていう希望が持てたので行きたいと思いました。

池上　なるほどな。行ってみてどうだった？

湊　普通だったら、一人で暮らすようになったらホームシックになるとかあるんでしょうけど、自分の場合は逆で、本当に安心して暮らせるようになって、生活リズムも良くなったりました。それまで、全然食べられなかった朝ご飯を食べられるようになったり、体重もちょっと増えたり…。一人暮らしですから、家に帰ってからのストレスっていうのがなくなって、それで良くなったというのが一点。

あとは、こっちと雰囲気が違って、もっとのんびりしている。いきなり人の家に来て冷蔵庫を開けて帰っていくような、おおらかな友達とかも結構いたりして…(笑)。時間にも平気で一時間遅れて来たりとか、そんな環境があって、こっちのようなきびきびとしたストレスがなかった。それもちょっとは良い方に作用したかなと思ってます。

池上　なるほどな。朝ご飯を食べられるようになったって言ってたけど、それは自分でちゃんと作ってる…。

湊　はい。高校生までは実家に住んでいて、その頃は、「ご飯を食べるときは食べるだけ」っていう感じで、ご飯を食べるのがあんまり楽しくなかったんですけど、一人暮らしをして、家に友達を呼んで一緒に食べたりとか、お酒飲みながら食べたりとかしてると、ご飯の時間が楽しい時間になって、「ああ、いいな」と思えるようになりました。

池上　分かりました。今四年で、これまでの大学三年間はずっと沖縄にいたわけだよね。

湊　はい。

池上　今こっちに来ているわけだけど、三年間の間に家に帰ったことある？

湊　一応、夏休みと正月には帰ってました。

池上　夏休みってどれくらいいるの？　一ヶ月くらいいるの？

湊　二週間くらい、ですかね…。

池上　家に帰ってみてどうだった？

湊　久しぶりに帰ってみると、「こんなだったかな」とか思ったり、「相変わらず変わってないな」と思ったりして…。正直、「実家に帰りたい」っていうよりは、沖縄とこっちと違うんで、「やっぱ東京で遊びたいな」っていう…。

池上　うんうんうん。

湊　帰る理由は、「こっちの友達と遊びたいな」っていうのがメインで、実家に帰るというより、東京で遊びたいという理由で帰ってきてました。

池上　実家に帰ると、どう？　またストレスが溜まるって感じはあるの？

湊　ありますね。

池上　今でもある？

湊　今でもありますね。今は、在籍している沖縄の大学と提携している東京の大学に通っていて、その近くに一人暮らししていますが、その家を探すために実家に住んでいた間、すごいストレスを感じました。

沖縄から実家に帰っているときには、「また沖縄に帰ればいいや」っていうのがあって、親子間の葛藤も、「沖縄に戻れば元の生活に戻れるからいいや」って思っていたんですが、そのときにはそれがなかった。それに、一人暮らしをさせてもらう約束で東京の大学を選んだんですが、親はやっぱり、「実家から通えないのか？」とか言うじゃないですか。

池上　うん。そりゃそうだな。

湊　そう言われると、親と住むのはすごい嫌だっていうのがあって（笑）、すごいストレスがかかってしまった。「実家から通うとなったら、自分は本当にやばくなるんじゃないか」っていう不安があって…。

池上　なるほどねぇ。今あなたが言った「親子の葛藤」って、非常に抽象的なんだけど、あなたの場合、それはなに？

湊　特に父親なんですけど、経済的葛藤というか…。

池上　経済的？

湊　経済的なものというか、援助してもらうときの葛藤です。さっき、父親と直接、人間的な葛藤はあまりないと言いましたよね。

池上　うんうん。

湊　そういうのはなくても、援助してくれるお金は父親が稼いでいるわけじゃないですか。父親が援助するというのは、子どもをつなぎとめるためで、実家に帰って実家に息子がいた方が寂しくない。だから、自分がまだ学生で一人暮らしをするにはお金を出してもらわなければならない部分を、「出さない」って言ってみたりとか、そういう子どもみたいなことをされちゃうと、やっぱり精神的にストレスっていうか…。

池上　そうか、あなたは、親は息子をつなぎ止めるために、「金を出さないぞ」と言ってるんだなって見てしまうわけだな？

湊　はい。

池上　なるほどなー。お母さんとの葛藤は？

湊　母親とは、直接的な葛藤が中・高のときにあって、それを乗り越えるために一人暮らしをしたので、ある程度は距離がとれたっていうのがあります。

それよりも父との葛藤のほうが大きいです。いくら自分が精神的に自立しても、今いきなり、「全部仕送りしないぞ」「学費出さないよ」と言われたら、おしまいじゃないですか。「学費出さない」とまでは言わないとは分かってるんですが、そういう力を父親は持っているので、自分の思ったことをうまく言えないっていう葛藤が、今少しあります。

池上　なるほどね。お母さんとの関係は、あなたが一人暮らしをすることによって…、ずっと離れてたよね。

湊　はい。

池上　それによって少し良くなった？

湊　距離は取れるようになりました。昔は、母親が怒ったり何か言ったりするとすごく気になったのですが、今では自分と母親の意見が違っても、気にならなくなりました。自分は親子であっても他人なんだから、考えの違いもある、別に意見が合わなくても良いかなって。良い関係にはなってますね。

池上 なるほどね。それはつまりあなたがそう思うようになったわけだよね？

湊 はい。

池上 あなたのお母さんはどう？

湊 自分は、「母親とは違う意見があってもいいんじゃないか」と思えるようになったんですけど、母親にはまだ、「子どもにこうなって欲しい」っていうのがあって、違うことを認めるってことはあまりありありません。

池上 わかりました。

十、人の目が気になって

池上 はい。小野君、大変お待たせいたしました。あなたも、結局四年間ひきこもりということだよね？

小野 はい、そうです。正確に言うと、その四年間というのは、学校に行かなくなって、どこにも通うことなく過ごしたっていう四年間です。本当に家から一歩も出ない完全なひきこもりは、まぁ、一年半から二年ぐらいだと思います。そのときは本当にもう、外に出るのも怖くて、「外に出たら知り合いに会うんじゃないか」とか、「会ったときにどういう顔をしよう」とかひたすら怖くて、日が出ている間はずっと家にこもってて、テレビゲームばかりやってましたね。

池上 うん。

小野 外出するといえば、夜も暗くなってから、母親に車に乗せてもらって買い物に出かけたりとか。その程度のが一年半から二年くらいずっと続いたって感じです。

池上 そのひきこもりっていうのも、いわゆるずっと自分の部屋にひきこもってるんじゃなくて、自分の部屋は出て、家の中は歩いてた？

小野 そうですね。部屋っていうのは別に関係なくて、家の中っていうのを、ひとつの自分のいる空間ということにしました。そこから出るのは嫌だけど、その中でやる分には何でも構わないと…。さすがに、ひきこもり始めてしばらく…四年間くらいたつと、周り近所に自分がひきこもっていることをあまり知られたくない、っていうのがありまして、本来、この年頃の人間であれば学校に行ってるはずの時間、午前中とか昼間は、もう音も出さないように、テレビとかもイヤホンつけてこうやって…。

池上　（笑）

小野　階段上るときも、ソロリソロリと音を立てないようにしてたんですけど、多分ばれてたと思いますけどね（笑）。

池上　（笑）

小野　本当にもう、「神経を使ってた」って感じでしたね。はい。

池上　「そんな思いするんなら学校に行こう」なんては思わなかった？

小野　あ、それは全く思いませんでしたね。ほんとに。

池上　（笑）そうか。夜になったら出かけるって、近くのコンビニに買い物に行くくらい、一人で行けるんじゃないの？　何でお母さんに車で連れてってもらったの？

小野　まぁ、そうですね、遠くに行ってゲームを買ったりとか。あと、そうですね、他の買い物とかもたまーにとか、ほんとに極まれなんですけど…。

池上　つまり自分の家の周りで買い物したくなかったんだ？　遠くに行きたかったってこと？

小野　ああ、それもありましたね。近所のコンビニも行けなくて…。

池上　それは？　つまり近所の目を気にしたっていうこと？

小野　そうですね。ひたすら周りの目を気にして…。周りはどう思ってるのか分かりませんけれど、自分の中で、「周りの人に見られたらこう思われるんじゃないか」っていうのを勝手に組み立てて、ひたすらそれを避けるように暮らしてたって感じですね。

池上　うん。さっきも、「私立中学に入ってもまた公立の中学に戻ると、みんながどう思うかしれない」って、周りの目をすごく気にするって話してたよね。やっぱり自分はそういう性格だ、ということかな？

小野　そうですね。はい。

池上　自分がそういう性格だってことは昔から分か

ってた？

小野　まぁ、昔から…。今は完全に、「自分はそういうもんだ」と思って、そういう性格に付き合ってますけど、昔は、「自分は結構自意識過剰なところがある」とは思いつつも、自分が思っていることを、完全に考えすぎだっていうようには、吹っ切ることはできませんでしたね。まわりはやっぱり、「それは考えすぎだ」って言いますけど。

池上　その、四年間の不登校で、いわゆる外に出るきっかけっていうのはどういうことでしたか？

小野　うちの母親が、僕がひきこもり始めてから何ヶ月か…まもなくだと思うんですけど、あるフリースクールでのカウンセリングに何度も行って、「これからどうしたら良いでしょうか」って話し合っていたみたいなんです。で、大体三年半くらいたった夏ごろに、「ちょっとカウンセリングを受けてみないか」と母親が持ちかけてきまして、実際に受けてみたんですね。

池上　うん。

小野　それで、フリースクールの方と話して、大検という選択肢がまだあると知りまして、その第一歩として…大検を受けるための「大検予備校」があるということもまた知りまして、「大検を受けるなら、大検予備校に入るまでの期間、フリースクールで過ごしてみないか」と言われてそこに通うことになったのが、ひきこもりの状態を脱するきっかけになったと思います。

池上　どうしてフリースクールは通えたの？

小野　そうですねぇ…最初そのフリースクールに行ったときには、学校と同じようなことをするのは期待しなかったんです。

池上　うん。

小野　と言うのも、そこを、学校の勉強をするだけのつなぎの場としか考えていなかった。外に出れば当然人との接触があって、人と話せば友達とかって話になるかもしれないですけど、そのときは全くそういうことを考えてなかったので行けたんだと思います。

ただひたすら、大検を取るという目標しかなくて、他のことは全く考えてなくて、ここに来たのもただ勉強するためで。友達を作るとか、普通の学校と同じことは全く期待しなかったし、自分から進んでするつもりもなかったってのが、ありました。

池上　ふうん…フリースクールで勉強は出来た？
小野　ある程度勉強することは出来て、最初は大検予備校までのつなぎのつもりで行ってたんですけども、大検予備校に行ってみると、自分とは違うような人がたくさんいて…。
池上　うん（笑）。
小野　で、そこはちょっとどうかなと思って。正直、環境を変えるのも面倒でしたし、勉強もそのフリースクールで結構順調に進んでいたし、そのフリースクールでも大検を受けられるってことも知りまして。それなら、このままここで大検まで受けてしまおうということで、そこの方々に勉強を教えていただいて、その翌年の夏に大検を受けて合格したという感じです。
池上　なるほどね。その大検予備校に「自分とは違うタイプの人が来てる」っていうのはどういう意味？
小野　そうですね、間違ってもこいつらは不登校になったりしねえだろうなっていう、そういう感じの人間ばかりいて…。
池上　なんだそれ（笑）。
小野　自主退学とかそういうようなイメージですね。
池上　あ、そういう人が多かったってことね。
小野　ええ。
池上　うん。分かりました。

質疑応答

十一、経験から学んだこと

池上　えー、とりあえずここで、質疑応答というか質問の時間にします。
今まで話を聞いていて、「やっぱりどうしても聞きたい」ということが、皆さん方にはあるかと思います。聞きたいことがありましたら手を挙げて、誰に聞きたいか、おっしゃって下さい。はい、どうぞ。
会場・一　よろしくお願いします。いろいろと貴重な話を、ありがとうございました。
話の中で語っているかもしれませんが、この経験…不登校という言葉に括られずに、みなさんのされた経験の中で、プラスでもマイナスでも構いませんけど、「どういうことを一番学んだか」ということと、あとは、こちらはプラスの面だけを聞きたいのですが、「その経験を自分の将来にどう生かすか、ないしは他の人とは違って自分はこう生かせる」か、その二点についてお話をお聞きしたいのですが、よろしくお願いします。

池上　はい。最後に私がそれを聞こうと思ってとっておいたのですが、皆さんやっぱり聞きたいですよね。はい、じゃそれ聞きましょう。なおみさんから行きましょう。まず、この経験…不登校に限らない、今までいろんな思いしてきたけど、今振り返ってみて、この経験で何を学びましたか?

なおみ　ええと…無理をしても良い結果は得られない、ということと、親も辛いんだなぁ、と感じました。

池上　この先、この経験を、どのように生かせるんでしょうか。

なおみ　とりあえず、同じことを何度も繰り返していても仕方ないので、無理をしないことを踏まえた上で、マイペースで、多分大検とかをいつか取るかな、という気持ちで、私はゆっくりやっていきます。

池上　で、将来何になりたい?

なおみ　将来ですか?　将来…インテリア関係とかやりたいんですけどもね。

池上　わかりました。はい。じゃ、なづなさん。いろんな経験しました。この経験から何を学びました?

なづな　一番感じたのは、自分が努力したら必ず認めてくれる人がいるっていうことと、頑張れば結果になるってことですかね。

池上　うーん。で、これ、将来どう生かせます?

なづな　自分は全然普通…自分では普通だと思っているんですけど、やっぱり全然違う経験をしてきたわけで、いろんな視点から物事を見られたらいいなぁと思います。

池上　うん、将来何やりたい?

なづな　えーと、今法律を勉強しているので、法律家になりたいです。

池上　はい、分かりました。えー、では湊君。この経験、今振り返ってみて何を学びましたか?

湊　まず、不登校をすることは、普通に学校に行く人と違うという意味で、人と違った生き方をしてきたってことなんでしょうけど、人と違った生き方をしても何とかなるかな?っていうのがあります。あと、不登校に限らず、通信制高校に行ったりすると、高校に行けなかったおばさんとか、いろいろな人がいるんだなっていうのも分かって、人と違う生き方、いろんな生き方があるんだなっていうことも学べました。あと、不登校してたときは精神的にすごく辛かったんですけど、何とか乗り越えられて、「このままどうなるのかな」って思ったことが一時期あったんですけど、そういう体験を一回したことで、耐性のようなものがついたと思います。

池上　なるほどね、そうか。将来、何やりたい?

湊　まだ完全に決まっていないんですけど、今大学四年で、ちょうど就職活動の時期で、まだ就職は決まってないんですけど、やりたい方面でこれからアルバイトをすることになっているので、とりあえずそこで頑張ってみたいなと思ってます。

池上　どういう方面か、差し支えなかったらちょっと言ってみて。

湊　アパレル関係です。一応就職もアパレル関係を考えていたんですが、なかなか決まらずにいて。バイトが決まって、今週の土日からなんですが、アパレル関係の仕事を始めることになっていて、そこから頑張ってみようかなと思っています。

池上　わかりました。まさか出勤してみたらなおみさんがいた、なんてことはないね? それは大丈夫ね?

湊　ないです(笑)。

池上　分かりました(笑)。はい、じゃ、小野君。あの、今振り返ってみて、この経験で何を学んだかしら?

小野　そうですね、先ほどのなづなさんと同じような感じなんですけど、自分でも努力すれば何か結果が出せる、やればできると、そういうことを学びました。

　昔から、「自分は駄目人間だ」と完全に思い込んでいましたが、いったん不登校になって、社会復帰して、今は日常生活を送れるようになっています。その一連の流れで、「ああ、自分も捨てたモンじゃないな」「結構できるんだな」と、そういうことを得ました。

　もう一つは、一連の不登校の流れの中でちょっとマイナスかなと思うことなんですけど、中学校二年生あたり、思春期のあたりにずっと…僕の場合は四年間くらい、寝たいときに寝て起きたいときに起きるって生活を送ってたので、生活リズムが完全に狂ってしまって、治そうと努力しているんですけども、いまだにそれが厳しいというのがあります。大学の授業にも多少影響をきたしているので、思春期の生活習慣は大事だなと感じました。

池上　このあと将来、どういうことがやりたい？

小野　僕も、どこに就職したいっていうのは考えてないんです。今はそれよりも、とにかく勉強を…授業とか、人生経験というのも含めて、とにかくいろんなものを学んで、自分に力を付けたいという思いがあります。他では駄目でも、これに関しては自分は負けないぞと、自信を持って言えるような、そういうものを見付けることが出来れば、もっと成長できるんじゃないかと思ってます。

池上　はい、分かりました。

十二、伝えたいこと

池上　他に質問ございますか？　…はい、そこにお二人手を挙げてらっしゃる方がいますね。まずそちらの方から…。

会場・二　今日は本当にありがとうございました。私、東京の私立で教師をしておりますアベと申します。今日、私立に行かれていたお二人のお話を聞いて、今後生徒との関係のとりかたとして、少しでも役に立てるようにしたいと思いました。

　こういう会で、全てのことを自己開示していただいたことを、ものすごくありがたいと思います。ところで、こういう場に出るという決意をなさった理由…つまりですね、我々に、何を本当に伝えたかったのかということを、一言ずつ伝えてもらえればと思います。よろしくお願いいたします。

池上　分かりました。はい。そうですねぇ、そりゃそうだ。何も好き好んでこんなところに来て、自分の辛い話や何やら言うことないよな。そりゃ「頼まれたから来たんです」ってこと（笑）なのかもしれないけど、多分、何か、ここにいる人たちに伝えたいという思いがあったんだろうと…小野君。どう？

小野　そうですね。今の質問で、どういう決意とか聞かれて、ここに来たのも深く考えて来たわけじゃないってのが正直なところなんですが（笑）。

池上　（笑）

小野　今池上さんがおっしゃったように、呼ばれて来たのですが、ただ、ここで何か辛いことを話すのは嫌だとか、そういうことは全くなくて、むしろこっちから、「どんどん聞いて下さい」って感じで、言い足りないくらいなんですけど…。つまり自分では、不登校してきたことは完全に過去として吹っ切っているんじゃないかと思っているんです。

あえて伝えたいことがあるとすれば、世間では「不登校」とひとくくりにしているような感じがありますが、自分からしてみれば、四人ここに不登校体験者が集まって話していますが、他の三人の話を聞いていても、全然自分と違うな、と思いました。だから、「不登校」というだけで、ある特定のイメージを抱いてしまったら、その人のことをちゃんと知ることはできないんじゃないかと思ったというのがあります。

池上　はい、わかりました。では、湊君、どうですか？

湊　自分は不登校を経験したことがあって、自分の体験が何か役に立てばいいなと思ってしゃべったというのが大きいと思います。あとは、大学でいろんな友達と話すようになって、不登校体験者が多かったり、不登校の話をしても自分が思っている以上に「あぁ、そうなんだ」と流される程度で、不登校は別に特別な体験じゃなくてたくさんいる…十数万人いるとか分かったことがあって。自分のように悩んだり、そういう子どもを持った親とか先生とか、いろんな人が悩んでいる結構大きな問題だと思うんで、それに少しでも役に立てればいいかなと思って参加しました。

池上　はい、わかりました。じゃ、なづなさんとなおみさんにも聞きますけど、ここにいる人たちね、先生が多いのですが、不登校の生徒さんがいて、「どうしようかな」と悩んでる先生や、あるいはお子さんが不登校で、悩んでいる方もいるかもしれない。そういう人たちに、こう、何か伝えたいことがあったらあわせて言ってください。どうぞ。

なづな　私がここに来た理由は、高校の先生がいらっしゃると聞いたからです。私が私立の中学校や高校に行ってたときに、先生の対応に傷ついたことも結構あったし、先生の対応にも問題があったりしたので、不登校の子ども…ここにいる四人だけでも全然違います。不登校にもいろいろあるし、まずいろんなかたちを知って欲しいと思って話しに来ました。少しでも参考になればいいなと思います。

池上　はい、分かりました。なおみさん。

なおみ　あんまり考えてここに来てるわけじゃないんですけど、学校に行ってないんで、先生というものに接する機会が少ないんで、ちょっと来てみようかなぁと…。

池上　（笑）

なおみ　軽いノリで来てしまいました。えー、今時に一番多いタイプの不登校らしいんですけども、あの、何だかんだ言っても、中卒でも稼げてます。

池上　（笑）

なおみ　無理矢理、すごく行きたくないところに行くと、具合悪くなっちゃったり、いろいろあると思うんで、あんまり、無理をしない感じで生きてきましたが、それでも何とか、生きてます。

池上　はい、分かりました。

十三、ひとこと声をかけるとしたら

池上　はい、あと、男性の方いらっしゃいますね、時間がないので、その黒い洋服の女性の方と、二人だけということで。

はい、まずは男性の方から行きましょう。

会場・三　はい、貴重な時間をありがとうございます。正直な気持ちをうんと聞かせてもらえて大変参考になりました。一言ずつだけお願いしたいんですけど、今、適応指導教室を預かっているんですが…話題に出ているフリースクール、と解釈していいと思いますが、今通っている子どもたちに、体験を通して、今の気持ちで声かけが出来るとしたら、どんな声かけをしてもらえますか？一言ずつお願いしたいと思いました。以上です。

池上　はい、じゃ、ひとことずつ。なおみさん。

なおみ　焦らないでも大丈夫です。

池上　なづなさん。

なづな　ちゃんと自分の目標を見付けて、自分のペースで頑張って欲しいです。

池上　湊君。

湊　今、不登校とかフリースクールに通っているからといって、劣等感みたいなものを強く持たなくても大丈夫だと思います。
池上　小野君。
小野　人生何とかなるよ、ということです。ほんと、そうです。
池上　そのフリースクールに通ってる、まさにいま悪戦苦闘している子どもたちに、ここでこの話を聞かせてあげると良かったかなっていうふうに、今ちょっと思いましたけどね。

十四、教師との関わり

池上　はい、そちらの男性の方と、そちらの女性の方。
会場・四　今日は貴重なお話をありがとうございました。お時間がありませんので、なづなさんにお話を願いたいんですが、私、中学校の教師をしております。なづなさんのお話では、教師との巡り会いがあまり良いかたちではなかったという話ですが、今考えてみたらどういう教師と出会いたかったか。学校の教師は、不登校になっている人たちに対して、どういうかたちで関わっていったら良いとお考えになっているのか、お聞かせいただけたらありがたいんですが、すいません、よろしくお願いいたします。
なづな　中学校の先生は、対応がどうしようもなかったんですけど、高校一年生のときと高校三年生のときの先生には本当に感謝をしています。二人の先生は、まず私がやりたいことには、「じゃあこの子には何ができるだろう、頑張っているんだったらどれだけ応援してあげられるだろう」っていう姿勢で、臨んで下さったんです。それは生徒にとってすごくありがたいことで、自分の目標を見つけることも、一緒に考えることもできたし、それに対してどう努力できるかって、努力の支援もしてくださったし、すごく、その対応には感謝しています。
池上　じゃ、そちらの女性の方。
会場・五　どうもありがとうございます。高校の教師をしています。今の質問とダブるところがありますが、自分が一番苦しいときに、担任をはじめとして教師に、「こうして欲しいんだ」という気持ちは、それこそひとりひとりケースが違うので当然違ってくるんですが、教師側としては、うんと関わった方が良いのか、少し放っといていいのか、そこの見極めでいつも迷うわけですね。今お話ししてくれた中で、特に小野君となづなさんは、「先生との関わりが良かった、ちょっとまずかった」とお話ししてたと思うのですが、それは、今になってみて、あのとき先生はこうしてくれれば良かったと感じられるのか、あるいは、その先生が関わっている最中に、何だろうって不満を感じたのか、ということをひとつお聞きしたい。

それと、先生の対処の仕方に不満を感じたときに、言葉ではもちろんその不満を出せないでしょうけど、先生のやっていることちょっと違うよっていうことを、何らかのシグナルでね？　伝えていたというか、伝えようという気持ちがあるのかどうか、それを私たちが見逃しているのかどうか。生徒の方もどうして良いか分からなくて困っているんだろうけど、同じく教師の方も、どうしていいか分からなくて困っている。そのときに、何かシグナルを出しているものなのかなと…。

池上　分かりました。じゃあ、みなさん、不登校になったときに先生達が自宅訪問したり親と相談したりしました。そのとき、先生にはこうして欲しいというのがあったかどうかは分かりませんが、自分なりにメッセージを何らかのかたちで出していたのかどうか、それが一つ。それからもう一つは、もしあのとき、ああいうふうに言ってくれれば、ずいぶん違ったのかな、良かったのかもしれないということがあったのかどうか、その二つ。小野君から。

小野　まず僕としては、普段、自分が不満を持っていたとしても、自分に何か問題があって学校で上手くいってないと分かっていたので…少なくとも自分でそう思っていたので、先生に言ってもしょうがないという思いがあって、そういうことは考えもしませんでした。というのも、僕は成績も良くなかったし、トラブルも起こしていたので、そもそも先生にとって自分は厄介者だと思っていました。こちらにとっても、先生というのは、何かトラブルがあったら怒りに来るだけの存在で、信頼できる存在ではないってことも、ありました。先生に限らず他の友達や両親にも、心の底から相談したいと思う人は、正直いなかったっていうのが事実ですね。そのせいもあって、内に内にこもって、最後にはひきこもりになっちゃったっていうのがあるんだと思います。

そのときの先生の対応に関しては、今にして思えば、もうちょっと根気よく、ねばり強く…電話とかは下さったみたいですが、あと何回かは、実際に家庭訪問してもらったほうが良かったなっていうのはありまして…。電話とか、最近は電子メールとかですか？いろいろあるみたいですけど、実際に直接…面として向かわないにしても、肉声とか、実際に先生が自分のために来てくれているとか、そういうものを示してもらっていれば、もしかしたらあるいは変わったんじゃないかな、とも思ったりします。そのときに、「話せないならじゃあ良いですよ」と言われたので、その瞬間に、その先生には自分を救うことはできないんじゃないかと、今にしてみれば、思いましたね。

池上　分かりました。では湊君。

湊　まず一つ目の不登校してる生徒からのシグナルのことなんですけど、中学生くらいだと自分の葛藤みたいのを上手く言葉に出来なくて、ただ何となく、「学校に行きたくない」としか言えないと思うので、なかなか上手く気持ちが伝わらないんですけど…自分の経験では、睡眠がおかしくなったり、お腹が痛くなったりとか、身体的に現れる症状とかが出ていたら、結構、大きな問題を抱えているシグナルではあると思います。

あと、先生に望むことですが、自分の場合は、先生が何回か登校刺激のように、「どうなんだ？」って家庭訪問があったんですけど、そのあとにフリースクールを紹介してもらって、それで行くようになって良くなったっていうのが自分にあります。だから、その先生が、「学校以外にも選択肢があるよ」と教えてくれたのは良かったと思います。先生が全部自分で抱え込んで気持ちをくみ取って…というのは多分限界があると思うんで、そういうフリースクールを紹介したりして、先生一人で抱え込まないで対応してくれた方が良いと思います。

池上　はい。わかりました。なづなさん。

なづな　はい。私の場合は、先生に相談したいとは思っていたんですけど、先生の中に、「この子は学校に来られないんだ、病気なんだ」という、不登校に対する先入観というか価値観みたいなのが先にあって、決めつけられていて、「この子はこういう子なんだ」というものが先にあったので、相談したくても出来なかったんですね。

先生にして欲しいこと…そのときにして欲しかったのは、まず、私って人間を見て欲しかった。不登校の子っていう枠じゃなくて、自分の人間というものを見て欲しかったと思います、一番。それが一番やって欲しかったことです。

なおみ　不登校のシグナル…私の場合は特殊だったんですが、リストカット。分かりやすい感じなんですけど…たいていの場合は分かりにくいですよね。あの、湊君が言ってたように、身体症状が出たりしますね。あとは、家庭環境とかをちらっと見てみると、結構…不登校してる友達は、家が大変そうな子が多いですね。で、先生に求めること？

池上　うん、もしあのとき先生にこうしてもらっていれば変わっていたかもしれないってことがもしあれば。

なおみ　はい。私は結構先生との巡り合わせは良かったんですけども、不登校の生徒だって、そんな、ちょっと触れただけじゃ壊れないんで、あの、手探りしかないです。こっちだって、自分がどこで爆発するか分かんないんで、お互い手探りでした。

池上　分かりました。ありがとう。

十五、おわりに

池上　えー、二時間一〇分に渡ってのお話でした。自宅研修しているよりは、よっぽど実のある話だったんではないかと思っておりますが…（会場笑）。本当に、四人の方はいろいろですよね。不登校っていうのはそもそも、「こういうものだ」とか、「こういう原因で起きるんだ」とかいうことが、一概に言えないということが良くお分かりいただけたんではないかと思います。それでも、今、とにかく四人のお話を聞いていてですね、この年齢でこれだけ自分のことをきちっと分析できて、それでみなさんの前で話すことが出来るっていうのは、これは大変なことだなと思うんですね。これはやはり今までの経験があったからこそ、自分を見つめることができたり、これだけ非常に大人になったというか、成長したんではないかなと思います。私はとにかく今日、四人の話を聞くだけで、この四人の、それはずいぶん辛い思いもあったかもしれないけれども、この経験から何を得たのか、これはここにいる四人がですね、そのまま生きた証拠として、その経験がこういうかたちになったんだと思って、聞いておりました。

で、やはりその、「自分が努力したことを認めてくれる人がいる、それが救いになるんだ」という感想もありましたし、あるいは、「やっぱり自分が努力すれば結果が出るんだ」という感想があったり、「いや、とにかく、慌てず騒がずのんびりやれば良いんだよ」という感想も出ました。ずいぶん、人によっても違いますよね。その、人と人との対応の違いをどう見ていくのかが、まさに難しいんですけど、今の、「そんなに簡単に壊れませんから」っていう言葉に、なんかとっても励まされたような気がしました。

そして何よりも、「人と違った生き方が出来たんだ」ということですよね。考えてみれば、みんな違った生き方してるんだよね。人と同じ生き方なんて、実はあるわけないわけで、「人と違った生き方を君は出来ているんだよ」ってことを、やはり、きちっと伝えていくことが必要なんではないかなというふうに、私も大変勉強になりました。

とにかく、せっかくの夏休み、ここに来てみなさんに話をしてくれた、四人の方に、お礼の拍手をお願いいたします！（拍手）

ありがとうございます。ここからは、それぞれのみなさん方がどう受けとめるかは、みなさん方の努力ということになります。これからいろんな現場で、あるいは家庭で、行き詰まったり悩んだりしたら、この四人の方の、この四人の顔を思い浮かべて、ちょっと勇気をもらって下さい。

今日はどうもありがとうございました！

コメント

小野くんは、高校一年生の頃から、お母さんがカウンセリングに来ていました。一方彼は、ずっと引きこもっていて、自己嫌悪感が強くて、暴れたりもしていました。彼はシンポジウムの中で「自分はワルだった」と言っていますが、大したことではありません。それは、シンポジウムの様子を見ればよくわかります。彼は人一倍こだわりが強い神経症タイプの不登校。だから、学校に行かない自分に対する自己嫌悪感も強く、自分で自分のことを追い込んで引きこもって破滅に向かっていくタイプだったんですね。先生も家庭訪問をしてくれていたのですが、彼の場合は、もし、初期の段階で先生が家庭訪問を根気よく継続的に続けて、信頼関係を築いてくれていたら、学校に行けるようになっていたかもしれません。

こんなこともありました。彼は小さい頃から「勉強勉強」で来てしまったので、遊びが足らない部分がありました。だから皆でソフトボールをしても、自分だけ動きがぎこちない。そうしたら、彼は毎朝、九時から五時まで、壁に向かってボールを投げて一人で練習していたんです。「皆の前で恥をかいたから見返してやる」そういう負けん気の強いところがありました。数ヵ月後には、彼の球が速くて皆が打てなくなっちゃってね（笑）。努力家というか、自分を追い詰めてしまうというか、そんな性格なんですね。だから、現実と自分の思っていることのズレが大きい。こういう子どもは実際にすごく多いんですよ。そのズレを早い段階で小さくしてあげることが、引きこもりの予防策のひとつです。その努力家の面を発揮して、彼は大検をとり、予備校に通って、大学も工学部に合格しました。まじめな子なんですね。

湊くんは、男の子にしてはよく話をしていたと思います。大学に通いながら、週末はアパレルメーカーの契約社員として働いていて、この春から社会人です。今はとても順調です。

彼は家族の混乱の中で、不登校になって、さらに家族を混乱に導いてしまうのですが、通信制高校を三年で卒業して、ストレートに沖縄の大学に入学しました。それをきっかけに家から離れることで自立できたんだと思います。彼の家族の問題は、母親が嫁姑の関係で悩み、一方、父親は仕事人間で家庭を顧みないという、日本の家族に典型的な問題でした。彼が大学に入学した後、母親は別居を強行してしまいました。父親も過労から心臓発作を起こして倒れる事態になりましたが、それでも関係は修復できません。父親は、医者から止められているお酒を飲み、精神安定剤を飲みながら仕事に励むという生活をしています。母親は逆に生き生きし始めて、自分の生きる道を見つけたという感じですね。だから、父親も寂しいんですよ。毎日山のようなメールを彼に送ってくる。でも、彼はそれがイヤなんです（苦笑）。別居を知ったときには、彼も相当ショックだったようですが、離れていたことで親を客観視できるようになり、親子の関係も整理して考えられるようになりました。

なづなさんの場合は、本人は学校が合わなかったと言っていましたが、生活リズムの問題が大きいですね。それから、母親との関係も大きい。母親は高校の先生をしているんですが、家でも彼女に、「指導」してしまうのです。シンポジウムの発言でも、かなり親に対して厳しいことをズバズバ言っていましたが、そのくらい言わないと分かってもらえないという思いがあるのでしょう。だから、私に対してすごくグチをこぼしていましたね。やっぱり子どもの言うことには耳を傾けなくては。

彼女の特徴は、自由度の高い性格だということ。だから余計に指導されたり、締め付けられたりすることが苦痛だったんですね。ホームステイの話も出ていましたが、彼女にとってボリビアに行ったことは良かったですね。あちらの人たちは子どもに対しての接し方が大らかですから、それが嬉しかったようです。日本の場合、どうしても過保護・過干渉、指導的になりますよね。彼女の不登校は、そういうことに対しての反発や反抗だったと思います。今は大学生になり、生活の自由度も高くなりましたから、もう問題はないでしょう。

最後はなおみさん。実は、シンポジウムが終わってから、彼女は私のところに頭を下げに来たんですよ。「先生、私お金がないんです」と。「金がないのはわかっている」と私が言うと（笑）、真剣なまなざしで「実は、私、アルバイトを一年半やっているけど、後から入ってきた大学生の人の方が、私より時給が高いの。私が仕事を教えているのに。そのことに矛盾を感じて、初めて学歴って必要だって思ったんだ」と話し始めたんです。彼女は中卒ですから、大学に行きたい。そのために大検を取りたいと。学費がないけど勉強を教えて欲しいということだったんですね。

彼女は勉強ができたけれどやらなかったタイプの子です。だから「出世払いでいいから。十年後に一万円でも寄付してくれればいいから」と言ってあげました。それで彼女は、秋から教研に通い始めました。あのなおみさんがやる気になって、二ヶ月間休まずに勉強しに来たんですよ！　その甲斐あって、一発で大検の試験科目全てに合格しました。今アルバイトをしているお店では、大検でも高卒の時給を出してくれるそうです。「よかったな」とお祝いをなおみさんに言ったら、「だって先生。私やっぱりお金貯めてブティックをやりたいの。そのためには中卒の給料じゃやっぱり夢がかなわないでしょう。十年後、三十歳くらいになったら、小さくてもお店を持って、キャリアアップしていきたいんだ」って。やっぱり、自分に自信を持てるようになってくると、薬を乱用するとか、リストカットをするとか、そういうことがなくなっていくんですね。アルバイトをすることで社会の仕組みを実感して、少し自分が見えて、将来を描けるようになったんですね。そして大検にも受かった。自信がついてきた。混沌として見えないから、境界性人格障害とか病名まで付けられてしまって、入院させられたり、リストカットを繰り返していたりということになってしまったのだと思います。シンポジウムで話をしてくれるかどうか、当日まで実はハラハラしていましたが、話をしたことによって自分を整理できたのだと思います。本当に良かったです。

平成十五年春

牟田武生談

平成十三年シンポジウム

——八月二十二日　東京虎ノ門（日本消防会館〈ニッショーホール〉）にて開催——

平成13年度　夏季セミナー/第11回教師＆専門家のための不登校問題研修会

※初日の開場は会場の都合により午前10時ごろになります。

	時間	研修テーマ・講師	講師紹介
八月二十一日(水)	11：00 〜 11：30	『不登校問題等に対する教育行政の取組』 文部科学省初等中等教育局児童生徒課 生徒指導調査官　吉冨　芳正	いじめ・不登校・学級崩壊・校内暴力など、学校は今様々な問題を抱えている。行政として、様々な調査結果を踏まえ、教委・学校における取り組みについて考える。
八月二十一日(水)	11：40 〜 12：40	『子どもと家庭の諸問題に対する福祉行政の取組』 厚生労働省雇用均等・児童家庭局 総務課児童福祉専門官　坂本　正子	児童虐待から不登校問題など、今日の家庭は様々な問題を抱えている。児童相談所は児童家庭福祉の立場から具体的な援助活動をしている。行政の取り組みを紹介する。
八月二十一日(水)	13：40 〜 16：10 ■	シンポジウム『私の不登校体験・親の対応、先生方の指導援助、助かったこと嫌だったこと』 コーディネーター/NHK週刊こどもニュースキャスター 池上　彰＆様々なタイプの不登校経験者３名〜４名	様々なタイプの不登校経験者から体験談を聞く。彼らが感じた家庭・学校の対応のあり方を聞き、タイプ別の対応のあり方を一緒に考える。増えつづける不登校に対して明日への援助の手がかりを探る。
八月二十二日(木)	9：30 〜 11：20 ■	『学級崩壊・授業困難はこうして乗り越える』 国際学院埼玉大学教授 附属教育相談研究センター所長　金子　保	学級崩壊・授業困難は全国各地の学校に拡がっている。幼児教育から学校教育まで実践的で、誰でも取り組める問題克服の鍵を常に提供する我が国を代表する教育学者から学ぶ。
八月二十二日(木)	12：20 〜 14：10 ■	『教育臨床から教室へ、求められる子どもの心を捉える生徒指導』 奈良県教育研究所教育相談係長　池島　徳大	学校現場から教育相談、その後国立教育会館で教員研修活動を行う。再び教育臨床の場に戻り、子供の心を捉える生徒指導を実践する講師から明日の生徒指導のあり方を学ぶ。
八月二十二日(木)	14：20 〜 16：10 ■	『社会調査から見たいじめ・不登校現象』 大阪市立大学大学院教授　森田　洋司	いじめ・不登校の社会調査からこれらの社会現象を様々な角度からシャープに分析する。人間関係の希薄な子ども達、そこから派生するいじめ、不登校等様々な問題行動の構造を我が国を代表する社会学者から学ぶ。
八月二十三日(金)	9：30 〜 11：00 ■	『ひきこもり・不登校、肯定的感情を育てる対応』 教育研究所所長・教育コンサルタント 牟田　武生	臨床の場から見た最近のひきこもりを伴う不登校の子ども達。その精神世界の理解と対応。保護者への援助のあり方。否定的感情から肯定的感情に変化する時、再登校・社会参加が始まる。
八月二十三日(金)	11：10 〜 12：40 ■	『不登校・担任はいかに取り組むか』 国立特殊教育総合研究所情緒障害教育研究室長 花輪　敏男	障害児教育・普通学級から学校教育相談臨床で多くの実績を残してきた講師。すぐに役立つ具体的ノウハウを学ぶ。教育相談者、適応学級指導者、生徒指導担当者必修講座。
八月二十三日(金)	13：40 〜 15：10 ■	会場の皆様と考える一問一答 『子どもの心を捉える生徒指導とは』 回答者　花輪敏男・牟田武生/司会　増田ユリヤ	悩みを持つ子ども、教師不信の強い子ども、善悪の規範意識の薄い子ども、無気力な子ども、様々な子ども達の心を開くことから始まる生徒指導。受容と指導のバランスを微妙に取りながら進める生徒指導のあり方を具体的に考える。

■のマークのある講座は時間内に質疑の時間があります。

パネリストの紹介

自己紹介

刈田さん

シンポジウム当時の状況

20歳。中学1年の3学期から不登校。2ヶ月ほどひきこもり、中学2年の春から2年間フリースクールに通う。高校を卒業し短大に合格。現在短大で勉強中。

(平成15年4月の状況：短大を卒業し、アルバイトをしながら劇団活動中。)

自己紹介

猪口くん

シンポジウム当時の状況

17歳。中学1年の10月から不登校。8ヶ月のひきこもりの後、フリースクールに通いながら高校に合格。しかしまた不登校になり、現在に至る。

(平成15年4月の状況：大検を取得し大学にも合格。現在大学1年生。)

自己紹介

内川くん

シンポジウム当時の状況

19歳。小学校6年生から不登校。フリースクールや適応指導学級に通いながら、2年間ひきこもりに近い状態を続け、フリースクールから高校に合格。3年間の高校生活を送り、現在卒業して浪人中。

自己紹介

横田さん

シンポジウム当時の状況

19歳。小学校高学年で学級崩壊を経験して休みがちに。中学1年の9月から本格的な不登校。適応指導教室に通うが、そこにいじめがあったため行かなくなり、中学2年の秋からフリースクールに通い高校に合格する。そこを1年でやめ通信制高校に入る。卒業し現在専門学校に通う。

あいさつ

一、はじめに〜自己紹介

池上　お待たせいたしました。それでは始めたいと思います。台風直撃という大変な天候の中で来ていただきまして、みなさんも本当に「不登校問題」に真剣に取り組んでいらっしゃる、あるいは悩んでいらっしゃるんだろうなと思います。

　このシンポジウムの他のコーナーでは、不登校を大人の立場からどのように指導するのかという話が主でしたが、ここは、不登校になった本人に徹底的に話を聞いてみようというコーナーです。

　もちろん、不登校にもいろんなケースがあります。まさにケースバイケースで、だからこそ、みなさんお悩みだろうと思うんですね。ここにいる四人も、もちろんそれぞれ全く違います。でも、とにかく、それぞれどんなふうにして不登校になったか、あるいは不登校になったことについて本人はどう思っているか、そして、それぞれのケースについて、親あるいは学校の先生、あるいは行政機関はどのような対応をしたのか、その中でどんなことを思ったのか。良かったこと、嫌だったこと、いろいろあると思います。それを、ここにいる四人の方たちから、とにかく徹底的に話を聞こうと思っています。

　私はもちろん不登校問題についての専門家でもなんでもありません。全くの素人として、「一体どうして」とか、「どういうことがあったのだろう」というのを、とにかく聞いてみたいと思っております。

　まず、私とこの四人のやりとりが続きますが、当然のことながら会場のみなさんも話を聞いてみたいとお思いのことでしょう。ですから最後に、会場のみなさんからの質問をお受けいたします。「四人に、あるいはこの人にこういうことを聞いてみたい」ということがありましたら、後ほどそういう機会がありますので、どうぞ質問してください。

　ここにいる四人の方々、それぞれ全部ご本人達が、「名前を出しても構わないですよ」ということで、名字が出ております。仮名ではなくて、みなさん本名です。

ではまず、四人の方々に簡単に自己紹介…一体どういうことだったのかをお話しいただいて、それからじっくりと話を聞こうと思います。

では、最初は猪口君。四、五分で自己紹介を含めてお話し下さい。

猪口 中学校一年生の十月ぐらいに不登校になって、それから八ヶ月くらいひきこもり状態でした。それからフリースクールに通うようになって、高校受験で合格したんですがすぐに行けなくなって…。えーと、今に至っています。

池上 あの、おいくつですか?

猪口 十七歳です。高校三年生ですね、高校に通っていれば。

池上 他に今言いたいことはないですか?

猪口 考えてなかった(笑)。

池上 分かりました(笑)。いいですよ。じゃ、またあとで私のほうから聞きますから。

はい、じゃ、内川君。

内川 はい、内川といいます。僕は小学六年生の頃に学校に行けなくなって、それで二年間ほどひきこもりの状態を続けていました。まあ、フリースクールや適応指導学級には、ちょくちょく顔を出してたんですが…。それで何とか、フリースクールには通えるようになって、高校受験をして三年間高校生活を過ごしました。今、卒業して浪人状態です。現在十九歳です。

池上 はい。では、横田さん。

横田 横田です。宜しくお願いします。私の通った小学校では、五、六年の時のクラスが、今で言う「学級崩壊」の状態になっていました。その中でいじめがありまして、行ったり行かなかったりという状態で小学校を卒業して、中学一年の九月から本格的に不登校になってしまいました。その後に行った相談指導学級でもいじめがあって、こちらも行かれなくなってしまいました。

中学二年の秋ぐらいから、フリースクールに通い初めて、高校は全日制に合格しました。でも、そこにも一学期で行かれなくなって辞めてしまって、次の年に、もう一度通信制の高校に入学し直しました。その通信制の高校を今年の三月に卒業して、今は専門学校に通っています。今年二十歳になります。

池上 二十歳になりますって、じゃ、今は十九歳ね。

横田　はい。

池上　はいはい。じゃ、刈田さん。

刈田　刈田と申します。宜しくお願いします。中学校一年生の三学期から学校に行かなくなり、二ヶ月ぐらいひきこもり状態でした。中学校二年生の春から約二年間、フリースクールに通いまして、高校三年間は全日制に通いまして、去年の春卒業しました。去年の四月からは、短大に通って、今も短大で勉強しています。今年で二十歳になりました。

池上　はい、ありがとうございました。

きっかけ

二、「すんなり」と不登校に

池上　それぞれ不登校の経験があって、ひきこもりになった理由にも色々あるわけですが、まず、じゃ、猪口君からいきましょうね。中学一年の十月に不登校になったということですが、自分で思い当たる直接のきっかけというのはありました?

猪口　えー、いろいろ思い当たることはあるんですけど、「これだ」と思えることがなくて、あんまり整理ができてないんで…。

池上　うん、それはいいです。思い当たるようなことを全部、言ってみてもらえるかな?

猪口　あー、思い当たる…。

池上　あんまり考え込まなくていいよ（笑）。気楽にいきましょ。

猪口　うーん…何があったっけな…。

池上　中学二年の十月ってことは、一年で入ったときは普通に通っていたわけね?

猪口　そうですね。

池上　で、夏休みがあったよね。九月から二学期が始まって、最初は出てたわけだよね。

猪口　それで…段々なじめなくなったというか、学校の中で孤立しているというか…。性格のタイプ的に孤立しているような感じがしてきてしまって。それから、他の人の言葉が、どんどんマイナス思考に受け取れるようになって…そういうことはありましたね。ただ、それが直接の引き金になったかというと、よく分からない。

池上　うーん…。「なじめなくなってきた」っていうのは、クラスの友達付き合いが、なんとなくやりにくくなったってこと？

猪口　そうですねぇ…そういうことですね。

池上　「マイナス思考」ってさっきあったけど、それはなに？　友達があなたに対して言うことについて、あなたはそれをみんな悪く悪く感じちゃうってこと？

猪口　今考えてみれば、そういうことだったような気がします。

池上　ある日突然行かなく…行けなくなったの？

猪口　そうですね。突然。

池上　その日、覚えてる？　どんな感じになったの？その日。

猪口　一番最初は早退…。

池上　ああ、学校を途中で帰ったんだ？

猪口　途中で帰って、それからもうぱったりと行かなくなってしまった。

池上　その早退した翌日から学校に行かなくなったんだね。

猪口　そうですね。

池上　その、どんな感じ？　体調が悪くなった、とか…。

猪口　最初はそうでしたね。体調が悪くなって、熱が出て早退して、次の日からベッドの中でずっと寝込んでいた。それが、体調が戻ってからも、なんか行きづらくなってしまって、そのままずるずると休んでいる状態になってしまいましたね。

池上　ああ、そう。あなたさっき、「八ヶ月ひきこもり」と言ったけれど、そのままひきこもりになったの？

猪口　そうですね、たまに友達が遊びに来たりはしましたが、それ以外はほとんど外との関わり合いを持たなくなってしまったんです。だから、ひきこもりという言葉を使ったんですけども。

池上　例えばさ、家の中で自分の勉強部屋にこもっちゃう、ってことは…。

猪口　あ、そういうことではなくて、家の中では普通に生活してたんです。

池上　ああ、家族とは普通に…。

猪口　はい。でも、外には出なかった。

池上　ああ、そういうことね。ふーん、その友達は、中学校の友達？

猪口　小学校の時の友達かな…そうですね、小学校の時からの友達が多かったですね。

池上　それは、同じ中学校に行った子？
猪口　そうです。
池上　それはなに、あなたが不登校になってることを知って来てくれたの？
猪口　いや、その前から来てましたから…。
池上　普通に、要するに遊び友達として来たっていうことね。
猪口　そうですね。はい。
池上　最初にあなたが学校に行けなくなったときに、親はどんな反応をしました？
猪口　うーん…やっぱり「行きなさい」と言いましたね。でも、そんなにきつく言われた思い出はないですね。すぐにあきらめたのか…（笑）。あんまりきつくは言われなかった。
池上　ああ、そう。どうしてなんだろうねぇ。
猪口　どうしてなんですかね。記憶に残っていないから、そんなにきつくは言われていないだろうと思うんですけどね。きつく言われて、嫌な思い出になったってことはないです。
池上　なるほどね。学校の先生はそのときどういう対応をしてくれました？
猪口　うろ覚えなんですけど、直接に会うことはなかったです。親とは話をしていたみたいですけど、直接会うことはなかった。
池上　「会うことはなかった」って、先生に会うのをあなたが嫌がったの？　それとも先生が遠慮してたのかしら？
猪口　こっちが嫌がってたと思います、確か。ちゃんと、記憶してないんで…。
池上　記憶してないんだ（笑）。
猪口　会うのも嫌だったし。
池上　嫌だった。先生は家に来てくれたわけね？
猪口　そうです、何度か来てたみたいですけど、こっちから会うのは、怖いというか…。
池上　それであなたの親と話をして…。
猪口　話をしたみたいですね。
池上　その、親っていうのはお母さん？
猪口　そうですね。
池上　ふーん。お父さんは？
猪口　父は…しばらくしてから関わるようになったのかなぁ？　実際は関わっていたのかもしれないけど、ちゃんとは知らなかったみたいです。
池上　ああ、そう（笑）。さっきから、「うろ覚えだ」とか「ちゃんと知らなかった」というのは…。

猪口 ホントに記憶がないんですよ。

池上 記憶がないんだ?

猪口 うん。

池上 ふーん。どうしてなんだろう?

猪口 どうしてなんでしょうね(笑)。記憶力が悪いのかな。

池上 (笑)一般的に記憶力が悪いとかじゃなくて、その不登校の時にあったことについての記憶が薄くなってるってことなのかしら?

猪口 うーん。割とすんなりと不登校になったからでしょうか。突然ぱったりと行かなくなったし、強い登校指示(登校刺激)を受けたわけではないし。普通の生活がちょっと変わったみたいな印象だったんで。

池上 ほう。それでその八ヶ月間、毎日何してたの?

猪口 朝起きて、ご飯食べて、テレビ見て、ご飯食べて、みたいな…。

池上 (笑)その場合の「朝起きて」って何時頃?

猪口 さぁー…朝は普通に起きていたと思いますね。

池上 ふーん、つまり、学校に行くのと同じくらいの時間には起きてた?

猪口 そうですね。

池上 ほぉー。で、夜寝るのは?

猪口 夜寝るのも普通。

池上 規則正しい生活してたんだ?

猪口 そうですね。

池上 ふーん。家でテレビ見てた? テレビゲームしてた?

猪口 テレビ見たり、ゲームしたり、マンガ読んだり…。

池上 学校の勉強はしなかった?

猪口 しなかったですね。

池上 (笑)

猪口 全然しなかったですね。

池上 (笑)はい。分かりました。また他の人にも色々聞きたいこともあるんですが、とりあえずここまでにしておきましょうか。

三、何となく、なじめない

池上 じゃ、内川君。今と同じような質問になりますが、あなたは小学校六年生の時に不登校になったんだよね？　きっかけは覚えていますか？

内川　僕は小学生の頃から、中学受験を目指していました。それで毎日塾に通っていたのですが、遊んでる方が良かったので、ほとんど塾をさぼっていたんです。親が怒ってもさぼり続けて遊んでて、それで段々、さぼっても見つからないように細工をしていくわけですよ。

池上　ほう、具体的にどんなふうに？

内川　帰ってきたら親に、「ノート見せなさい」と言われるから、ノートに教科書を写しておいたり。

池上　ほぉー、やるもんだな。

内川　そんな悪知恵を働かせて。それでもやっぱり、自分的には無理してたんですよ。親も最後の方には、「辞めても良いよ」って言ってたんですけど、それでも、辞めたら価値がなくなるんじゃないかとか、たぶん自分で思っていて。だから、「行くよ行くよ」って言い続けていたんですが、ストレスが溜まっちゃって。

六年生の夏あたりに、風邪で五日間くらい休んで、治ったときに一日だけ行ったけど、もうなんか、なじめなくて、そのまま家にずーっと居ました。

池上　「なじめなくて」っていうのはどういう感じ？

内川　五年生くらいまでは友達ともうまくいってたんですけど、六年生になってから、浮いてきたというか、ぎくしゃくしてきて、それもあって…ですね。

池上　どうしてぎくしゃくしてきたんだろう？

内川　自然にそうなっちゃいましたね。

池上　ふーん。塾の友達とは？　仲良くならなかったの？

内川　学校のクラスが違ったので。クラスが違うとあんまり話をしないですね、遊んだりはしましたけど。

池上　学校とは関係なく塾でできた友達っていなかったの？

内川　それはいなかったですね。

池上　ああ、そう。それで風邪で五日間休んで、一日出てみたけどなじめなくて、翌日からはどんなふうに学校に行かなくなったの？

内川　朝起きても、「気分悪い」って言って、そのままベッドの中に寝ていて…そんな感じですね。
池上　あなたのお父さんお母さんは、あなたが学校に行かなくなったことについては？
内川　いや、もう、相当荒れましたね、やっぱり。
池上　荒れた？
内川　ええ。
池上　親が荒れたのね？（笑）
内川　はい（笑）。
池上　どんな？
内川　「行きなさいよ！！」って感じで。僕も、そのときはいっぱいいっぱいでしたから、ぶつかり合って、激しかったですよ。
池上　その、「ぶつかり合って激しい」って、具体的にどんなことがあったの？
内川　うーん…怒鳴り合いですよね。
池上　あ、怒鳴り合いなんだ。それは、「学校行きなさーい！」って言われるわけね？
内川　そうです。それで僕が怒鳴っていると、母親が泣き出しちゃって、そうなるとどうにもできないんで、僕もまた布団に潜り込んだりして。そんな感じです。
池上　お母さんはあなたに、「学校に行きなさい！」って言うわけね。
内川　はい。
池上　あなたはどんなふうに怒鳴り返すの？
内川　どんなふう…あんまり覚えてないです。そこまでは。
池上　とにかく、なんか怒鳴り返した記憶があるわけ？
内川　そうです。「嫌」って気持ちとか。
池上　ふーん。それが毎朝続いた？
内川　そうですね、二、三日は続きました。そこからは親があきらめた感じになって。
池上　お父さんはどういう反応したの？
内川　あんまり話をした記憶はないですね。
池上　ああ、そう。お母さんに任せっきりだったのかしら。
内川　そう…ですね。話し合いはしたと思いますが、父親が直接言ってくることはなかったですね。
池上　なるほどねぇ。二年間フリースクールに通ったって言いましたね？
内川　はい。
池上　しばらくは、不登校で家にいたんでしょう？

いつ頃から、フリースクールに通うようになったの？

内川 中学一年生の頃に紹介されて一度見に行きましたが、そのときは全然動ける状態じゃなくて。中二くらいになってから、行けるようになりました。

池上 あ、そうですか、分かりました。じゃ、そのところはまたあとで聞きましょう。あなたが不登校になったことについて、学校の先生はどういう対応をしました？

内川 最初に行けなくなって一週間くらいのとき、小学校の先生が、クラスの生徒全員を連れて家に来たらしいんですよ。その時僕は生活が昼夜逆転していて、寝ていて知らなかったんですけど。家の前で、クラスの生徒全員と先生が、呼びかけていたらしい。

池上 寝ていて知らなかった（笑）。それはあとでお母さんから聞かされたの？

内川 そうです、母親から。あとは、校長先生が何回か来て下さって話をしたくらいですね、何回か。

池上 校長先生とは、あなた話をしたの？

内川 二回目か三回目に来られたときに、話をしました。

池上 校長先生は、あなたにどんなことを言ってました？

内川 いやー、世間話ですね。

池上 （笑）ああ、世間話。

内川 登校刺激はそんなにもらわなかったです。

池上 「学校に出ておいで」とは言わなかったのね？

内川 そうですね。

池上 ほぉー…その先生が、そうやって世間話をしに来たことについて、あなたはどんな感想を持ちました？

内川 学校に来いとか言わないんだなぁ、って。そんな感じですね。

池上 ああ、そう（笑）。そういう校長先生が来ることに対してさぁ、あなたが「嫌だなぁ」とかさ、「うざいなぁ」とか、いや、「うれしいなぁ」とか、どんな感じ？

内川 そうですね…校長先生まで来るなんて、なんか凄いなぁとか、そんなことしか思ってませんでしたね（笑）。

池上　ああ、そう（笑）。その前にね、クラスの全員と担任の先生が来たって話をあとで聞かされたときはどんな感じがした？

内川　いやー、それはびっくりしましたね、普通に。

池上　そうだよね。

内川　来られても「出られるわけないじゃん」とか、思っていましたし（笑）。

池上　あはは、そうかー。それは何、自分の心に負担になった？　そういうことって…どうなんだろう？　嬉しかった？

内川　いや、嬉しいとかそういう…ただただ、びっくりしただけですね。

池上　ああ、そう、「嫌だな」とも思わなかった？

内川　別に、嫌だな、とは…特には思ってなかったですね。

池上　ただ、驚いた（笑）。

内川　驚きました、ホントに。

池上　ああ、そうなんだ（笑）。担任の先生ご本人が一人で来るとか、その後はなかったの？

内川　ありました。それでも僕は、あんまり好きじゃなかったですから…。

池上　担任の先生が？

内川　そうです。

池上　すると担任の先生は、あなたのお母さんと話して帰る、というかたち？

内川　そうです。

池上　お母さんから、「担任の先生がこうおっしゃってたわよ」なんていう話は聞いたの？

内川　それは、聞くときもあったりなかったりですね。

池上　お母さんから伝え聞いた限りにおいて、先生はどんなことを話してたんだろう？

内川　その担任の先生って、新任の先生だったんですよ。だから、「すごい謝ってたわよ」とか…。

池上　なに、新任って、大学出たての若い先生って意味？

内川　いや、その学校に来たばっかりの先生で…。

池上　年はどのくらい？

内川　もう、ベテラン、年は五十くらいですかね。

池上　ああ、その学校に来たばっかりの先生ね。

内川　そう。それで、「来たばっかりの学校で不登校の生徒を出して申し訳ありません」って、謝ってたわよって、言われました。

池上　申し訳ありませんて、親に謝ったわけ？
内川　そうみたいです。
池上　へぇ…それ聞いてあなたどう思った？
内川　いやー…まぁ…別にそこまで…。
池上　分かりました。さっき、猪口君は、その頃のことをあんまり覚えていないってことでしたけど、内川君はそのときのことをよく覚えていますか？
内川　そうですね、小学校の行けなくなったときとか、あとは…まぁ、細かいとこまでは覚えてないですけど、結構考えたりしたんで…。
池上　分かりました。じゃ、猪口君と内川君には、フリースクールに通うようになってからの話を、またあとで聞きますね。

四、担任の「いじめは被害妄想」のことばに

池上　はい、じゃ、横田さん。あの、やはり同じですけれども…そもそもは小学校五、六年で学級崩壊があったわけね。
横田　はい。
池上　で、いじめというのは、そこであなたがいじめられたという意味ですか？
横田　そう…ですね、はい。
池上　クラスであなた以外にもいじめの対象になっていた人っていました？
横田　いました。
池上　何人いた？
横田　何人もいて…。順番に、学校の中でも上下関係ができてしまっていて、下に見られている子達が、順番にどんどんいじめられて、って感じで…。
池上　そのとき、いじめの中心になっているグループというのは固定されてたの？
横田　そうですね。
池上　いわゆる「いじめグループ」がいたわけね？
横田　ですね。
池上　何人くらいだった？
横田　中心的な存在になっているのは五、六人ぐらいで…。
池上　それ以外の子が、なに、次から次へといじめの対象になってるって感じ？
横田　そうですね。

池上　うーん。学級崩壊ってことは、授業は成立しなかったの？

横田　授業は、もうほとんど…五年生の時はまだなんとか成立してたんですけど、六年生になってからは全く成立していなくて…。

池上　先生は何してたの？

横田　もう、ほとんど手がつけられない状態になっていて、先生は見て見ぬ振りって感じで…。

池上　授業は進めていくわけ？

横田　授業は進めていくんですけど、もう、ほとんど誰も聞いていない…。

池上　要するに、生徒が誰も聞いていなくても、先生は勝手に授業を進めていたの？

横田　淡々と（笑）。

池上　そのことが学校の中でたとえば問題になって、校長先生や、教頭先生とか学年主任の先生が出て来るってことはなかったの？

横田　いや、全くなかったですね。

池上　それは…どうしてだろう？　あなたのクラスが学級崩壊になっているってことを、他のクラスや校長先生が知らなかったの？　それとも知っていて何もしなかったの？

横田　小学生の時の私の印象だと、たぶん先生が一生懸命隠していた。自分のクラスでそういうことが起きていることを、周りには分からないようにしていたって感じでした。

池上　生徒の親ごさんたちは、自分の子どもたちからそういう報告は聞いていたのかな？　親が、「問題を何とかしてくれ」って言いに行ったとか、そういうことはなかったの？

横田　多分…。私が小学校六年生の頃って、まだ学級崩壊って言葉がなくて、だから、ただ単にちょっと荒れたクラス、っていう感じにしか親も受け止めていなかったと思います。そこまで酷い状況になっているとは思っていなかったみたいです。

池上　わかりました。で、あなたが、その、不登校になったのは中学一年の九月からということですね。

横田　はい。

池上　その中学は、小学校の子がみんなそのまま行った中学校ですね？

横田　はい。

池上　不登校になったきっかけは、覚えてます？　どんなことなの？

横田　小学校六年生の後半ぐらいから、半分行ったり半分行かなかったりっていう状態でした。それでも、中学に入って新しく環境が変われば、ちょっと変わるのかな、と自分でも思っていたんですけれど…。

小学校の時の上下関係が、中学にもずるずると行ってしまって。中学の時はもう、そういういじめは少なくなってきていたんですけど、いつまた自分がいじめられるのかっていうのが、すごくあって。それでそういうふうにびくびくしてると、やっぱりまたいじめられて…。一学期はなんとか、半分くらいは行ったんですけど、夏休みが明けたらもう、行かれなくなってしまいました。

池上　あなたが受けたいじめってどんなタイプのいじめ？

横田　具体的には、まず物がなくなる、無視される、わざと分かるように陰口を言われる…。

池上　聞こえるように言うわけ？

横田　はい。どっちかって言うと、精神的ないじめでした。

池上　面と向かって言われることは？

横田　それも、ありました。

池上　女の子達からいじめられる？　男は？

横田　女の子達がほとんど中心でした。でもやっぱりいじめられてるって分かると、男の子達もなるべく関わらないようにって感じで…。

池上　ああ、そう…中学校では、もちろん教科によって先生が違うわけだけど、授業は成立してたの？

横田　中学は成立していました。

池上　うん。じゃ、担任の先生は、そういういじめがあるってことは知ってたの？

横田　完全に不登校になる前に、一度、先生と一対一で、「何で来れないんだ？」みたいなことを話す機会がありました。そのときに、こういうことがあるってことを訴えたんですが、そのときに先生は、「証拠がないから、それはお前の被害妄想だ」って。それで、もう先生に言っても、無理だなって思って…。

池上　なるほどなぁ…。お前の被害妄想だ、って言われたんだ…。「じゃ、先生も調べてみよう」とか、そういうことは言わなかったんだ？

横田　ありませんでしたね、そのときは。

池上　ああ、そう。不登校になったのは、その先生の発言がきっかけなの？　そうでもない？
横田　それも、きっかけの一つにはあったと思います。
池上　いわゆるこの日から不登校になったたって、覚えている日ってある？
横田　えーと、もう、二学期の始業式の日から行かれなくなってしまって、それまでも、私の場合、学校に行こうとすると身体に色々出てしまって…。
池上　身体に、どんなふうに、何が出るの？
横田　最初はお腹が痛いとか頭が痛いでしたけど、最後のほうは戻してしまって、食べられないって状態になってしまいまして。一学期はそれでも通っていたんですけど、二学期に…部活に入ってたんですが、夏休みの大会が終わったら起きられなくなってしまって。始業式にはそれで行かれなくなってしまって…。
池上　部活って何やってたの？
横田　合唱部。
池上　あ、合唱部ね。行かなくなっちゃったときに、あなたの親はどんな反応をしました？
横田　母親は、最初すごく取り乱して、「何で行かれないの？　行きなさい」っていう感じで、最後のほうは興奮気味になって、ちょっと手を挙げられたりとか…。
池上　なに、はたかれたの？
横田　ひっぱたかれたり、私もひっぱたき返したんですけど（笑）。
池上　（笑）どうしてひっぱたき返したの？
横田　そのときはまだ、なんで学校に行けないか親には言えなくて。親も…今考えると当たり前なんですけど、私が言わないから、何で行かれないのか知らなくて、甘えてるから行かないんだって思ってて…それでひっぱたかれたんですけど…。
池上　はあ、はあ、はあ、はあ…つまり、あなた、「言えない」っていうのは、学校に行くといじめられるのが嫌だ、っていうことが言えなかった？
横田　はい。
池上　何で言えないの？
横田　うーん…私一人っ子で、それなりに小さい頃から期待をかけられていた、みたいなところがあって…。だから、学校でいじめられているっていうことを、自分自身でも認めたくなくて、でも親に言ってしまうと、それは自分でも認めたことになってしまうことになるから、それで言えない、って感じで…。

池上　はー…いやいや、大したもんだね。ごめんね、こういう言い方して。そういうふうに自分を、今、分析できるんだねぇ。

横田　はい。

池上　その後は自分で、「学校でいじめられてたのよ」って、お母さんに言ったの？

横田　完全に不登校になる前に、もう自分の中でおさめておくことができなくなってしまって、全部わぁーっと…。

池上　言ったのね？　そしたらお母さんどうした？

横田　謝られました（笑）。

池上　そう。学校に文句言いに行くとか、そういうことはなかったの？お母さん。

横田　それはなかったですね。

池上　お母さんがあなたに謝ったっていうのはどういうこと？　「そういうこと知らないで怒っちゃってごめんね」って言ったの？

横田　それもあったみたいですし、うーん…泣きながら、ただずっと謝ってましたね、そのときは…。

池上　「ごめんね、ごめんね」って言ってたの？　それ聞いてあなたどんな感じした？

横田　そのときはもう自分のことで精一杯だったんで、何も別に感じられなくて…。

池上　ああ、そう…いや、なんか、嬉しいとか申し訳ないとか、そういう気持ち、なかった？　わかんなかった？

横田　うーん…申し訳ないっていうのはありましたね。

池上　あった？　ふーん…そうか。お父さんはどうしたの？

横田　父のほうが割と冷静でした。母は最初、取り乱して、不登校になってからすぐ、「転校させよう」と言っていました。でも私は、そのときにはすっかりもう、学校に行く行かないの前に、起き上がれない状態になっていました。父は割と冷静に、そういう私のことを見ていたみたいで、「今この状態で環境を変えても、何も変わらないと思うから、しばらくはこの子が、何かしら動き出すまで、とりあえず見守っていよう」と言ってくれて、それで母は割と冷静になったって、後から聞きました。

池上　後から聞いたのね。そのとき、お父さんはあなたに何か直接言うことはありました？
横田　最初はやっぱり、「学校に行け」とか、「何で行かないんだ」って言われましたが、最後のほうは見守っているって感じで…。
池上　分かりました。学校の先生は、あなたが不登校になってから何かしましたか？
横田　その後完全に不登校になったあとに、両親とその中学一年生の時の担任の先生と、面談をすることになりました。さっきも言ったように、「お前の被害妄想だ」って言っていた先生が、両親を目の前にしたら、「いじめは確かにあった」って言いまして。それで私は、完全にその先生のことを信頼できなくなってしまいまして、家庭訪問とかもしてたんですけど、一年の担任の先生とは全く会いませんでした。
池上　ああ、そう。
横田　はい。
池上　例えばね、その学校の先生の立場にちょっと立って考えるんだけど…。私がね、あなたに、「いじめられてるんです」と言われた時には「被害妄想だ」と言ったけれど、その後、「待てよ」と思って色々調べて、親御さんと会うまでの間に色々調べたら、確かにいじめがあったんで、親御さんにそういうふうに言った、ってことはない？
横田　あぁ…そうかもしれないんですけど、だったら何でその、「言われた後にこういうふうにした」っていうことを、私に伝えてくれないんだろう、っていう思いがあって…。
池上　ああ、そりゃそうだね。そりゃそうだ。あなたには、「被害妄想だ」と言っておきながら、親御さんには、「確かにいじめはありました」って言う…つまり、嘘をつくというか、相手によって言い方を使い分けてるから許せない、って思ったわけね、あなたは？
横田　裏切られたっていうか…うまく言えないんですけど、強い嫌悪感がその先生にはありました。
池上　なるほどね。その後のあなたの家での生活は、寝てばっかり？　どんな感じ？
横田　最初はもう本当に起きられなくて、一日中ずっと寝ていました。しばらくして、体力も精神的にもちょっと回復してきて、家の中では動けるようになりました。大体お昼ぐらいから起きて、一日中家にいて夜寝る、という生活でした。そのあとは、一人で外に行くのは無理でしたが、両親と一緒だったら外に行けるようになりました。
池上　そうですか。それまでにどのくらいかかりました？
横田　うーん…半年くらい…。
池上　半年ね。分かりました。はい、じゃ、二年の秋からフリースクールに通うようになるんですが、そのことはまたあとで聞きましょうね。

五、いじめと先生への不信感

池上　はい、じゃ、お待たせしました。刈田さん。いわゆる「不登校」になったきっかけ、覚えてます？
刈田　はい。
池上　どんなこと？
刈田　人間関係の色々…小学校から、早く言えば小学校の三年生から、いじめが突然始まって、それで小学校六年生の始めくらいまで続いてたっていう感じで…。
池上　あなたがいじめられてたの？
刈田　はい。そのまま中学校に小学校の持ち上がりで行って、それで中学校でまたちょっといじめっぽいことがあって、友達とか、いなくって…。
池上　あ、中学校で？
刈田　はい。中学校のクラスには、班があったんです。その班で、お弁当だったんですけれど、飲み物の瓶とかを頼んで戻すときに、「お前のは戻さない」っていうふうに言われて、相手にしてもらえなかったり。
　友達に、「ねえ」って話しかけても、ある日突然シカトされて、自分でも何がなんだか分からなくて、どんどん友達に詰め寄ってしまうから、向こうはどんどん離れていって、離れていかれると、こっちもどんどん詰め寄っていく、っていうふうに、友達との距離をとるのが上手くいかなくなっちゃって。なんか疲れちゃって、行くのもだるいから、もう行かなくても良いかなと思って行かなくなって…。
池上　あなたをいじめてたのは特定の人？
刈田　大体特定の人…。
池上　男子？　女子？
刈田　女子のほうがちょっと多いかな？
池上　あ、男子でもいたわけね？

刈田　男子でも、特定の…三、四、五人くらいはいました。
池上　それは小学校三年生の時からずっと？
刈田　男子のほうが酷かったのが、やっぱり小学校三年生の時。学校に行ったら、今で言う「締め出し」みたいに教室に入れてもらえなかったりしました。五年生の時には、勝手にグループができて、気付いたら一人だった、みたいな感じでした。
池上　あなた以外にも、クラスでいじめられてる人はいました？
刈田　多分、いたと思います。
池上　まぁ、自分自身のことで精一杯だもんなぁ。
刈田　はい。
池上　そうだよねぇ。そのことを学校の担任の先生に言いました？
刈田　小学校三年生の時の担任の先生にそれを言ったら、先生も分かっていたんですよ。その男子グループは他の子にも、ちょっかい出す感じでいじめてるっていうのがあったので、先生もすぐ分かったから、すぐその場でその子を呼んで怒ってました。

小学校四年生の頃からは、別に先生に言っても仕方ないやと思うようになりました。三年生のときと同じ先生が担任だったのですが、四年生の時に給食を残して、先生に帰してもらえなかったことがあったんです。クラスのみんなも、「もういいから残しちゃいなよ」とは誰も言ってくれずに、「片づかないから早く食ってくれよ」「掃除の邪魔だからあっち行ってよ」と言うし、先生にも、「もう、さっさと食べて早く帰ってくれない？」みたいな感じで言われて…。
池上　要するに、それを聞いて先生を嫌になった、先生に不信感を持った、っていうこと？
刈田　その先生に対しては、「もう、わかんないや」と思って。この先生はこういう先生なんだ、と…。
池上　言っても無駄だと思った？
刈田　無駄だな、と思って。
池上　それは三年、四年の時だよね。五年、六年は？
刈田　五年生の時は、ベテランの先生だったんですけど、先生は普通に接していました。五年生の時は、グループがそういうふうになっちゃってて、結局私一人でいるしかなかったから、ちょっと話す男の子がいたくらいでした。先生も、「刈田さんは女の子といるよりも男の子といる方が楽しいのね」みたいな感じでしか見てなくて、別に何も言ってこなかった。

池上　自分からも何も言う気になれなかった？

刈田　別に…そんな大したことでもないかな、って（笑）。

池上　（笑）

刈田　言っても、先生もきっとまた、「だから何？」ってなって、結局クラス会議になるのかなと思って。そうなるのが面倒だったし、そうなったらそうなったで、また後で陰でコソコソ言われる。それが嫌だったから、「別にいいや」って…。

池上　今になってね、もしそういう生徒がいたときにさ、先生はどうすべきだったと思う？

刈田　そういう生徒がいるっていうことが、ちゃんと分かってるんだったら、ちょっとは気にかけてあげてほしい。私はそのとき別に何とも思わなかったから、「先生ってこういうものなんだ」と思ったけど、もし、今そういう生徒がいるんだったら、生徒ってどこかでちょっとはSOSを出してるから、そういうのを見つけてあげてほしい。それから、ちゃんと話を聞いてあげたりするといいなと、今ではそう思います。

池上　それって、先生はあなたの話を聞いてあげるだけでも良かった、ってことなのかな？

刈田　相談する人がいないから、話し相手になってくれれば、自分も少しは楽になる。だから、話を最後まできちんと聞いてあげたりしたらいいのかな、と…。

池上　なるほどね。それで、中学校に行くようになったけど、やっぱりいじめられて…。

刈田　はい。

池上　で、不登校になった…。「この日から不登校になった」って覚えてる日ってあります？

刈田　…おばあちゃんが亡くなって…。

池上　どっちの？　母方の？

刈田　父方の…おばあちゃんが亡くなって、お葬式をすることになったその日から、学校に行かなくなりました。親にもあらかじめ、「明日から学校に行かないから」って朝からずーっと言い続けてたら、お母さんも、「ああ、別に良いんじゃない？　行かなくて」って言って。そこからずっと学校に行かなくて…。
池上 その、おばあさんのお葬式って、同居してた人？
刈田 いや、違います。
池上 お葬式で、いわゆる「忌引き」であなた学校を休んだんだね？
刈田 はい。
池上 で、そのまま、学校に行かないわよってことにしたわけ？
刈田 はい。
池上 あの…それは何？ お母さんは「良いわよ」って、どうして言ってくれたの？
刈田 小学校に入って人間関係に悩んでいたときには、特に相談も何もしなくて普通にしてたけど、やっぱり分かっていたらしくて。それで「行かない」って言ったら、「じゃ、行きたくないなら行かなくて良いんじゃない？ 無理に行く必要もないし」と。
池上 ああ、そう。
刈田 「無理に行って身体壊すんだったら、行かないで家にいれば？」みたいな感じで言われて…。
池上 そう言われたとき、どんなふうに思いました？
刈田 あ、別に何とも思わなくて…。「あ、思った答えが返ってきた」とだけ思って…。
池上 （笑）ああ、そう。あ、そういう答えが返ってくると思ってたんだ？ 「学校ぐらい行きなさいよ」と言われるとは思ってなかった？
刈田 思ってなかった。
池上 ああ、そう…ほぉー。お父さんは何か言わなかった？
刈田 別に何も…。私、お父さんと関わりを持たなくて、今もそうなんですけど…。一週間くらい学校に行かないでいると、お父さんはお母さんに、「何で行かないんだ？」って言って、「行きたくないからじゃない？」って返事を聞くと、「そうか、ふーん」って、別に…。
池上 そうなんだ。他の人もそうだけど、みんな、お父さんとの対話が全然ないんだね。必ずお母さん経由になるんだねぇ。それで、あなたが学校に行かなくなったことについて、学校の担任の先生は何かしました？
刈田 中学校一年生の時の担任の先生は、私が休みがちで、テストのときにたまに行くぐらいだったこととか、その時にいろいろあったこととかも知っていました。それで私が、「精神的にも苦痛なんで、もう学校には来ないでフリースクールの方に行きます」って言ったら、先生は、「あと二ヶ月もすればクラス替えもあるから、また違う形で何かあるかもしれないから、ちゃんと来れば？」と言ってくれました。それでも、「学校に来るたびに胃が痛くなるし、精神的に辛くなるからフリースクールに行きます」って言ったら、「そこまで言うなら無理に来なくてもいいよ」って言ってくれたんです。その先生は、一年生が終わると同時に他の中学校に異動になって、もうほとんど関わりがなくなってしまったんですけど…。

中学校二年生のときの担任の先生は、すごく積極的でした。家庭訪問には来るわ、フリースクールの方には来るわで、もうやめてくれって感じで。四月に、「私が担任です」って初めて来たときに、「大変だろうけど学校の方にも来てよ」のようなことを言われて、「ああ、はい」って私は言いながらも、別に行く気もないからいいよーと思ってました。夏休み頃に、先生がフリースクールまで来て、学校の宿題とか、いろいろ持ってきてくれて、話したんですけど、「俺には今一つ目標があるんだ」とか言い出して。「この先生は何を突然言うんだ？」と思ったら、「俺はおまえを学校に復帰させるのが今の目標だから、絶対今年中に戻してやる」みたいなことを言われて、「嫌だよ、絶対。こんな担任のクラスは嫌！」と思いながら聞いてて…。

池上 （笑）うん、それ、いくつくらいの先生？

刈田 三十五とか、そのくらい…。

池上 ああ、そう。ちょっとそれ聞くと、熱血先生ふうに聞こえるけど？

刈田 多分、自分では熱血感を持ってたと思うんですよ。

池上 ああ、ああ…。

刈田 自分では「やり手で、頑張ってる、俺は！」みたいな感じの先生で、すごいしつこくて…。

池上 しつこい…（笑）。

刈田 なんか、嫌になっちゃった…。

池上 そうか（笑）。そうか、その先生がどういう先生だかわからないけど、私にしてみれば、一生懸命クラスの子のことを心配して、来てくれてるんじゃないかな、と思うんだけど。家庭訪問には、何度も来てくれたの？

刈田　学期の初めごとに来るんですよ。一学期の初め、二学期の初め、三学期の初め…。

池上　それだけ？

刈田　あとは時々、「渡すものがあるから取りに来て」って言われるんですけど、「行きたくないから嫌だ」って言うと、「じゃ、夜、仕事が終わったら届けに行くから」って言って来たりするんですよ。だからもう、来るのも苦痛で…。

池上　ああ、そう。

刈田　「なんで来るの？」みたいな感じ…。

池上　だってほら、さっきさ、いじめられたとき小学校の先生がね、あなたのことをもっと気にかけてくれてもっと話を聞いてくれればいいのにと思う、って言ったよね？

刈田　はい。

池上　中学校のその先生は、少なくともあなたのこと気にかけてさ、来てくれてたわけでしょう？

刈田　気にかけてくれてたといえばそうなんですけど、話を聞こうとはしなかったんですよ…。

池上　ああ、そうか。あなたの話を聞きに来るんじゃないわけね。

刈田　聞きに来るんじゃなくて、ただ単に自分のその気持ちを伝えに来るだけ。

池上　はあはあ…そうか。「とにかく学校に戻って来い、俺はお前を学校に戻してやるんだ」という、そればっかり…。

刈田　そればっかりで。話を聞いて気にかけてくれるのはいいんですけど、無理に学校に戻せば戻すほど、逆効果じゃないですか。

池上　うんうんうん。

刈田　だから、嫌だったから…。

池上　そうかー。じゃ、そういうふうに先生が来る場合、どういうふうにしてくれたら良かったんだろう？　つまりあなたの話を、ただひたすら聞いてくれれば良かったのかな？

刈田　ちゃんと、「そうなんだ」って聞いてくれて、自分の気持ちばっかりをぶつけるんじゃなくて、こちらの話を聞いて、ちゃんと対応してくれたら良かったと思うんですよ。

池上　なるほどなー。

刈田　あと、反抗期があったから、先生にも冷たい態度で接してて、なんかもう、いいよ、って…。

池上　そうかー。いや、フリースクールにまで来てくれるっていうと、「あ、いい先生じゃない」って私なんかは思うけど、そこで何をするかなんだな、問題はな。

刈田　来たら来たで、どういうふうに過ごしているかだけ見て、今の状況の話とかを聞いて、「ああ、ここで頑張ってやってるんだったら平気だね」って、ちゃんとフォローしてくれればいいのに、その先生はいきなり来て、「ああ、頑張ってるんだ、じゃあ、ここで頑張ってるんだったら、おまえを学校に戻す」って。そう言われても、こっちは困る。

池上　なるほどなぁ…わかりました（笑）。ありがとね、ものすごく参考になった…ああそうなんだ、と。ありがとうございました。

フリースクールとの出会い

六、無理なく通えたフリースクール

池上　さて、これから四人の方に、それぞれフリースクールに通うようになったきっかけ、それから行ってみてどうだったのか、そんなことをちょっと聞いてみようかと思うんですが…。

では猪口君、そのフリースクールは、どんなタイプのフリースクールですか？

猪口　え、どんなタイプ…？

池上　ええ、どんなところ？　教育研究所（注一）？

猪口　ええ。

池上　そうですね？　そのフリースクールに行くようになったきっかけっていうのは、どんなことかしら？

猪口　親が見付けてきたんです。

池上　どんな感じで見付けてきたの？

猪口　親の友達から聞いたって、確か言ってた気がします。親が見付けてきて、「行ってみないか？」って…。

池上　ああ、あなたに言ったわけね？

猪口　ちょうど、「そろそろ勉強しないとやばいな」って気持ちが、起き始めていた頃だったんで…。

池上　ああ、なるほど。それはちょうどいい感じだったんだ？

猪口　それでうまくかみ合ったんで、まぁ、行くよ

うになった…。

池上　はあはあ。行くようになったのはいつ？　中学校一年の十月に不登校になって、八ヶ月間ひきこもりだったってことだよね？　ということは、中学二年の六月ぐらい？

猪口　そうです。

池上　そのころには、何となく勉強しなきゃいけないなって気になってきた？

猪口　そうですね。

池上　どうしてそういうふうに思うようになったんだろう？

猪口　何でですかね…。友達からも、「勉強しないとやばいんじゃないか？」って何度か言われていたのもあると思うんですけど、「さすがにまずいかなー」っていう気持ちが自分でも浮かんできていたので、「勉強できるところがあるから行ってみないか？」と言われて、行くようになったんです。

池上　「勉強しないとさすがにやばいかな」っていうのは、どうしてそう思うんだろう？

猪口　高校受験のことが…。

池上　ああ、やっぱり、気になってた？

猪口　そうです。

池上　ふーん。

猪口　今考えるとかなり矛盾してますけど（笑）。

池上　（笑）いや、私は別に、それは矛盾してないと思うんだけど、中学は行きたくないんでしょう？　でも高校くらいは受けて行かなきゃいけないな、って思いがあったわけね？

猪口　そうですねぇ。

池上　ふーん。ちょうどそのときに親が、「フリースクールがあるけど行ってみない？」って言ったのは、あなたが自分なりに、「そろそろ勉強をしなくちゃいけないな」って思い始めたことに親が気付いたのかな？　それともホントにたまたまの偶然？

猪口　どうなんですかね？　それは親に聞いてみないと分からないですよね。

（注一）　教育研究所　本シンポジウム主催の牟田武生氏により、一九七二年に設立された、神奈川県の民間教育施設。不登校及びそこから発生するさまざまな問題に専門的に対応する。不登校生を対象としたフリースクールとしての活動や、その家族へのカウンセリングなども行っている。

池上　そりゃそうだ（笑）。うん、ちょうどあなたが、「そろそろ勉強しなきゃいけないな」って思ってたときに、「こんなフリースクールがあるからどう？」と言われたわけね。

猪口　そうです。

池上　ああ、それじゃ行ってみよう、って気になった？

猪口　そうですね。とにかく、勉強のことが頭に引っかかっていて、何かやらなきゃと思ってたので、行くようになった…。

池上　うん。高校受験のことを考えたら行かなきゃいけない。じゃあ、これまでの、そもそも行ってた中学校に行こうとは思わなかった？

猪口　そこが矛盾するんですよ（笑）。学校に行きたくないのに高校に行きたい、みたいなね。よく考えたらすごく矛盾するんだけど…。

池上　うんうん、なるほどなぁ…。

猪口　でも、そのときはあまりそんなことを考えなかったですね。

池上　うんうんうん。だってそうだよなぁ、とにかく中学校に行きたくないんだもんなぁ。

猪口　中学校には行きたくないし、逆に高校には行かなきゃいけない、みたいな。

池上　「行かなきゃいけない」っていう感じね？

猪口　そうです。

池上　「行きたい」ではなく…。

猪口　行きたいというよりも、行かなきゃいけない気がする…。

池上　なるほどな。フリースクール…横浜の教育研究所に行ってみたわけね？

猪口　はい。

池上　行ってみて、第一印象はどんな感じでした？

猪口　そんなに大変そうじゃないな、と。みんなタイプがバラバラで、結構好き勝手にやってるのを見て、ああ、こういうところなら楽だなあと。もともと、人に合わせるのとかあんまり得意じゃないんで。結構、ちゃんと行けるようになりましたね。

池上　つまり、マイペースでやれるなという感じがしたわけね？

猪口　そうですね。はい。

池上　翌日からもう通い始めたの？

猪口　えーと、そうですね。

池上　そのフリースクールでは、具体的にどんなことをやったの？
猪口　勉強ですね。勉強したり遊んだり。
池上　うん。その勉強っていうのは、先生が授業をしてくれるってスタイル？
猪口　そうです。まぁ普通の中学校よりも授業の量は少ないんですけれど、とりあえず勉強して。たぶん勉強することに、安心感があったんじゃないですかね。
池上　なるほどねぇ。なんでフリースクールなら通えたんだろう？
猪口　何でですかねぇ…。やっぱり中学校になじめなかったっていうのがあって。フリースクールでは、あまりなじむ必要がないというか、さっき言ったようにタイプがバラバラな人ばっかりで無理に合わせる必要もないというのが、楽だったんだと思います。
池上　ああ、精神的に楽だったんだ？
猪口　うーん、そうです、はい。
池上　それってさ…よくわかんないんだけど、フリースクールだから良かったの？　例えば、そういうふうに、本当に自由にどうぞって、生徒達を楽にしてくれる他の公立中学がもしあったら、そっちに行ってたの？
猪口　行ったかもしれないですね。フリースクールだからってわけじゃなくて、その状況が良かったんだと思います。
池上　みんなが無理に人に合わせることなく、それぞれが自由勝手にやれるっていう雰囲気だったから良かったわけ？
猪口　そうですね。
池上　はあはあ。そこで通うようになった。で、高校に受かったわけだね。
猪口　そうです。
池上　でも、また行けなくなった。
猪口　はい。
池上　うん。どうして？
猪口　えーと…なじめなかったから（笑）。
池上　（笑）そこも、前の行けなくなった中学みたいに、合わせなきゃいけなかったから、ってこと？
猪口　それより、なじむことがより苦痛になったっていうか…。フリースクールはなじまなくて良かったから、なじむ努力をするのがもっと苦痛になった。多分そういうのがあったと思います。

池上　うーん。受かった高校にはどのくらい通いました？

猪口　二日間（笑）。

池上　二日間（笑）。入学式…。

猪口　そうです。入学式含めて二日間。すぐ身体に出ちゃって、行けなくなっちゃって。

司会　ああ、身体に出ちゃった？　ああ、もう、すぐに出たんだ？

猪口　そう。

池上　ほぉー。通わなくなったことについて、高校側から何かありました？

猪口　自分自身に直接はなかったです。親にはあったかもしれないですけど、基本的には親にそういう話は聞いてないんで。

池上　うん、ああ、そう。

猪口　はい。

池上　あの、私があなたの親だったら、フリースクールに行って高校に受かったら、多分とっても嬉しかったと思うんだよね。

猪口　それは嬉しかったみたいですね。

池上　だよね。

猪口　はい。

池上　また不登校になったら、それはショックだったでしょう。

猪口　そうでしょうね、それはショックでしょう。

池上　なんか言った？　あなたに対して。

猪口　いや、「受かっただけでも良かった」みたいなことを、あとで言ってましたね。

池上　うんうんうんうん。

猪口　「受かるとは思ってなかった」って（笑）。まさか受かるとは思ってなかったって、言ってました。

池上　ふーん、ああ、そう。で、行けなくなってどうしたの？

猪口　また戻ったんです（笑）。

池上　フリースクールに？

猪口　はい。

池上　ああ、そう（笑）。フリースクールではどんなふうに言いました？

猪口　どんなふうにって…うーん、「戻って来たのか」みたいな。「戻って来ちゃったのね」みたいな。

池上　で、そのあとずっとフリースクール？

猪口　今に至ります。

池上　今もフリースクール？
猪口　はい。今もです。
池上　今もフリースクールなのね？　で、フリースクールにいて、今は何をしてますか？
猪口　来年のセンター試験を受けるために勉強中です。
池上　ああ、そうですか。あの、こういうこと聞いちゃいけないかもしれないけど、センター試験に受かって、だからどこか大学に受かったとして、また同じことにならないかな、って、それはない？
猪口　ええ、あります。それはあります。
池上　うん。
猪口　不安はありますけど、それは何とかしなきゃいけない…いずれ何とかしなきゃいけないことなので…。
池上　また、大学は高校とはずいぶん違うもんね。
猪口　そうですね、はい。
池上　一生懸命合わせたり、なじまなくても良いかもしれないしね。
猪口　はい。
池上　うーん、そうですか。はい。分かりました。またあとで聞きますね。

七、自分を無理に作らなくて良いフリースクール

池上　はい、えー、じゃ内川君。フリースクールに通うようになったきっかけはなんですか？
内川　えーとですね、僕は小学校を出たあとあたりから、県か区か分からないんですけど、適応指導教室というところに…。
池上　横浜市で？
内川　多分そうです。横浜市の「適応指導教室」ってところに行ってました。中学とも相談して、そこに行けば出席の代わりになるってかたちで、一週間に一度、話をしたり遊んだりしに行ってました。そこで教研（教育研究所）を紹介されて、通うようになったんです。
池上　あ、そう。教育研究所に。
内川　そうです。
池上　紹介されてね。行ってみてどうでした？　最初の感じは。
内川　最初に行ったときは、僕もまだそんなに余裕

がなかったので、一回行って、「ああ、こういうところか」という感想を持っただけで、またしばらく行かなくなっちゃいました。
池上　最初に行ったときは、親と一緒に行ったの？
内川　そうですね、最初は親と一緒に行って。
池上　その後通うようになったのは、初めて行ってからどれくらいたってから？
内川　大体一年くらい経ってからですね。
池上　あ、そうなんだ？
内川　ちょくちょく顔は出してましたけど、もうほんとに、一ヶ月か二ヶ月に一回か二回ぐらいでずーっと…そんな感じでしたね。
池上　一ヶ月か二ヶ月に一回っていうのは、それは自分で行こうと思って行ったの？　親に行きなさいって言われたの？
内川　親に、「行きなさい」って言われて行ったほうが圧倒的ですね（笑）。
池上　ああ、そう（笑）。で、だけど一年経ってからは通うようになったのね？
内川　そうですね、通えるようになりましたね。
池上　どうして通えるようになったんだろう？
内川　慣れだと思います。最初は、放課後三時とか四時とか、夕方に遊びに行って、先生とちょっと運動して帰るってかたちでした。そこから、朝から来て授業にも出てみようかって言われて、それでトントンとステップを踏みまして…。
池上　ああ、そう…その運動って、何？
内川　運動は、卓球ですね。
池上　先生とやったの？
内川　そうです。
池上　ほぉー、つまりその、フリースクールの、いわゆる放課後くらいの時間にあなたがそこに行って、先生と卓球をやって帰る、と。
内川　そうそう、そうです。
池上　そのうちに、朝から通うようになったんだ。
内川　そうだったですね。
池上　慣れ（笑）？　慣れってどういうことなんだろう（笑）？　でも、「なんか通っても良いかな」って思うものはあったんでしょ？
内川　そうですね。行くことに不安がなくなったって感じでしたね。
池上　不安がなくなった…。
内川　自分を無理して作らなくてもいいんだ、って思えるようになってきて。

池上　なるほどねぇ。で、そこでずっと通って、高校受験するわけですね？

内川　はい、そうです。

池上　高校は三年間通えたんだね？

内川　はい、全寮制の高校で。

池上　全寮制か。

内川　はい、全寮制です。

池上　ふーん。どうして通えたの？

内川　どうしてって…（笑）。どうしてか…。

池上　全寮制であることが良かったの？　関係なかったの？

内川　私立を一つと、あとは推薦でその全寮制の高校を受けたんです。それでどっちにしようか迷ってたんですけど、その時僕は、ゲームにすごくはまってたんです。フリースクールの帰りもゲームセンターに寄ってしまっていたので、もう一つの私立の高校は都内にあったので、そこに行っても遊ぶだけで変わんないなと思ったので、じゃぁ変えてみようかなって、そんな軽い気持ちで全寮制の方に行ってみて…。

池上　なるほど。全寮制だったら、学校の行き帰りにゲームセンターに寄ることはないだろう、と。

内川　ないですね（笑）。

池上　つまり、自分がゲームにはまっているのを何とかしよう、という思いがあったわけだね？

内川　そうですね。同じことしててもつまらないし、「学校生活」みたいなのもに憧れもあったんですよ。

池上　そうか、学校に憧れてるわけだね。

内川　そうですね。

池上　全寮制に入るってことは、家を出るってことでしょ？　それも魅力だったの？　どうなの？

内川　そんなに気にしてなかったですね。別に家じゃないとか、親と離れるってことは、そんなに意識はしてなかったです。

池上　ああ、そう。あの、「家から出たい」という思いがあったわけではないのね？

内川　そんなわけではないです、はい。

池上　そうか、家から通ってても良いわけだね、それは。

内川　そうです。

池上　ただとにかく、ゲーセンにはまらないように、という思いがあったわけだ（笑）。

内川　まあ、そうです（笑）。

池上　うん。でも、どうなの？　全寮制というとさ、みんなとずーっと一緒でしょ？
内川　六人部屋でずーっと一緒でしたね。
池上　嫌ではなかったの？　それ。
内川　ま、嫌なときもありますけど、楽しいときもありますし、まぁそうですね、大丈夫…耐えられたほうですね。
池上　ふーん…。またちょっとよく分からないんですが、言ってみれば学校になじめなくて小学校のときに不登校になったわけだよね。で、フリースクールに通えるようになったのは、「ここは無理しないでもすむんだな」っていう思いがあったわけですよね。
内川　はい。
池上　で、高校で全寮制だと、ずーっと一緒…学校に行っても、寮に帰ってきてもずっと一緒だと、やっぱりいろいろ合わせなきゃいけない部分があって大変なんじゃないかな、と思うんだけど、そうじゃないの？
内川　それがですね、フリースクールの最後の方は、自分をある程度出しつつ無理に合わせることもないんだなって、そういう人とのつき合い方をなんとか学べて、これなら全寮制に行っても大丈夫だな、と思ったんです。
池上　ああ、なるほど。
内川　まあ、一種、「どこまでできるかな」みたいな、そういう気持ちもありましたね。
池上　そうか。人との付き合い方が、何となく分かるようになったんだ。
内川　そうですそうです。
池上　はあーん。それをフリースクールで分かるようになったってことなのか。
内川　まあ、だいたいそうです。
池上　そもそもあなたは、中学受験を目指していたわけだよね？
内川　はい。
池上　つまり、親がとってもあなたに期待していたわけでしょ？
内川　そうですね。
池上　ねえ？　それが、不登校になり、フリースクールに通うようになったことによって、こう、「親の期待に応えられてないな」という思いはあった？
内川　ああ…でも、親の方も、最後の方はもう、

「好きな道を選べばいい」みたいな感じになって、そこも嬉しかったですね。親からもそんなにこう、「ああしろ、こうしろ」っていうのもなくなってきたので。

池上　ああ、それが嬉しかった？

内川　はい。結構、自由にさせてくれたんで。

池上　なるほどね。親も変わってきた、ってことか。

内川　そうですね。結構変わりました。

池上　ああ、そう。なるほどねー。分かりました。で、現在浪人中（笑）。

内川　そうです、浪人生です（笑）。

池上　はい。すみませんね、浪人中の夏休みの貴重な一日をありがとうございます、ホントに。

内川　いえいえいえ（笑）。

池上　一生懸命勉強してますか（笑）？

内川　まあまああまあ……。

池上　聞くのが野暮だな（笑）。どんな進路に進みたいと思ってるの？

内川　そうですね、コンピュータを使うのが好きなんで、情報系の大学を目指しています。

池上　分かりました。はい、そこから先は、またあとで聞きますね（笑）。

八、信じても良い大人を見つけた

池上　はい、じゃ、横田さん。えー、やっぱり同じ質問になるんですが、フリースクールに通うようになったきっかけっていうのはどんなことかしら？

横田　私はフリースクールに通う前に、市の「相談指導教室」っていう、やっぱり中学に行けなくなっちゃった子達が通うところに…。

池上　これも横浜市？

横田　そうです、横浜市です。そこに通っていたんですけど、そこの場合は、どちらかというと非行型の子達が大半で、やっぱりそこでもなじめなくて、行けなくなってしまったんですけど…。

池上　さっき、いじめがあったって言ったよね。

横田　ありました。

池上　そこでもいじめがあったの？

横田　私は、そこではいじめられなかったんですけど、やっぱりいじめとかがあると、どうしても過去のことを思い出してしまって、今度は自分がやられるんじゃないかっていう恐怖心が出てきてしまって…行かれなくなってしまったんです。

池上　そうかそうか、前の中学校のときも、次は自分がやられるんじゃないかってびくびくしてて、っていうのが不登校のきっかけになったって言ってたもんね。

やっぱり人がいじめられてるのを見ると、「次は自分だ」と思うわけだね？

横田　うん…それで行かれなくなってしまって、それでしばらく家にいたんです。でも、ちょうど中二の後半ぐらいで、やっぱり私も高校受験がすごく気になってきて、「このままだとまずいかな」と思っていました。そこに母が、何かの本でそこのフリースクールを見付けて、「こういう所があるんだけど、行ってみる気ない？」っていうことで、行くことになったんですけど。

池上　親に、「行ってみない？」って言われて、「はい」ってすぐに行ったの？　一緒に？

横田　母に、そのフリースクールの説明が書いてある本を見せてもらって、勉強もちゃんと教えてくれる、中学の出席日数にもきちんとなる、って知りました。自分の中で「このままじゃまずいんじゃないかな」っていうのがすごくあって、そういう時にちょうど母に言われたので、頑張ってみようかなという気になって、すぐに行きました。

池上　ああ、そう。なんか、猪口君と同じだねぇ。あなたも、不登校だけど、「やっぱりこのままじゃいけない」と思ったタイミングがやっぱりあったのかな。それはやっぱりあなたがそう思ってるってことに、親が気付いたの？　それとも、これも偶然？

横田　親も、機会をちょっとうかがってたみたいですね。

池上　そうか、そうすると、あなたの、「このままじゃいけない、勉強したいな」っていうような思いに、親が気付くような仕草が何かあったんだろうか？

横田　どうなんでしょう？

池上　このままじゃいけないなって思ったときにさ、いつの間にか教科書を見てたりとか、参考書を買ったりとか、そんな行動はとってた？

横田　あ、自分で勉強しようとは思ってました。

池上　勉強を始めてた？

横田　勉強は、少しずつ。

池上　はあはあ。やっぱりそうなんだ？　それに親が気付いたのかな？
横田　たぶん。あと私の場合、知り合いのお姉さんに週に一回、家庭教師っていうか、話し相手になってもらいながら、ちょこっと勉強教えてもらうってことをやってまして。
池上　いつごろから？
横田　それはもう…中一の終わりくらいから。
池上　ああ、そう、すると不登校になってから半年くらい経ってから、ってことだね？
横田　はい。
池上　うん。それはなに、親が頼んだの？
横田　いえ。私が小学校で塾に通ってたときに知り合った大学生の方です。私は一人っ子なので、その人のことをお姉さんみたいにすごく慕ってて…私が勉強教えて欲しいって頼みました。
池上　ああ、そう。
横田　はい。
池上　ふーん、やっぱり勉強したいって気があったんだね。
横田　なんか、「このままじゃまずい」って気持ちがあって（笑）。
池上　（笑）なんかそれも猪口君と同じだな。やっぱり、高校に行かなくちゃいけない、って思いがあったわけ？
横田　学校に行かなくなっちゃって、そのことにどこか後ろめたい気持ちがあって。で、うまく表現できないんですけど、高校からは普通の生活に戻りたい、普通の生活をしたいって気持ちがあって、その中のひとつに高校受験というものがありました。
池上　ふーん。それで、フリースクールに行ってみて、どんな感じでした？
横田　勉強もちゃんと教えてくれる感じで、でも無理矢理、強制的って感じじゃなくて、わりと自由な感じがしました。それで、「ここなら大丈夫かな」って気持ちはあったんですが、そのとき、軽い人間不信みたいなのに陥ってて、半分行ったり休んじゃったりという感じでした。通いたいって気持ちはあったんですけど、人の中にいると、ものすごく緊張してしまって、やっぱり精神的にちょっと辛くて…。段々、緊張状態っていうのが解けてきて、中三からはほとんど毎日、通えるようになりました。

池上　どうして最初に通い始めたときに人間不信だったの？
横田　小学校・中学校の経験によって、人の前でどういう自分を出したらいいのか分からなくなってしまって、自然に振る舞えなくなってしまって、そうすると、人の中にいると緊張してしまって何もしゃべれなくなってしまったり…。
池上　初めての人ばかりの所に行くと、緊張して何もしゃべれなくなるの？
横田　今でもそういうのはあるんですけど…。身体がいうことききかない。身体的にもいろいろ出て、行く前にお腹が痛くなるとか。それで、フリースクールに着いてもやっぱり、強い緊張状態がずっと解けないでいる。
池上　それが、どうして毎日いられるようになったの？
横田　うーん…段階を踏んでいって、だんだんと人が信じられるようになってきた、ってことかな。
池上　どうして人が信じられるようになってきたのかな？
横田　きっかけっていうのは分からないんですけど、やっぱり、徐々に徐々に積み重ねて…そういうのなのかな、って。
池上　それは、そのフリースクールの雰囲気？　あるいは、そこにいる人たちが良かったの？
横田　うーん、それもあったと思います。
池上　ああ、そう。ちょっと知りたいんだけど、どんなふうだと、そういう不信感が解けてくるんだろう？
横田　私も、いまだにちょっと分からないんですけど…。
池上　そこをもっと知りたいんだけどさ（笑）。もちろん、難しいと思うけど。それは、一緒に勉強している人たちのこともあるだろうし、教えてくれる先生のこともあるだろうねぇ？　どんなところなんだろうなぁ？
横田　先生に対する不信感がずっとあったんだけど、やっと信じられる大人が見つかった。「あ、大人も信じて良いんだ」って、そのフリースクールの先生達と接している間に思って、それで大人にも心を開けるようになってきたっていうのはあったと思います。
池上　どんな大人が「信じられる大人」なの？
横田　うーん…まず、話をちゃんと聞いてくれる。

池上　話を聞いてくれる…うん。
横田　で…自分のことを受け入れてくれるっていうのが、すごい、嬉しくて。
池上　そうか。これまでそういう大人がいなかった？
横田　そうですね。信じられる大人っていうのはいなかったですね、当時は。
池上　はぁー…なるほどね。はい。分かりました。で、とにかくその、通えるようになって、高校受験の勉強をしたわけね、そこで。
横田　はい。
池上　で、高校に入ったら、一学期でやめちゃった。
横田　はい。
池上　これも猪口君と、とってもよく似てるね（笑）。どうして行けなくなったの？
横田　まず、中学と同じようにはなりたくないっていう、すごい強い気持ちがありました。それで、集団の中で自分がどうすれば良いのかが全く分からなくなってしまった。ちょうどそういうときに、先生達が、「内申が良くなるからボランティアに参加しよう」とか、「内申が良くなるからこれをしよう」って言うのを聞いて、すごく矛盾を感じてしまって…。考えすぎっていえば考えすぎだと思うんですけど、それでいろいろ矛盾を感じてしまって、なんか、このままじゃいけないっていうか…うん…違和感を感じてしまって。
池上　多分、先生にしてみれば、「こうすると君のためだよ、こうやれば成績良くなるよ」って、多分そういうつもりで言ったんだろうね。
横田　そうだったと思うんですけど…。
池上　「内申が良くなるからボランティアやったら？」って言われたら、むかっとした？
横田　「あれ？　根本的なことが違うんじゃないかな？」って思ってしまって（笑）。
池上　そりゃそうだなぁ。いや、中学だとね、高校入試のことがあるから内申のことをうるさく言うのは分かるんだけど、高校なのに内申のことを色々言われたの？
横田　大学受験の時にいろいろ有利になるからって、そう言われて…。
池上　大学への推薦、ってことではなくて？
横田　あ、推薦ってことだと思うんですけど。
池上　ああ、そう。なるほどね。それで？　あの、やっぱり行けなくなったの？

横田　そう…ですね。

池上　そのとき、やっぱり直接身体の反応が出ましたか？

横田　出ました。お腹が痛くなったり戻してしまったりってことが毎日続いてしまって。

池上　行けなくなった。

横田　はい。

池上　で、行けなくなったことについて、親はなんて言いました？

横田　私、生まれた頃に父の仕事の関係でベルギーに行ってたんですが、その小さい頃に、周りに日本語が分かる人がいないとか、いろいろあったみたいで、自家中毒になってしまったんです。親は、私が不登校になってしまったのは、そういう小さい頃の環境のせいもあるって、自分自身を責めてる感じがあって、変な話なんですけれど、親子で遠慮し合い、みたいな感じで。

池上　はぁはぁはぁ…あなたのそういう状態に、親が責任を感じてるわけね？

横田　親は、「こういうふうになってしまったのは私のせいでもある」って責任を感じていて、私も、「こういうふうになってしまって申し訳ない」っていう気持ちがあって…。

池上　両方で、「ごめんね、ごめんね」って言い合ってるわけね。

横田　そういう感じで。

池上　なるほど。分かりました。で、その後結局、通信制高校は卒業できたんだよね？

横田　あ、はい。

池上　うん。通信制高校でもスクーリングはあるんでしょ？

横田　ありました。で、私が通っていた通信制の学校は、週三回スクーリングがあって、通信制の中ではちょっと多いほうだったんですけど。

池上　多いねぇ。

横田　そのときに友達に恵まれて、それで…いろんな年齢の人とか、いろんな職業の友達に恵まれて、それで通えたと思っています。

池上　その、「友達に恵まれて」っていうのは、具体的にどういう人だったから良かったの？

横田　通信制ですから、いろんなタイプの人がいたんですけど、「自分のことを受け入れてくれた」「自分のこと分かってくれた」っていうのがすごくありました。

池上　そうか。やっぱり、なんか、自分を受け入れてくれる人、自分を分かってくれる人がいるってことが大事なんだね。

横田　そうですね。

池上　はい、わかりました。またその後のことは、あとで聞きます。

九、マイペースを保てたフリースクール

池上　じゃ、刈田さん。フリースクールに行くようになったきっかけというのは？

刈田　お母さんが、ちょうどそのフリースクールの出ている新聞の切り抜きを見せてくれて。「こういう所があるんだけど」って言ってきて、「あ、良いんじゃない？」っていうことで、まずお母さんだけでカウンセリングに行って…。

池上　あ、まずお母さんだけが行ったのね？

刈田　はい。それで、「四月に入学式があるから行けたら行けば？」って言われて、「うん、じゃ、行ってみる」って感じで。

池上　なんであなた、行ってみる気になったの？

刈田　うーん…自分のペースでマイペースに過ごせるんじゃないかな、っていうのがあって（笑）。

池上　（笑）うんうんうん。

刈田　学校で自分のペースで過ごすのは、すごく難しいんですよ。遅くて、周りにいろいろ言われちゃう方だったので、マイペースにやれるならいいかな、と思って。また違う人間関係が築けるかもしれないから、ちょっと行ってみようと入学式に出て、次の日から普通に通うようになりました。

池上　うん。で、通ってみてどうでした？

刈田　すごい楽しかったです。

池上　楽しかった。何が楽しかった？

刈田　学校の授業とは違う授業のやり方だったし…。

池上　というと？

刈田　学校は三十六人とか四十人で授業を受けて、一人ひとり指名していったりとか、分からないと、「なんで分からないんだ？」と責めたりするじゃないですか。フリースクールの場合は、少人数で授業を受けて、とりあえずそれで分からないところがあったら丁寧に一から教えてくれたり…。私が入った当初は、中学校の生徒はまだ二人

しかいなくて、周りがみんな高校生のお兄さんとかお姉さんだったし、もう一人の中学生も一つ上の先輩だったから、勉強も全然違うけれど、すごく教えてくれて。私、すごい馬鹿だったんですよ、今も馬鹿なんですけど（笑）。

池上　（笑）

刈田　数学の授業とかで、いきなりわけの分からないことを言い出したりする。中学校でそういうことを言えば、また批判されるじゃないですか。でも、フリースクールの場合、そういうことを言っても、「なんでそうなっちゃうの」って、すぐに笑いの方に持っていったり、フォローをしてくれたりして、すごく楽しかったです。

池上　やっぱり、あなたを「受け入れてくれる」っていうことなのかな？

刈田　そうですね。自分がちょっとおかしいというか、やばい状態に入ったりしたら、すぐに先生とかが、「どうしたの？」って話を聞いてくれたりしました。それで、「そこは自分で変えていってみたら？」ってアドバイスしてくれて。中学校の先生は一方的に言うだけだったけど、フリースクールの先生は話を聞いてフォローしてくれてたので、すごくマイペースに過ごせたかな、って…。

池上　なるほどね。で、高校受験の勉強をして、高校に入った。

刈田　はい。

池上　高校は全日制高校だけど、通えたんだね？

刈田　やっぱり、二年間も集団生活をしてなかったんで…女子校だったんですけど、入って三日目で「辞める」って言い出して（笑）。

池上　（笑）うん。

刈田　親にも「辞める」って言い出して。私、やりたいことがあったから高校に行ったし、そのやりたいことをやるために「高校を卒業する」って思ったけど、女子校だったから、すごく怖いっていうのがあって…。

池上　何が怖いの？（笑）

刈田　同い年の子にいろいろ言われたっていうのがあるから、学校に行くとそういうことがまたあるんじゃないかって思って。それに、女子校だと、ちょっと道にそれた子とかいるじゃないですか。

池上　（笑）

刈田　ちょっとケバい子とかいるじゃないですか（笑）。そういう子達と一緒にやっていく自信がなくて、「やっぱり駄目」と思って。三日目で、「行かない」と言ったら、さすがに親も怒って、「なんで行かないの！　行かなかったらそのやりたいこともできないんだよ」って。「別にいい。編入してやる」って言ったら、「編入もそう簡単じゃないんだから」って言われて、それでフリースクールの先生に相談して、結局、「頑張って行く」っていうことになって、頑張って行きましたが。

それでも、一年生のときは結構、行っても早退したりしてたのが、二年生になったら普通に頑張って通えるようになって、三年生になったら初めて学校が「楽しい」って思えたんですよ。

池上　ほぉー。どうして「楽しい」？

刈田　三年生のときに友達になった人が、すごく気の合う人だったんですね。お互いマイペースでやるし、お互い自分の気持ちっていうのが分かって、それで、一緒にいて楽しいっていうのがありました。今までにいなかった友達だったんで、初めて、「あ、学校は楽しいところ」って思えたんですよ。

池上　ああ、そう。学校の先生はどうだった？

刈田　学校の先生とはすごく仲が良くて、放課後とか、敬語じゃなくてタメ語とかで…。

池上　ため口きいたわけ（笑）？

刈田　ため口きいて（笑）。「ねえねえ、暇なんでしょ？　話そう」って、普通に教室で。

池上　どうしてそんなことができたんだろう？　年が近いから？

刈田　一番年が近い先生だと、九歳違い。うちの高校には、私みたいに学校に行かなくなった子が結構行ってたんですよ。そういう、不登校だった生徒がいる学校だったので、先生とかにも、そういう気持ちを理解してくれる人がいて。

池上　はあはあ。そういうことなのね。

刈田　はい。

池上　ふーん。さっき、「どうしてもやりたいことがあるからそこに行った」って言ってましたね？どういうことですか？

刈田　フリースクールに通っていたときに、旅行で大阪の方に行って、たまたま舞台を見て、「あ、良いな」というか、「あ、ここの劇団に入りたい」と思ったんです。高校在学中から高校卒業の年齢だったら受けられるっていうのが分かっていたので、それなら頑張って高校行って、頑張ってレッスン受けて、受かって頑張ってやろうと思っていたんですけど、やっぱり一年生のときに「やばい」「行けない」って思ってしまって（笑）。

池上　（笑）

刈田　それでも、頑張って高校に行って夢を叶えてやろうって思ってたんですけれど。高校一年生のときにその劇団の試験を受けて、そしたら落ちちゃいました。そこのレッスンには高校二年生まで通っていたのですが、体調を崩したり、部活とかの責任が全部私に押しつけられちゃったりしてたんで（笑）。

池上　（笑）

刈田　で、レッスンをやめちゃって…。

池上　高校を「辞めたいな」と思ったときに辞めないですんだのは、劇団を受けるぞという目標があったからなんだね？

刈田　はい、そうです。

池上　で、劇団の試験は落ちたけど、もうそのときには、高校にちゃんと通えるようになっていた、ということですね？

刈田　はい。

池上　はい。わかりました。

不登校をふりかえって

十、不登校によって変わったこと

池上　ということで、とりあえずここまでの話を聞いてまいりました。

それでは、ここからは、これまでの四人の経験を元に、一体「不登校」を経験をしたことによって自分はどう変わったか、それから親は変わったか変わらなかったか。そして、そういうことを抜け出すためには、一体どんなことが必要なんだろうか、それから、今後の夢、のようなことを、この四人の方に聞いていこうと思っています。

後ほど、みなさん方からも質問を受け付けますが、その前にこの四人に、まずは不登校になったことによってプラスになったことはあったかどうか、あるいはマイナスがあったかどうか、ということをちょっと聞いてみようと思います。

池上　猪口君。不登校を体験したことによって、自分はどう変わりましたか？

猪口　うーん…どう変わったかなぁ…。具体的に言うのは難しいですねぇ…。
池上　別にあの、具体的にでも何でも…何かあります？　何でも思いついたこと。
猪口　物事をめんどくさい方向に考えるようになりましたね。
池上　めんどくさい方に考える？　というと？
猪口　ひきこもり状態だったときに、暇な時間が多かったので、物事をずーっと考えたりとか、一つのことをずーっと考えたりしているうちに、それが癖になりました。
池上　うん。それって、とっても良いことなんじゃないの？
猪口　まぁ、良いことでしょうね。ただ、めんどくさいのはめんどくさいですよね。
池上　（笑）
猪口　すんなりと受け入れれば簡単なものを、すんなりと受け入れないわけですからね。それはめんどくさいですね。
池上　めんどくさいね。でも、世の中には自分で物事を何にも考えない人が多い中で、自分で物事をじっくり考えることができるって、とっても素晴らしいことだと思うんだけど。
猪口　良いこととか悪いこととかじゃなくて、とにかく、めんどくさく考えるようになったってことです。
池上　（笑）。はい、わかりました。で、あなたの不登校によってあなたの親、お父さんお母さんは変わりましたか？
猪口　基本的なスタンスとしてはあまり変わってないと思いますね。不登校というものに関していろいろと理解したってことだけで、受験しろとかそういうふうに期待をかけられていたわけじゃないので、基本的にはあんまり変わってないと思います。
池上　はい。それから、ちょっとダブるかもしれませんが、あなたが不登校を経験したことによって、あなたにとってのプラスって何かありましたか？
猪口　プラスマイナスではちょっと、言い表せないかなぁ？
池上　うーん、わかりました。プラスだとかマイナスということは言えない？
猪口　そうですね。さっきの「めんどくさく物事を考える」ことだって、プラスに働くこともあれば マイナスになることもあるし。
池上　ということは、不登校体験を振り返ってみて、今どんな感想を持ってます？
猪口　新しい環境になじむのが辛くなったのはマイナスですね。それはすごいマイナス。
池上　なに？　新しい環境になじめなくなったってこと？
猪口　なじもうと努力するのが苦痛になったってことです。
池上　ああ、ああ、ああ。
猪口　人に合わせるのがより苦痛になったのはマイナスですよね。
池上　ああ、そう…良いことは？
猪口　うーん…良いことは、さっきのとダブりますね（笑）。
池上　そっか（笑）。わかりました。
池上　えー、では、内川君。
内川　はい。
池上　不登校の体験によって、自分はどう変わりましたか？
内川　うーん…変わったことは…人との付き合いが学べた、っていうのが大きいです。
池上　人との付き合い方を学べた。
内川　そうですね。距離の置き方とか、自分をどこまで出したらいいか、とか。合わせ方もありますし、どこまで自分が合わせればいいのか、ここは別に合わせなくて良いとか…そうですね、一番変わったと思うのは、総合的には付き合い方ですね。
池上　ふーん。
内川　あと、考え方も…昔はホントに、「高校なんか行かなくてもいいや」「大検っていうシステムがあるんだから、大検を取ってしまえば三年間遊べるじゃないか」って、そんなふうにも思ってたのが、高校に行きたいと思うようになったという変化もあります。そんなところです。
池上　はい。あなたの不登校によってお父さんお母さん、何か変わりましたか？
内川　やっぱり、不登校っていう問題に対しては、大分柔らかくなりましたね。
池上　柔らかくなった？
内川　はい（笑）、理解を示すようになったというか。前はもう、「そんなの駄目だ」ってはねつけるばかりだったのが、やっぱり一緒に話してる間に…。それにそう、会話も多くなりましたね。

池上 ああ、親子の会話が増えた？

内川 結構増えました。

池上 なるほどね。不登校を体験しての、プラス、マイナスってありますか？

内川 そうですね…プラスは、今、僕が高校生活が上手くいったので、まぁ、上手くいったからなんですけど…不登校して、先生とかに出会えて、あの高校に進学できて良かったなぁ、とは思いますね。だから結局は、高校生活も上手くいったから、不登校生活もしていて良かった、っていうふうに（笑）。そんな感じで。

池上 （笑）結果として良かった、ですか？

内川 そうですね、結果として良かったな、ってなりましたね。

池上 はい。わかりました。ありがとう。

池上 じゃ、横田さん。あの、不登校で自分はどう変わりました？

横田 今思うと、自分自身、強くなった気がします。

池上 強くなったってどんなこと？

横田 精神的に強くなったっていうのと、あと、ありのままの自分を出しても大丈夫だって自信もついてきましたし、あと、考え方が柔軟になりました（笑）。

池上 あ、そう？　考え方が柔軟になったってどんなふうに？

横田 前は、全日の高校を出て大学を卒業して、どこかの企業にお勤めしてって、そうしなきゃいけないっていうのが自分の中でもあって、でも、今は…それは、通信制高校でいろんな人を見たっていうのもあると思うんですけど、いろんな生き方があるんだから良いんだと思えるようになったので、そういうところは自分自身、すごく楽になりました。

池上 なるほどねぇ。そういえばさっき、親も子も、「ごめんなさい、ごめんなさい」って言い合ってるという話があったけど、あなたの不登校でお父さんやお母さんは、何か変わりましたか？

横田 変わりました。

池上 お、どんなふうに？

横田　両親も、私が子どもの頃はすごく完璧主義だった気がするんですよ。完璧な母をして、完璧な父をして、完璧な家庭を作る、っていうのがすごくあったと思うんです。最近になって、父と母の考え方が柔軟になってくれたようで、「みんなと一緒じゃなくても良いから、自分らしく生きればいい」っていうふうに、私に言ってくれるようになって…。だから、今は親子の関係はすごく良くなりました。

池上　ああ、そう…。よかったねぇ。

横田　はい。

池上　それこそ、不登校体験のプラスだね。

横田　あ、はい。

池上　マイナスって何かありました？

横田　当時は、やっぱり負い目を感じたり、こういう自分が駄目なんだという自己否定がすごくあったので、そのときはマイナスだったけど、今はそれがプラスに働いてるんじゃないかなって、少し前向きに考えられるようになりました。

池上　分かりました。

池上　では、刈田さん。不登校で自分はどう変わりましたか？

刈田　やっぱり精神的にちょっと強くなったかな、と思います。

池上　その場合の精神的に強くなったって、どういう意味？

刈田　今まで自分が知らなかった世界が見えてきたり、あとは人間関係の距離のとりかたにも慣れたので、良かったなっていうのがあります。

池上　ふーん。お父さんお母さんは変わりましたか？

刈田　いいえ、全然前と一緒です（笑）。

池上　（笑）全然変わらない？

刈田　全然変わりませんね。

池上　そもそもあなたが不登校になったときに、あんまり取り乱したり慌てたりしなかったもんねぇ。

刈田　はい。

池上　ふーん、そう。親子の会話っていうのは、昔からあった？

刈田　多分、あったと思います。

池上　あったと思う（笑）。…それも変わらない？

刈田　あんまり変わらないっていうのもあるし、大学に入ってから家にいないことも多くなっちゃったんで、会話っていう会話はしてないんですね。でも、全然、前とは変わってないですね。

池上　そうですか。不登校体験のプラスマイナスってどうですか？

刈田　今まで、自分にはできないと思って、何でもすぐにあきらめていたんですが、高校に復帰することによって、頑張れると分かったことがプラスだったし、良い友達に巡り会えたっていうのもプラスだし、とにかく、学校の楽しさを知ることができたのがプラスだと思いますね。マイナスの面は、これといってないと思います。

池上　分かりました。ありがとうございました。

十一、不登校のときに求めていたこと

池上　もう一つ、この四人全員に聞こうと思います。ここに聞きに来た人はみんな、いろんな不登校の人を目の当たりにしていて、いろいろ悩んでいらっしゃると思います。一般論で言えるわけはないと思うんですが、四人それぞれの不登校体験から、もし不登校の人が出たらどうすれば良いんだろうか、どうすれば良かったのかな、あるいはこうすれば良いんじゃないかなと、あくまで自分の場合で良いんですけど、それぞれひとことずつ言ってもらえるかしら？　一般論で「こうすればいい」っていうのはあるわけないと思うんだけども、猪口君は？

猪口　本人にやる気が出ないと、どんなに動けって言っても無駄なので、やっぱりやる気が起きるまで待つとか、逆にやる気が起こるように何かするとか、そういうことを考えると良いんじゃないですか。

池上　「やる気になるまで待て」っていうのは分かるんだけど、「本人がやる気になるようにする」っていうのはどうすればいいの？

猪口　うーん、具体的にはちょっと思いつかないですけど…そういうふうに考える…。

池上　考える、ってことか。

猪口　そうですね。

池上　分かりました。内川君。

内川　同じになるんですけど、やっぱり本人の意思次第ですから、動かそうと思って動くものじゃないと思うんですよ。だから、理想的なのは、放っ

といてもらいたいときは放っといて、動き出そうと思ったらサポート、っていうのが一番なんですけど…そうですね、そこら辺の見極めが難しいですかね。

池上　うん（笑）。本人から言われるとは思わなかったけど。多分、みなさんそうなんですよね。どの段階でどういうふうに声をかけたら良いんだろうか。あるいは、家庭訪問をした方が良いんだろうか、しないほうが良いんだろうか。登校刺激をした方が良いんだろうか、しないほうが良いんだろうか。そのタイミングを、みんな悩んでいるんだよね。

内川　そうですね。

池上　何かある？　ね、どうすればいいだろう？（笑）

内川　そうですねぇ…最初は、先生と生徒っていう関係を外して、友達から始めるみたいな、そういう段階を踏んでいくのが一番だと僕は思います。

池上　うん。なるほどね。わかりました。では、横田さん。

横田　不登校の子どもという目で見るよりも、その子個人を見てあげることが大事じゃないかな、と思います。

池上　はい。なるほど！　うん、つまりそうだよなぁ、不登校の子であろうと不登校の子じゃなかろうと、一人一人見ていかなきゃならないってことだもんなぁ。

横田　はい。

池上　ううん…でも、でも、「不登校の子がそこにいる、どうしよう」って、こう思ってると思うんだけど。

横田　うーん…私自身は、「不登校の子」という目で見ちゃうと、誰かと比較したり、そういうのが出てしまうと思うんです。その子個人を尊重するというか、一人の人間として見れば、他の子と比較することがなくなると思うので…。比較されると、自分自身もそうだったんですが、「あ、私やっぱり駄目なんだ」って自己否定に陥っちゃうので…。

池上　そうだよな。うん…なんか良いことを聞かせてもらったな。それって、確かに不登校だろうと不登校でなかろうと、生徒を育てていく上で大切なことだよなぁ。分かりました。ありがとう。刈田さん。

刈田　みんなと同じ意見になっちゃうんですけど、とにかく積極的には刺激を与えない。「学校に行きなさい」「なんで来ないの」と責めることは絶対にしない。遠くから見守ってあげて、もしその子がちょっとだけ動けるようであれば、放課後とかに、「今生徒がいないから学校に来て、学校の雰囲気を久しぶりに感じてみない？」みたいな感じで言ってあげたりとか…。必要以上に動かそうとすると、絶対にどこかで動かないいし、逆に拒絶反応みたいに拒否されちゃったりするから、とにかく遠くで見守って、時々話を聞いてあげたり。そういうふうにしてあげたらいいんじゃないかな、と思います。

質疑応答

十二、いじめられたときに、先生にして欲しかったこと

池上　四人の方にとりあえず私が色々聞いてきましたが、ここから会場のみなさん、この人に、でも良いですし、みなさんに、というかたちででも結構です。質問がありましたら手を挙げてください。フロアにマイクが参ります。質問ございますか？　はい、あそこ、手が上がりましたね。どうぞ。

会場・一　大阪の私学の女子校の生徒指導部長です。横田さんと刈田さんのお二人に聞きたいんです。

今、男性二人、女性二人がいらっしゃいます。聞いていたら、不登校のきっかけの一つとして、「いじめ」というのが、大きな要素になっているという感じを受けたんですね。本校も私立の学校です。生徒指導を非常に厳しくやっている面もあるんですけど、いじめについて…これをなくすというのは非常に難しいいし、東京なんかでもいじめの話がよく出ますけども、現実はもっとたくさんのいじめがあると思います。小さいいじめ、大きいいじめ、たくさんあると思います。

そこで、現実にクラスの中でいじめが起こった場合…これは答えとしては非常に難しいかもわからんけれども…話をして欲しいとか色々おっしゃっていたけれど、先生として、どういう対応をし

たら一番良いか、いじめに対して、なくすというのは難しいにしても、その直接関わった者、いじめる者、いじめられた者に、先生としてこういう対応を早くやって欲しいということが具体的にあれば、聞かせて欲しいんですけども。

池上　わかりました。じゃ、横田さん。どうですか？

横田　ケースにもよると思うんですが、女の子のいじめの場合、精神的ないじめが多いので証拠…証拠というのはおかしいんですけど、第三者から見て「いじめだ」と見分けることは、すごく難しいと思うんですね。それで、私の場合は被害妄想だって言われてしまったんですが、本人が、「いじめられてる」って言ったら、まずそれを受けとめてもらいたかったというのが私の場合はあります。その後は、やっぱり、そのいじめがあったかなかったというのを、ちゃんと見て欲しかったですし、うーん…解決できないにしても、学校に一人でも、そういういじめで苦しんでいるのを分かってくれる先生がいるのは、すごい救いだと思うので、まずはとことん話を聞いてもらいたいです。

池上　はい、わかりました。まず、とにかくいじめられている子からの話を聞く、話をちゃんと聞いてくれる先生の存在、そこから始まる、ということだよね？

横田　それが、私が、まずしてもらいたかったことです。

池上　はい。わかりました。刈田さん。

刈田　私は高校に入ってしばらくして、女子校だったんですけど、仲の良い友達に、「あなた気持ち悪いわね」って言われたんですね。それがあまりにも突然だったので、すごくショックで、しばらく立ち直れなくてふらふらになりながら学校に通っていたんです。

　一年生のときのクラスがすごく荒れていたことや、私がこういう状態になっていたことを知っていたこともあって、先生が、「どうしたの？」って声をかけてくれました。「話をしようか」と相談室みたいなところに連れてってもらって、その時に先生も、自分の体験を話してくれて、「大丈夫だよ、そういうことを言うやつは自分が精神的に弱いってこともあるんだから」と言ってくれて…。よく、いじめられる側に責任を全部押しつける先生っているじゃないですか、「おまえが悪い」みたいな。でも、それは絶対違うって思うんですね。その先生は、「いじめる側の子はいじめられる側の子に対してコンプレックスを持っているからいじめたりするんだ、自分に自信がないからそういうことをするんだからおまえ自身が気にすることはないし、おまえはおまえ自身で生きていけばいい」と私に言ってくれて、それですごく助かってたんですね。

高校でそういうことをやられたときに、「またか」と思ったんですけど、何かあるとその先生がすぐに相談に乗ってくれました。ですから、まずは第一に話を聞いてあげて、どこかに絶対解決策もあると思うから、フォローをしながら、そのいじめられている生徒が悩んでいたら話を聞いてあげたらいいと思います。

池上　わかりました。そのときにね、その先生はあなたが悩んでることにどうして気付いたんだろう？

刈田　元気がなかったっていうのもあるし、授業中に伏せてばかりいたので、泣いてるっていうのも分かったらしくて…。たまたま英語か何かの補習か補講を受けていたときに、「気持ち悪いね」と言った子達が来て、「何やってんの？　帰るけどどうすんの」って感じで言われて、その子達が帰った後に泣いていたら、その英語の先生が、「別に友達なんて必要ないんじゃない？　一人でやっていけば良いんだし、そんな友達は友達じゃないから」って言ってくれたりというのもあったし…。それでもやっぱり、家に帰らずに学校でうろちょろしてるから、先生も、「何かあった」って気付いたみたいで、それで、「ちょっと来て」となって…。

池上　なるほどな、やっぱり、それって一人一人の生徒を見ているから気付くってことなんだろうなぁ？

刈田　そうですね。でも特に私の場合は、中学校に行かなかったことを先生も知ってるから、特に目をかけてて…高校の先生みんなが私に目をかけてて、会う先生会う先生みんなが私に何か言ってきて（笑）、生徒指導の先生とかも言ってくるんで、それは助かった、というか…。

池上　なるほどね。やっぱり、ちゃんと見ててくれる、見ててくれるからこそまた、異常に気付いて話を聞いてくれるってことだよね？

刈田　そうですね。だから、ちょっとでもいつもと様子が違ったら、その生徒を見てあげて、話を聞いてあげれば、その生徒も絶対心を開いて、また元気になると思います。

池上　わかりました。と、いうことです、はい。じゃ、他にありますか？　…はい、じゃ、どうぞ。

十三、これからの将来のこと

会場・二　失礼します。あの、四人の方、ありがとうございました。いろいろ勉強になりました。特に内川君、猪口君にですね、お聞きしたいと思うんですけど…。

池上さんが、「これからどうしようと思うか」と聞かれてたと思うんですけど、実はそのことに関してなんです。私が関わっているのは、内川君と同い年の子です。浪人をしています。全く同じことをしています。違うのは、高校に一週間ほど行って、すぐ辞めた。その辞めた理由が、「こんなところじゃ勉強できん」と、カルチャーショックを受けて学校を辞めたんですね。それで、「どうするんだ？」と言ったら、「大検を受ける」と言って、独学で、塾にも行かないで、二年間かけて大検をとったんです。その子は、中学校の二年のときに社会科が好きで、その社会科の先生に、ちょっと窓の外を見てたら怒鳴られたんだそうです。よそ見するな、と。それで嫌になって、まぁ、不登校になった。それは原因ではなくてきっかけだったと思うんですけど、それからずっと行っていない。適応指導教室へ二年生のときに行きました。三年生になって、何かしなくちゃいけない、高校に行かなくちゃいけないというので勉強しまして、それでまぁ、今、大検に通った。

で、最近なんですが、こちらから電話をして、「話をしようよ」って言いましたら、「今、話すことがないから会わない」と言いました。それでつい最近、「もう、どうかな？」と言ったら、出てきてくれまして、会ったんですが、「どうするんだい？」と聞いたら、「考えてるんだ」と言ってまして、私は「どうしたらいい、こうしたらいい」とは言っていないんですが…そこで猪口君、内川君、これからどういうふうにですね、しようと考えているのか…ちょっと難しいと思うんですけどね、さっきも、いろいろ目的があったら先がやりやすいと言ってましたけど、その辺のことを、難しいかと思うんですが、宜しくお願いします。

池上 はい。みなさんからの質問が終わったあとでそれを聞こうと思っていたんですが（笑）、はい、じゃ男性二人、とりあえずいきましょうね。えー、じゃ、猪口君。

猪口 え、具体的に、どういう…。

池上 ええ、あなたの場合は、高校に行かずにフリースクールに通いながらセンター試験の勉強をしているわけね？

猪口 はいはいはい。

池上 えー、大検は？

猪口 もう受かりました。

池上 もう、受かったんですね？　はい。で、これからセンター試験受けて…どういう進路と言いますか、どうしようと思ってますか、これから。

猪口 やりたいことがあるんで、文系の学部を受けようと思ってます。

池上 やりたいことって？　もし言えるようだったら言ってくれる？

猪口 法律の勉強がおもしろそうだなと思ったんで。

池上 それは弁護士になろうとか、そういうこと？

猪口 そこまでは考えてないんですけが、やっておいたら絶対ためになるし、役に立つし、おもしろそうだなと興味をひかれたんで、やろうと思っているんです。

池上 うん。今そういう目標があるわけね。どうしてそういう法律を勉強しようと思ったの？　何かきっかけがあったの？

猪口 えー、テレビドラマですね（注二）。

池上 具体的にはなに？　「ヒーロー」ですか？

猪口 えっと、「カバチタレ」っていう…。

池上 ああ、「カバチタレ」ね。

猪口 あれ見て、「ああ、なんかすごい役に立つんだなぁ」と思って、それで理由はよく分からない

（注二）　テレビドラマ　「ヒーロー」は、元ヤンキーで高校中退、大検を経て司法試験をクリアした主人公の検事としての活躍を描いたドラマ。「カバチタレ」は同名の漫画のドラマ化。「町の法律家」である行政書士の活躍が描かれる。

んですが、ものすごい関心を持ったんで、受けてみよう、と。勉強してみようと思ったんです。

池上　とにかくやりたいことがあるから、学校に行ってなくても、フリースクールに通いながら大検は受かったし、センター試験の勉強はしている。やりたいことがあるから、そこの道を進む、と、こういうことだよね？

猪口　はい、そうです。

池上　はい、分かりました。じゃ内川君は。

内川　将来の目標ですか、そうですね、情報…パソコンを扱うのがすごく好きで…。

池上　うん、そうだよね。

内川　もう、いくらいじってても勉強してても、パソコンに関してはもう全く苦にならないんで、情報系の大学を今目指しているところです。

池上　情報系の大学に行って、将来の進路は？

内川　あぁ…仕事まではまだ考えていないですね。ただ、とりあえず、情報系のことを扱う仕事に就きたいなと、思ってます。

池上　パソコンを扱うのが好きっていうか、苦にならないってことだけども、そのきっかけというのは？

内川　きっかけですか？　そうですね…。

池上　あの、ゲーセンがとっても好きだったって話をしていたけども（笑）。

内川　やっぱり、ゲーム繋がりですかね、結局は。

池上　それって、不登校になってからもずっとゲームをやっていたんでしょう？　それと関係ある？

内川　そうですね。不登校になる前からゲームは好きだったんですけど、不登校になってからもゲームはしていました。そうすると、こう、パソコンが家にあったんで、パソコンでゲームをやりだして、やっているうちに、こう…ゲームの話になっちゃうんですけど、やるのがめんどくさいゲームとかがあるんですけど…。

池上　ああ、あるあるある。

内川　そうすると、めんどくさいからデータをいじっちゃうんですね（笑）。

池上　はい（笑）。

内川　それで、こう、いろいろデータをいじったり改造してるうちに、プログラミングとかにも興味がわいてきて、自分でこう、ペラペラやってるうちに…それで、全寮制の高校が、コースっていうふうに分かれているんですよ、「専門コース」みたいなかたちに、二年生から。それで、情報コースを取って、そこでまた勉強して、「これはおもしろいな」と思って。

池上　なるほどね。パラメータいじってゲームを楽にしちゃうわけね（笑）。

内川　そうそうそう（笑）。

池上　はい、分かります（笑）。はい、ということです。女性二人には、後ほど最後に聞きますのでね。それ以外に何か、質問ございますか？　…はい、そちらで手を挙げていらっしゃる方。

十四、信頼できた人

会場・三　えー、私は県立高校のほうで教育相談室を担当しております。とは言っても、私も一教員で、教育相談に来るような生徒に適切に対応ができなくて、こういった研修会の場に来ております。

　昨年も来たんですが、今の四人の方、池上さんの大人の視点からの質問に対して、全て適切に答えていらっしゃいますね。これは、学校に行けないことで、非常に悩まれて苦労されてきたんだなということが、ひしひしと伝わってきました。それも、一ヶ月、二ヶ月、一年、二年というふうに長期に渡って学校に行けず、さらに親御さんの対応、学校の先生方の対応、周囲の人の対応によって、非常に登校しにくかったと思うんですね。それでますます苦しんで、今ここにようやく、自分の体験談を話せるまでに大きく成長してこられたっていうのが、池上さんを中心とした四人のみなさんのお話の中から伝わってきました。

　ここで一つだけ、四人の方にご質問したいのですが、非常に苦しい、ややもすると命をも投げ出したいという気持ちもあったのではないかと、私は予測するんですね。その中で、口には出さないけれど心の中で、本当に信頼できた人がいたんじゃないかと思うんです。その方が誰だったかというのをお聞きしたいんですが、宜しくお願いします。

池上　わかりました。じゃぁ、猪口君から順番に、信頼できた人。いましたか？

猪口　信頼できた人…うーん…ま、親は結構信頼してたし、フリースクールの先生もすごい信頼してたんで、結構恵まれていたと言えると思います。

信頼する人にも多く出会えた、と。

池上　ああそう。親が信頼できた。

猪口　うん、そうですね。

池上　ああ、そう。なんか凄く嬉しい言葉を聞いた気がするんだけど（笑）。それとフリースクールの先生が信頼できたわけね？

猪口　そうですね。

池上　この場で聞かれているから誤魔化しているわけじゃないね？

猪口　はい（笑）。

池上　分かりました。はい。じゃ、内川君は？　信頼できた人、いますか？

内川　そうですね、信頼できた人…僕は、「申し訳ない」って気持ちでいっぱいだったんですよ、実際。親にも、周りにも、学校に行けなくて申し訳ないって気持ちでいっぱいだったので…周りの人が全然信頼できないというわけじゃなかったんですね。だから、信頼していたといえば親も信頼していましたし、兄がいるんですけどその存在も大きいし、あとはフリースクールの先生や…小学校の先生はさっきも言ったようにあんまり好きじゃなかったんですけど、中学校で僕の担当になった先生は、そんな無理を言ってくることもなかったし、こっちが、「会おう」って言ったときには、会っていろいろ話をしてくれた面があったんで、信頼してましたね。

池上　分かりました。えー、横田さん。

横田　不登校になってすぐの頃は、まず大人が信じられなかったので、そのとき家庭教師をやって下さっていたお姉さんが、そのときの私と周りの大人の中間の年齢にいる人だったので、自分の気持ちをすごく分かってくれて、その人がまず信頼できました。

池上　はい。刈田さん。

刈田　フリースクールの先生と、高校三年生のときに出会った友達ですね。それくらいですね、信頼できたのは。

池上　ふーん…つまり、あの、不登校になったときはいなかったけど、その後だね。

刈田　はい、そうですね。

池上　はい、分かりました。それでは最後に、これからの夢、「こうしたい」というところを、女性二人に改めて聞きましょうか。横田さんは今、専門学校に行ってるわけですね？

横田　はい。

池上　どういう種類の専門学校なんですか？

横田　服飾の専門学校に。

池上　で、これからの夢は？

横田　今の学校をまず卒業することと、あと、どんな形であれ、服飾に関わる仕事をしたいと思っています。

池上　はい、分かりました。えー、では、刈田さん。

刈田　まず、学校を…単位がやばいんで（笑）。

池上　（笑）

刈田　卒業をまず第一にするってことと、高校一年生のときからクラッシックバレエを習っているんですが、そこが劇団を作っているので、そこで夢を叶えていきたいっていうのが今の目標ですね、はい。

十五、おわりに

池上　はい、分かりました。えー、みなさん方も長時間、お付き合いいただきましてありがとうございました。必ずしも十分とは言えない質問ばかりでありまして、聞いていて歯がゆい思いをされたところもあるかとは思いますが、お許しいただければと思います。

私はとにかく、この四人の人達と話をしていてですね、十七、十九、十九、二十ですね。この年頃でこれだけしっかりした人に最近会っていないんですねぇ。昔ですと、これぐらいの年頃でこれぐらいのことを言うのはごく当たり前で、いくらでもいたような気がするんですが、最近、本当にみんなが幼くなっている中で、この四人の人がしっかり答えて下さったことに、私は大変驚いております。そりゃぁやっぱり、これだけの不登校体験で、本当に考えることが多くて、これだけ成長したんではないかなと思っております。

そもそも名前もですね、主催者は今日は最初から、「仮名でアルファベットでも」ということだったんですが、私が、「どう、本名でいく？」と言ったら、「いいですよ」と、仮名じゃなく本名でちゃんと出して下さった。やっぱり、体験を乗り越えてきた強さがあるのかなぁ、と思っています。

ただもちろん、ここで今日話したのは、あくまでよく分からない素人の私に対して、四人の方がそれぞれの立場、いわば主観の立場でお答えになったことです。これはまた、大人の立場、専門家の立場、あるいは客観的な立場で見ればですね、また違った視点があるんだろうと思います。ただ、少なくとも、その不登校の体験をした四人の人たちは、こういうふうに思っていたんだ、ということを、今日はみなさんにお聞きいただいた、ということであります。

それから、フリースクールの人に先ほど話を聞きました。フリースクールに行くきっかけのところで、自分でも、「そろそろこのままではやばいな、勉強しようかな」と思っているところに、ちょうどフリースクールの話があったという先ほどの話について、「偶然だったのかな」と思っていたのですが、違うんですね。実は、親の方が、事前にフリースクールのカウンセリングにずっと行ってて、「さあ、今なら良いですよ」というタイミングで声をかけたということも、実情としてはあるようなんですね。そういうところは、どういうところで声をかけたらいいのか、明日、明後日で、それぞれ話が出て来るでしょうから、そこでまた改めて質問していただければと思います。

ちょうど上手い具合にフリースクールに行くようになったその裏には、適切な指導があったということ、その点については、明日以降、会場のみなさんも問題意識として追求していただければと思っております。

ただやっぱり聞いてみて思うのは、この四人に関わったいろんな先生達、やっぱり先生達は先生達なりに努力をしていらっしゃるんですが、それが空回りに終わったり、上手くいっていなかったりというふうに、この四人の方は思っている、ということですね。そういう意味でも、ずいぶん参考になることがあったのではないかな、と思っています。

えー、「親が変わった」という話もありました。親と一緒に助け合ってきたという部分もありまして、なんか、ホント、親に恵まれている四人ではないかなというふうに私は思っております。ただ、やっぱりどうも引っかかるのは父親の存在でありまして、父親は常に、母親を介してしか話ができていないというところが、私の実生活においても大変身につまされるところがありまして、いたく反省をしております。父親がこういうことじゃいけないのではないかな、と思いながら聞いておりました。

と同時に、これはあくまでも私の感想でありますけれども、人と人との関わり合い方、これを私はよく「間合い」と言うんですが、それが非常に難しい、とれないという状態だったのが、辛い体験の中でそういうものが分かるようになったのではないか。あるいは、集団の中での自分の位置が分からなかったのが、何となく分かってくるようになった、それがやっぱり大事なことだったのかなぁ、と思っております。

刈田さんの、「不登校の体験をしてあきらめなくなった」、それから、「学校の楽しさを知った」という、これはとっても印象に残りました。不登校を乗り越えたが故に、学校の楽しさを知った、これは実はとっても素晴らしいことなんじゃないかな、と思っています。

それから横田さんの、「いろんな人生があって良いんだ、と思えるようになった」という言葉、これはやっぱり素晴らしいことですよね。それから、親が、「みんなと同じじゃなくて良いんだ、ありのままの自分で良いんだよ」と言ってくれたというのがありました。会場のみなさん方も、いろんなところで不登校のお子さんを抱えて悩んでいらっしゃると思うんですが、その不登校のお子さん方にも、「あ、人と同じじゃなくて良いんだ、ありのままの自分で良いんだ」と思えるようになる、あるいは、そういうことを受け入れてくれる、自分をそのまま受け入れてくれる大人の存在があるんだよということを、どこかで知ってもらえれば、一歩でも前に進めるようになるのではないかな、というふうに思いました。

是非この四人の方々の話を、今後の参考にしていただければと思っています。もちろん、これが全てではありません。これはあくまで、この四人が体験したことでしかないわけですけれど、何らかのかたちで参考にしていただければと思います。

そして、私のしつこい質問に対し…答えにくかっただろうし、昔の嫌な思い出をよみがえらせたかもしれません。きちんと答えてくれた四人の方に、どうぞ、大きな拍手でお礼をしてあげてください。ありがとうございました。（拍手）

…ありがとうございました。こうやってる間に、台風も横浜のあたりを通り過ぎたようでありきます。えー、こんな大変な天候の中、来ていただき、長時間お付き合いいただきまして、今日はどうもありがとうございました。

コメント

猪口くんはもともと、優しくて、非常に頭が良い子です。でも、彼自身は自分になかなか自信が持てず、社会性も未熟です。シンポジウムの発言を聞いていても、曖昧な表現が多かったですが、後になって私に、「自分のことなんか、なかなか言えないよ、先生」と言っていました。新聞は毎朝全部目を通しているし、ちゃんと論評もできる力がある子なんですけれど。

彼が学校に行けなくなった直接の引き金は、中学の体育祭でミスしたことを女子に責められたこと。しかし、彼は自分自身を「怠け者」だと思っていて、だから行かなくなったんだと自己分析しています。今から年金をもらって生活する方法はないか、なんて言っているんですよ（笑）。でもそれは、臆病な自分の裏返しだと私は思っています。その顕著な例が大学受験です。

彼は一年半くらい引きこもった後、教研に毎日通うようになり、公立高校に合格します。でも登校したのはわずか一日半。学校に行くとご飯も食べられなくなってしまう。その後は学校に行かず、教研に通って高校一年の段階で大検を取り、大学入試の模擬試験でも二百点満点の科目で百五十点以上取るほど優秀でした。でも、いざ入試に行くと点が取れない。本人は調子が悪かったと言っていましたが、やはり受かりそうになると怖くなってしまうようでした。

彼のもう一つの弱点は、宿泊行事や団体行動が苦手なこと。そこで、昨年夏、無理矢理に皆と一緒に白馬乗鞍岳登山に挑戦させました。「死んでしまうよ、先生」と言いながら最後まで登りきり、「二度と登山はしない」とも言っていましたが、彼の中で何か吹っ切れたのでしょう。帰ってから、「来年は大学に行きます」と意気込みが違ったんです。この春から大学一年生です。

彼の場合はまた、家庭環境も非常に良く、家族も優しく居心地が良すぎるくらいでした。父親の教育も素晴らしく、小学生の時から、彼に庭木の手入れを任せていたんですね。「これはお前の木だからきちんと面倒を見なさい」と。家庭環境云々だけで、不登校になるならないを論じることはできないと私も実感しました。

内川くんは、中学受験を親に強制されたことが大きなきっかけです。勉強から逃げたかった、けれども学校が嫌いな訳ではなかったのです。小学六年生の頃から引きこもり、受験はせずに公立中学に進みましたが、学校には行けず、中学二年生の途中からようやく教研に来始めました。

彼はゲームが大好きで、ゲームばかりやっていたので、生活リズムを改善するのが大変でした。ただ、高校には行きたいというので、全寮制の高校を勧めました。無事に入学し、古武道部の主将にもなって体を鍛え、模範生のような三年間を過ごしました。そのおかげで大学の推薦もとれたのですが、どうしてももっと上のレベルの大学に行きたいという本人の強い希望で、浪人することになったのです。その結果、やっぱり心配した通り、またゲームにはまってしまい、大学受験はおろか、今やネット廃人状態です。

ネットにはまり込んで二年。家族と生活はしているのですが、コンビニにお弁当を買いに行く以外はずっとパソコンに向かいっぱなし。一日、十五～十六時間くらいやっています。不登校の子は特にこのネットゲームにはまりやすいんです。人との関係は煩わしい、でも寂しい。インターネットの仮想現実の中だったらそれが解消できてしまうのです。内川くんは、ネット上のゲームで優勝すると賞金がもらえる「ゲーマー」を職業にしたいとまで言い出していて、私も頭を抱えているところです。今は携帯やメールでいくら連絡をとっても音信普通状態ですが、困ったときは必ず私には連絡をくれるので、しばらくその機会を待つしかないでしょう。

横田さんはベルギーからの帰国子女。女の子のグループの中で上手くいかなくなって引きこもった後、適応指導教室のような場所に行ったものの、ヤンキー的な女の子がいっぱいいて、さらに人間不信が強くなってしまったんです。その強い不信感から自然にふるまえなくなってしまった。でも彼女は、シンポジウムの中では一番よく話をしていたと思います。彼女の自己分析は、ほとんどその通りです。きちっと自分を見極めていますね。そういう力は男の子より女の子の方が優れています。

彼女の場合、母親も非常によく頑張りましたね。彼女の気持ちを一生懸命理解しようとしていました。母親が非常に気にしていたことは、ベルギーで生活していた頃は、やっぱり日本で暮らすほど自由に出歩くということがなかったので、母娘で部屋の中で過ごすことが多く、もしかしたら、幼児期のそうした閉鎖的な暮らしや思考が彼女に影響を与えてしまったのではないかとおっしゃっていました。もう彼女は自分自身の目標も見えてきているので、心配はないでしょう。

刈田さんは、女の子同士の友人関係が上手くいかなくなったことが、不登校の発端でした。それを担任の先生に相談するのですが、全然わかってもらえず、話せば話すほどストレスが溜まる。それが祖母の葬儀で学校を休んだことをきっかけに行けなくなってしまったのです。ただ、彼女もエネルギーのある子なので、そんなに難しい対応を強いられる訳ではないんですよ。タカラヅカが好きだから、大阪まで一人で見に行ってしまうとかね（笑）。皆が沈んでいる中でも妙に元気だったりという具合で、逆に多少規制をしなくてはならないほどでした。

学習が身に付かないことの方が、彼女の場合は大変でした。かけ算を忘れてしまったとか、因数分解は全く分からないとか（苦笑）。ただ、入った高校の面倒見が非常によくて助けられました。そして短大への推薦入学も決まったのです。

教研に遊びにきたときに、「先生もう私、タカラヅカは諦めたから。その代わりに警察官になりたい」って言うんですよね。でも、「公務員試験の問題、解けるのか?」とやらせてみたら、案の定、全然ダメ（笑）。だから、公務員は諦めろって言いました。今は契約社員ですが仕事をしています。彼もできてラブラブな状態（笑）。「彼がまだ結婚しようって言ってくれなくて」とノロケ話をしに時々やってきます。こうして改めて考えてみると、女の子の方が立ち直る力が強いのかもしれません（笑）。

平成十五年春

牟田武生談

平成十二年シンポジウム

——八月二十一日　東京虎ノ門（日本消防会館〈ニッショーホール〉）にて開催——

平成12年度　夏季セミナー/第10回教師＆専門家のための登校拒否研修会

	時間	研修テーマ・講師	講師紹介
八月二十一日(月)	10：30 ～ 11：30	『不登校問題等に対する教育行政の取り組み』 文部省初等中等教育局中学校課生徒指導専門官 笹井　弘之	いじめ・不登校・学級崩壊、校内暴力など、学校は今様々な問題を抱えている。行政として、様々な調査結果を踏まえ、教委・学校における取り組みについて考える。
	11：40 ～ 12：40	『問題を投げかけている子ども達への福祉的対応』 厚生省児童家庭局家庭福祉課児童福祉専門官 相澤　仁	児童虐待から不登校問題など、今日の家庭は様々な問題を抱えている。児童相談所は児童家庭福祉の立場から具体的な援助活動をしている。行政の取り組みを紹介する。
	13：40 ～ 16：10 ■	シンポジウム 『不登校経験者から感じた学校・家庭の対応』 コーディネーター NHK週刊こどもニュースキャスター　池上　彰 様々なタイプの不登校経験者３名～４名 助言者　教育研究所所長　牟田　武生	様々なタイプの不登校経験者から体験談を聞く。彼らが感じた家庭・学校の対応のあり方を聞き、タイプ別の対応のあり方を一緒に考える。増えつづける不登校に対して明日への援助の手がかりを探る。
八月二十二日(火)	9：30 ～ 11：20 ■	基調講演 『追跡調査から見た今日の不登校現象』 大阪市立大学教授　森田　洋司	平成５年度中学卒業生のうち不登校生徒二万六千人全員の追跡調査による豊富なデータから〝不登校現象とは何か〟社会学者の第一人者がシャープに不登校現象を分析し、今日の不登校問題を考える。
	12：20 ～ 14：10 ■	『荒れる学校と少年法改正』 筑波大学名誉教授・早稲田大学教授 下村　哲夫	荒れる学校・様々な問題行動に走る子ども達、その中で問われる少年法改正問題を教育法の第一人者が鋭く講義する。
	14：20 ～ 16：10 ■	『教師が取り組む不登校 ～不登校対応チャートによる指導』 国立特殊教育総合研究所情緒障害教育研究室長 花輪　敏男	不登校に対する学校（教師）の具体的な取り組み方を「不登校対応チャート」に基いて述べる。
八月二十三日(水)	9：30 ～ 11：20 ■	『社会的ひきこもりの理解と対応』 （社）青少年健康センター理事 （医）北の丸クリニック所長 倉本　英彦	「ひきこもり」の子ども達が増え、様々な非社会的・反社会的な問題行動を起こしている。ひきこもりの臨床医の第一人者が「ひきこもり」の子どもとのつき合い方を講義する。
	12：20 ～ 14：10 ■	『不登校の心理・予防・再登校への援助』 国際学院埼玉短期大学教授 附属教育相談研究センター所長　金子　保	不登校問題の第一人者より、不登校の心理に即した予防法と再登校への援助のあり方をプログラム手法に基き講義する。
	14：20 ～ 16：10 ■	『不登校、子どもの状態像に即した対応』 新潟大学名誉教授・仙台白百合女子大学教授 石郷岡　泰	大学の研究者であると同時に、臨床の場に常に身をおいてきた臨床家でもある。専門の社会心理学を背景に子どもの状態像にそくした対応のあり方を考える。

■のマークのある講座は時間内に質疑の時間があります。

パネリストの紹介

自己紹介

藤村さん

シンポジウム当時の状況

19歳。私立中学1年で不登校が始まる。中学3年からフリースクールに通い、高校は別の女子高に入学し、卒業。浪人の後大学に合格。現在大学2年生。（平成15年4月の状況：大学4年生。薬剤師として就職活動中。）

自己紹介

金澤くん

シンポジウム当時の状況

18歳。小さい頃から自分に違和感があり、中1から不登校が始まる。高校はサポート校に入学するが行けなかった。カウンセリングを受けながらフリースクールに通い大検を取得、その頃から神経症を受け入れて生きられるようになった。現在大学浪人中。（平成15年4月の状況：大学（工学部）1年に在学し、一人暮らし。）

自己紹介

横山くん

シンポジウム当時の状況

21歳。中3年から不登校。県立高校に入学するがすぐに中退。ひきこもり生活を続け、やっとの思いでフリースクールに通い大検を取得。大学（経済・法律）に合格し現在大学1年生。（平成15年4月の状況：大学3年生になり、沖縄で青春中。）

自己紹介

高田さん

シンポジウム当時の状況

19歳。学校が嫌で、中1から不登校。フリースクールに通い、私立女子高に合格したが3年で中退。アルバイト生活後短大に合格。現在短大1年生。

（平成15年4月の状況：短大を卒業し、楽しい会社員生活を送る。）

きっかけ

一、「行きたいけれども行けない」という葛藤

池上　今から、不登校の体験者の方四人に、いろいろと話をお聞きします。適宜、教育研究所の牟田先生にも入ってもらって、問題点もお伺いしようと思っております。その後、質疑応答の時間にします。

ではまず、この体験者の方にそれぞれ、なぜ不登校になって、どういう思いだったのかというのを、一人ずつ話を聞いてまいります。

まずは、画面…すみません画面じゃないですね。ついつい職業病で…。

会場　（笑）

池上　舞台の一番右、牟田先生の左隣は金澤君です。十八歳で、千葉県の公立中学校二年生から不登校の状態になった、ということですね。神経症で相当苦しい思いをした、ということなんですが、現在大学検定試験をとりまして浪人中、ということです。ではまず金澤君に話を聞きます。

そもそも、不登校になったきっかけというのはどういうことですか？

金澤　最初は、学力が伸び悩んで学校に行かなくなったんですけど、それは本当に単なるきっかけだったんです。というのは、中学校に入ってからずっと、学校が落ち着かなかったりイライラしたり、ということがあって、たびたび暴力を振るったり喧嘩をしたりしてたんですね。中学一年生のときにはもう、何となく学校へは行きたくないな、というようなこともあったんです。一方、何とか学校へは行きたいという気持ちもあったので、行ってたんです。中学二年生のとき、一学期の期末テストがあったんですね。その期末テストは良い点数をとりたかった。だからそのために僕は勉強したんですけど、思ったような成績がとれなくて、学校に行くのが嫌になってしまった。そういうのがきっかけです。

池上　その前の段階で、「学校が落ち着かなかった」というのは、具体的にどういうことなんですか？

金澤　具体的には、今思えば神経症的な、「こうでなければならない」とか、「完璧でなければなら

ない」というようなことが、頭の中に深く根付いていたので、少し上手くいかないようなことがあったりすると、すごく小さなことでも、すぐにカーッとなってしまって、ということがあったんですね。

池上　それは、金澤君が神経症である、というのが理由なの？　それとも、そもそも学校自体が…さっき暴力を振るう、というのがありましたけど、そういう学校の雰囲気にも原因があったってことなの？　そこはどうなのかしら？

金澤　はい…僕の場合は、神経症も十分あったと思います。それと同じように、学校の対応にも問題があった、と僕は思っています。

池上　学校の対応に問題があるっていうのは、具体的にどういうことですか？

金澤　学校の対応ですね。僕が少し学校を休み始めた頃に、の対応に問題があるっていうのは、教師学校の教師が家庭訪問に来たんです。そのときに、大した話をしないですぐに帰ってしまったんですね。僕はそこで、学校の先生が、「何もしなかった」と感じました。来ただけだった、と思ったんです。

池上　本当はどうして欲しかったのかしら？

金澤　本当は、話を聞いて欲しかった、ということがあります。

池上　あなたの話を聞いて欲しかった。

金澤　はい。

池上　ふーん…そのときに、もし先生が話を聞いてくれたら、どんなことを話そうと思ったのかしら？

金澤　うーん…学校の成績不振がきっかけだったので、その不登校になった当時は、成績が良くなれば学校に行けると思ってたんですね。だから、学校の成績はどうやったら上手く上がるのか、とか、あとは…まぁ、少し人間関係に悩んだことがあったんで、人間関係のことを話せたらと思ったんですが、あまり聞いてもらえませんでした。

池上　そのときに、そうやって先生がちゃんと聞いてくれてたら、あなたはまた学校に行くようになってたかしら？

金澤　中学一年生のときも、イライラしたりすぐ喧嘩をしたりということがあって、そのときも何となく学校に行きたくなくて、一日だけ休んだこともあったんです。でも、そのときは学校の先生と話し合って、なんとか学校に行けるようになって。で、問題が解決したような雰囲気があったんで…。

池上 一年生のときの先生と、二年生のときの先生は違っていたの？

金澤 はい。

池上 ふーん、分かりました。それで、中学二年生のときから不登校状態になったわけですね？

金澤 はい。

池上 それからはどうしました？

金澤 それからは、家から外に一歩も出ないで、やることのない生活しかしてなかったですね。

池上 うん、そのあと、あなたは転校しているんですね。二年生の三学期に北海道に転校した。これはどういう理由ですか？

金澤 親が、このままではいけないということで、僕が拒否したにも関わらず連れて行く、という感じで、北海道に行きました。

池上 ああ、無理矢理転校させられたってことなのね？

金澤 はい。

池上 それからどうなりました？

金澤 それからは、北海道の学校に毎日行きました。

池上 ああ、登校したのね？

金澤 はい。

池上 どうして登校できたのかしら？

金澤 簡単に言えば、環境が変わったということなんですが…。気持ちの上で、それまでの学校…千葉県の学校では、「良い成績を取りたい」ということを、強く思っていたんです。でも、北海道に行ったら、成績を良くするのを目標にするのではなくて、とにかく何事もなくやり過ごそうと思ったんですね。そう思ってたから、多分、毎日学校に行くことができたんだと思います。

千葉県にいたときは、「勉強をやりたい」とか、やりたいと少し思ったとしても、できないとか手に付かない、イライラしてしまう、ということがあったんで、「やらなければいけない」と、自分に言い聞かせるようにして勉強をやってたんですね。

池上 うん。

金澤 そういった、自分に強く迫る、「しなければいけないんだ」という強迫観念があって、それが逆に勉強が手に付かなくなってしまった原因になったと思っています。
池上　なるほどね。で、北海道に行ったらそういう強迫観念がなくなって、通えるようになったということだね。
金澤　はい。
池上　学校は楽しかったですか？
金澤　学校は…まあまあかな？　北海道に行ったときは、何とかやり過ごそうとだけ思っていたんです。あまり前向きな気持ちはなかったんですよ。とにかく今日一日を平和に、何事もなく、何をやりたいというものもなく、ただ周りに合わせて…。まあ、つまらなかったですね。自分のやりたいこともやらないし、楽しいとはあまり思えなかったですね。
池上　うん。
金澤　けれども、北海道にいた三ヶ月は、平和な時が過ごせました。
池上　ふーん。で、三ヶ月後には、今度は神奈川県の中学校に転校…これは家の引っ越しに伴って、ということですね？
金澤　そうです。
池上　それは何かしら。北海道でちゃんと学校に通えるようになったから、もうこれなら安心だなと思って、親御さんが家に呼び戻したってことなのかしら？
金澤　はい、その通りです。
池上　で、どうしました？
金澤　中学三年生の始業式に学校へ行って、それから四月の途中まで学校に行ったんですけど、やっぱり勉強でいい成績をとりたいと思い始めてしまうと、また上手くいかなくなってしまって…。行く気はある、行きたいけれども、なにかその、「勉強しなくちゃいけない」ということを突きつけられるような気がして、嫌になってしまいました。行きたくても行けないという状態になってしまって、四月の後半から五月まで休んで…。それから修学旅行があったんですね。
池上　うん。
金澤　その修学旅行には行きました。今まで学校に行ってなかったのに、何で突然修学旅行には行ったのかというと、いろんなことをやりたいという思いがあったからです。僕は基本的には、いろんなことがやりたい。良い成績もとりたいし、みんなとも遊びたい。いろんなこと、楽しいことをやりたいという気持ちがとても強いんですね。その気持ちが強すぎるから、勉強も完璧にやらないといけない、遊びもみんなで完璧にやらなければいけない、とすごく強い気持ちで完璧にやろうとする。でも完璧にやろうと思えば思うほど大変になってしまって嫌になってしまう、ということなんですけど、そういった意欲があるんですね。強迫神経症的な意欲です。それがあるから、修学旅行にはどうしても行きたいと思って、だから行ったんです。

池上　うん。

金澤　ハッキリ言って、修学旅行に行ったときは、周りの人がどう思うか怖かったですね。

池上　うん。

金澤　「あいつは修学旅行とか、そういうのだけ来て怠け者だ」と言われるんじゃないか、と思って怖かったですけど。

池上　うんうんうん。

金澤　そんなことは関係ない、やりたいことをやるんだと思って、修学旅行には行きました。

池上　他に文化祭とか体育祭とかそういうものは？

金澤　はい、全部参加しました。

池上　参加したんですね？

金澤　はい。

池上　うん。やっぱり、授業には出ないけれども、そういう学校行事には参加した。

金澤　ええ。授業も出たいんですよ、僕は。

池上　うん。

金澤　だけど、授業には勉強があるじゃないですか。

池上　うん。

金澤　僕は勉強でいい成績を修めることを、すごく、目標にしてたんです。だから勉強は出来なかったけれども、他のことなら出来る、ということですね。

池上　成績がつくことじゃなければ、参加できたわけね。

金澤　はい。成績がつくことが、まぁ、評価されることですよね。体育祭や文化祭はあまり評価されないじゃないですか。

池上　うんうんうん。

金澤　僕が目指すのは、勉強に対する完璧というものでした。体育祭や文化祭はそれと関係ないので、気楽な気持ちで取り組むことができて、そのときだけは学校に行くことができました。

池上　で、そのあと…中学三年のときですよね。

金澤　はい。

池上　その後はどうしたんですか?

金澤　修学旅行に行ってから、二学期は大体行ったんです。「行きたいけれども行けない」という葛藤で、二、三日いっぺんに休むということはありましたが、一応行くことだけを目標としようと、苦しいけれども頑張って、三学期までは大体行きました。でも、三学期になると受験がどうしても出てくるので、また、「勉強をしっかりやらなきゃいけない」と思う気持ちでいっぱいになって、学校にもそういう雰囲気がありましたし、それで、また学校に行かなくなりました。

池上　なるほど…その後、それまでの成果は?

金澤　その後は、ええと…十二月にはもう高校…サポート校には合格していて、今言ったとおり、三学期は学校に行きませんでした。

　四月になると、今度はサポート校が始まるので学校に行こうと思いました。でも、サポート校っていうのはやっぱり学校ですから、勉強に行くということになるので…。サポート校へは一ヶ月くらい行ったんですけど、行かなくなったんですね。それも、すごく苦しい葛藤で、「行きたいけど行けない」というのがありましたね。その感情を表すと、行きたいという気持ちはある、でも勉強が苦しいから行きたくないという気持ちもある。その「行きたくない」という気持ちの方が大きいので、学校へは行かなくなってしまったり、逆に行きたいという気持ちが勝れば…。それはすごい葛藤なんですね。

池上　うん。

金澤　自分の中で、「行きたいけれども行けない」という葛藤をずーっとやっていて、そういうことを親とか先生とかに話したところで、ほとんど理解されないんですね。「そんなのおまえの甘えだ」とか、「来たければ来ればいいじゃないか」と言われるんですね。「どうしておまえは学校へ行きたくないんだ?」と聞かれると、僕は勉強が苦しいからと答えるんですが、それに対して、「だったら勉強しなければ良いじゃないか」と言われたところで…。言われたとしても、僕は勉強がしたかったんですね、良い成績を修めたい。そういうのがあったんで、学校に行けなくなってしまった。それがまぁ心境ですね。

池上 うん。

金澤 普通はそこで、「だったら何でそんなにまでしても成績を良くしたいのか」と、考えるだろうと思うんですね。僕はそのときは学校に行ってないんですよ。だから学力なんてとっても低いんですね。そういう状態でもなお、「成績を良くしたい」という気持ちがあるんですね。その気持ちというのは、「親に認められたい」というのが強いんですよね。

池上 うんうんうん。

金澤 そういう気持ちから来るんですが、これは決して、親がすごく強く、「勉強しなさい」とか「良い大学に行きなさい」と言ったわけでもないんです。自分が自発的に思ってしまったものなんですね。神経症ならではのことなんでしょうけど、そういったことがありました。今でも少しありますよ、やっぱり。

池上 そのあとずっと、結局中学校を出たあとも、家にこもって、っていう感じだったの？

金澤 はい、そうですね。

池上 それがずっと続いて…。

金澤 はい。そのときには、そのサポート校に所属していたんですね。行ってはいなかったんですけど。僕にとって「サポート校」というのは、不登校生とか、学力が低くてどこの高校にも入れない、もうほんとに不良ばかりしかいないような高校に行く人が行くところだったんです。そこにいたカウンセラーが、一週間に一度来て話すようになって、そういうような状態が半年続きました。その中で…いろいろな話をする中で、「論理療法」（注一）というような、神経症を治す療法…。

池上 論理療法。

金澤 はい。その治療の紹介をされたんです。その後、サポート校に所属しなくなって、そのカウンセラーが家に来なくなってから、僕は一人で論理療法の勉強をしたんですね。

池上 うん。

金澤 そうすることで、前向きに人生を考えられるようになったり…イライラとか、憂鬱な感じというのが減少したりして、教育研究所に行くようになったんです。

池上 その論理療法というのは、ひとことで言うとどんな療法ですか？

金澤　論理療法というのは、まず、認知構造療法に近いものがあります。認知構造療法というのは、まず正しい観念を自分が理解するんですね。そしてその正しい考え方、正しい観念を、実際に使ってみる。考えるだけではなくて、行動に移してみる、と。そういう流れによって治療するものなんです。

池上　分かりました。それに関しては、またあとで牟田先生からも話を聞きます。それで、今は大検も受かって資格を取っているわけですね？

金澤　はい、そうです。

池上　浪人してるってことは、このあと大学かどこかへ行こうと思ってるわけね？

金澤　ええと、大学に行くかどうかは今のところ分かりませんが、今はまだ神経症的な症状が残っているんです。だから、神経症的な症状をさらに治しながら、勉強もやっていこうと。少なくとも、勉強のことに関しては、家ではしなくても教育研究所に行ったときはやろう、と心がけています。

池上　分かりました。またあとで聞きますね。

金澤　はい。

二、周囲への過剰な気遣い

池上　続いて横山君です。二十一歳ですね。横浜の公立中学校の二年生のときに不登校になった、と。中学のときは不登校だったけど、神奈川の県立高校に合格して通い始めた。それからまた不登校になって、ひきこもりの生活をしていて、大学

（注一）論理療法　アルバート・エリス（アメリカ人）が提唱した療法。論理療法では、「問題の受け止め方・考え方が適切ではない人が悩みを抱える」と考える。思考・感情・行動の三位一体理論で、思考を変えれば感情が変わり、感情が変われば行動も変わるとみなす。「あなたが悩みを抱えるのは、事実を捻じ曲げて捉えているからです。あなたが物事を悪いように捉えているから悩むのです」と教える。正しく物事を捉え、論理的な思考をすれば、感情も変わり悩まなくなり、人生も変わると説く。
論理療法について詳しく言及したものは、アルバート・エリス著『性格は変えられない、それでも人生は変えられる』（ダイヤモンド社）等の本がある。

入学資格検定試験…大検をとって現在大学二年生、ということですね。不登校のきっかけはどういうことだったんでしょうか？

横山　直接的なきっかけと言えるのは、たぶん引越しです。中学一年生の終わり頃、中学二年の始めといっていい時期に引っ越しまして、それで、あんまりなじめなかったっていう…まあ、なじめなかったっていうのとは少し違うんですけど、なんか周りに対して妙に気を遣ってしまって。それではじけてしまったみたいな、そんな感じです。それが中二の終わりです。

池上　あの、引っ越したっていうのはつまり、家族も引っ越してあなたも学校を転校したっていうこと？

横山　はい、そうです。

池上　二年生で転校したわけね？

横山　はい。

池上　はじけてしまったっていうのは、どういうことかしら？

横山　こう、周りに気を遣っている感じで気疲れてしまって、「ああ、一日二日さぼっても大丈夫かな？」と休んだら、学校に行けなくなってしまったんです。張りつめていた糸がピーンと切れたみたいな感じで。ほんとに些細なことだったんですけど、それで行けなくなりました。

池上　そのあとどうしました？

横山　家にいましたね。家にひきこもりながら、テレビを見たりとか、本を読んだり考えごとをしたりゲームをしたり、そういう感じでした。

池上　そのとき、親や学校の先生はどういう態度をとりました？

横山　あまり、力ずくで行け行け、みたいな感じはなかったと思いました。ただ一回、三日くらい連続で無断欠席みたいな感じで休んだら、担任の先生が家に来て、「大丈夫か？」と、話はありました。で、後にも先にも家庭訪問というのはそれ一回でした。それでもなかなか行けなくなりまして…。

池上　うん。

横山　親からの対応は…まあ、ひどく心配してたなって記憶があります。

池上　中学校では、家庭訪問はその一回だけだったの？

横山　ちょうどクラスが変わるときで、三年生になってその先生が担任じゃなくなったんです。それから家庭訪問というのはなかったです。中学校三年間もずっと家にいたわけではなく、半分くらいは学校に行ったんです。

池上 うん。

横山 そこでまあ、時々話をしながら…。ただ、出席日数は明らかに足りなかったんですけど。正直言ってそのときの先生というのは、まあ、悪く言えばあまり責任をかぶりたがらない、良くいえば友達付き合いみたいな感じですけど、ひっくるめてやるみたいなタイプではありませんでした。

池上 ふーん。

横山 ま、楽といえば楽でした、それは。はい。

池上 （笑）そうすると何、その先生とあなたは、学校に行ったときにいろいろ相談に乗ってもらうというかたちを取っていたというわけ？

横山 あちらから話しかけてくることはありましたけれど、相談にのってもらったっていうかたちではなくて…。学校の先生に対して相談事をしたというのは、幼稚園、小学校含めてないです。

池上 ほお。

横山 あまり頼りにしてないというか、不信感ではないですが、言ったところでどうにもならないという…そのような感じだと思ってましたから。自分で解決するしかないと思っていましたんで…。

池上 じゃあ、三年生のときには家庭訪問はなかったわけね？

横山 まあ、年に一回の家庭訪問はありましたけども、不登校だからというかたちでの家庭訪問はなかったと思います。

池上 そのあと公立高校に行ってますね？

横山 はい。

池上 それはやっぱり高校に行きたかった、勉強したかったってことなの？

横山 はい、正直言って不安でした。中学校のときも、どうなるんだろうかって不安でした。その当時は、「高校に行って、大学に行って」というレールに乗っていないと不安で、それ以外の人生が分からなくて、とりあえず勉強して公立高校に…。

池上 高校に入った。

横山 はい。

池上 で、そのあとどうしました？

横山 それでも、まあ、休みがちでした。入学式に出てすぐに一回、休んだような記憶があります。

それからでも、出たり出なかったり。

池上　それはどうして？

横山　ここでもなんだか、とにかく不安でした。特別いじめられたとかそういったわけではなかったんですけど、必要以上に周りに対して気を遣ってしまって、それで何となく行けなくなってしまって、家の中…部屋にいたという感じです。

池上　なるほどね。あの、中学二年のときに転校してきてね、そうすると周りはみんなもともとの友達だから、なじめないとか周りに気を遣うというのはとってもよく分かるんだけど、高校だと、みんな新しく来たメンバーばかりだよね？

横山　はい。

池上　みんな同じ立場だよね？　それでもやっぱり気を遣うの？

横山　はい。あの、癖みたいになってしまったんだと思います。

池上　（笑）

横山　学校に行く以前から、例えば家庭の中で、父や母に対しても同じような感覚で、気を遣っていたという…それの延長線上に学校、友達があったような気がします。

池上　ふーん。何、あなた家庭の中でお父さんやお母さんに気を遣っているわけ？

横山　はい。最近はもうそれほどではありませんが、昔は。

池上　あ、そう。どうしてなの？

横山　子どもの頃、いつも夫婦げんかをしてるように見えてたんです。実際はどうなのかは知りません。コミュニケーションなのかもしれませんが、それを見てて、「ああ、家族が崩壊するのかなぁ？」みたいな心配が絶えずありまして、「オレが何とかしてつなぎ止めなければいけないんじゃないか」と…。

池上　（笑）

横山　ま、一人で思ってたんですけど。

池上　そうか、つまり子どもに気を遣わせる家庭だった、っていうことかしら？

横山　兄がいるんですが、兄はそれほど気を遣っている感じではなかったので、自分が特別だったのかもしれませんが、まあ、そういうふうに…とにかく気は遣っていました。

池上　なるほどね。今あなた大学二年生ですよね？

横山　はい。

池上　あの、どういう基準で、どうして今の大学を選んだんですか？

横山　ま、入れるところというか（笑）。正直なところですけど…正直言って聞いたことないような大学でしたけど、行ってみたらすごく楽しくて。

池上　そうですか。

横山　はい。

池上　今、大学は楽しく行ってるわけね？

横山　はい。大学も時々休むんですけど、それはまた不登校とは別なんで（笑）。

池上　それは単なるサボリ、ね（笑）？

横山　（笑）

池上　それは私も経験がありますから、あれですけど（笑）。中学・高校では気を遣ってなかなか行けなかった。大学ではどうして楽しく大学生活を送れるのかしら？

横山　高校とかは同じクラスがあって、半日くらいずっと一緒ですよね。

池上　うん。

横山　そのなかでの人間関係ってすごく密接だと思うんです。でも大学は、それなりに友達はいますけど、みんなバラバラで…そういったこともあるでしょうし、最大の理由は、やっぱり親元を離れたということがあるんじゃないかと思います。

池上　今あなたは沖縄ですよね？

横山　はい。沖縄です。

池上　アパート生活してるわけね？

横山　はい。

池上　だから、気を遣う家族から離れたわけね（笑）？

横山　はい。いるのはヤモリだけですから（笑）。

池上　（笑）そのほうが、要するに良いってことなの？

横山　楽です。

池上　ああー。

横山　大変だけど、楽です。

池上　あ、なるほどね。分かりました。またあとで話を聞きましょう。

三、所属してない不安

池上　お待たせしました。えー、藤村さん。神奈川県で私立中学に入って一年のときに不登校が始まって、で、中学三年の頃からフリースクールに通って、結局高校はその私立中学じゃない別の女子校に行って、浪人して現在大学生ということですね。

藤村 はい。

池上 不登校のきっかけはどういうことですか？

藤村 私立中学を受験したとき、家が東京で、学校は藤沢の方まで通ってたんですね。まず、周りの友達と通学時間が全然違ったので、同じ方向の友達がいないとか、そういう些細なことで、友達の輪に入っているようで入っていない、そんな感じがありました。それと、電車に乗って学校に行くとか、そういうことが自分の中ではまだ準備しきれてないままに入学していたので体も疲れてて、そういう所属してない不安みたいなのがすごく重なってしまって。

新しい学校だったので、高校一年生と中学一年生しかいなかったんですが、入ってすぐにその二学年で親睦旅行みたいなのがあったんですね。そのときの部屋割りでちょっと漏れちゃって…なんて言うんでしょう、そういうのがきっかけで、ずるずるずる行かなくなっちゃって…それで行かないから勉強もついていけな、とか頭から決めつけちゃって、強迫観念じゃないけど、行かないから、勉強が遅れるから、みんなにもついていけないんだって、頭の中がいっぱいいっぱいになっちゃって。意識が過剰すぎたというのもあるんですけど、もう全て捨てたくなったというか、投げちゃったみたいな感じです。

池上 あなたが不登校になっている間、学校は何かしました？

藤村 担任の先生が一度来たらしいんですが、私は部屋にこもってて知りませんでした。父親と話をしたそうです。うちの父親は教師なんですが、自分の娘の話をしてるんだろうけど、なんかこう、別の生徒の話をしているような内容で終わったらしいんですね。

池上 うん。

藤村 それを、母はやっぱり納得しなかったみたいです。自分の子どもの話なのに、別の生徒の話のような感じで淡々と、穏便に、何の具体的な案もなく終わってしまって…。中学の方からはとりあえず来て欲しい、みたいな感じはあったんですけど、具体的に何か、っていうのはなかったですね。

池上　そうすると担任の先生が家庭訪問に来たのはその一回だけ？
藤村　一回ですねぇ。
池上　あとは来なかったの？
藤村　あとは来なかったけれど、父親の方に先生から、何か圧力というか、あったみたいですね。
池上　ああ、そう。あなたに対する働きかけはなかった？
藤村　直接はなかったです。
池上　ふーん、で、その後…中学校の間、あなたはどうしたの？
藤村　四年半ひきこもりでしたが、二年生に上がるときに一度、「学校に行ってみようか」っていう感じで。家で勉強も多少してたので、ついていけると思って準備もしてたんですけれど、行って見たら、教室に自分の机がないわけですよ。二年生のクラスに。
池上　うん。
藤村　で、よく聞いたら、「君は一年生だ」と言われて、一個下の学年におろされてて、机がそっちにあったんですね。
池上　どうして？
藤村　決まりで。
池上　決まりで？
藤村　日数が足りないと、二年生に上げられないと言われて…。
池上　だけど、中学一年生だよね？　義務教育だよね？　あの、公立中学だと自動的に二年生に上がれるんじゃないかなと思うんだけど、そこは私立中学だからそういうことはできないってことなの？
藤村　って、言われました。
池上　あ、そう。もう一度一年生をやり直しなさい、と。
藤村　はい。
池上　で、あなたどうした？
藤村　もう、一日で行けなくて…。
池上　で、また不登校になったのね。
藤村　はい。で、家で勝手なことして、勉強もして、テレビ見たり…。そのころになるとちょこちょこ家から出られるようになって、図書館に行ってみたりとか。で、そろそろ「動きたいな」という感じになって、教育研究所の方に行ったんです。

池上　うん。で、高校は今度は別の…あなたが行った私立中学というのは、中学・高校・大学まで行けるとこだよね？

藤村　はい。

池上　ね？　だからそれを辞めて、高校は別のところを…これは受験したの？

藤村　はい、受けました。

池上　ふーん。それは受けられたわけね？　いわゆる出席日数が足りないわけだから…。

藤村　あ、はい。

池上　うん。そこの高校はどうしました？　不登校じゃなくずっと行けたの？

藤村　あ、普通に。

池上　どうして行けたのかしら？

藤村　周りの子とか、雰囲気の全然違う学校だったってこともあるし、自分も相手も、中学生の頃よりも多少は大人になってるって感じで、他人がどう言ってきたとしても、自分は自分だし、ってある程度割り切れるようになったので…。うーん…やっぱり雰囲気が違ってたっていうのがあります。

池上　ふーん。雰囲気が違うって、どういうふうに違うの？

藤村　えっと、中学の頃は、子どもなのにプライドの塊、みたいな人がすごく多かったんです。自分もわりとそういうのを持って入っていたはずなんですけど、とてもじゃないけど勝てないくらいみんながプライドが高くって、それこそ帰国子女も多かったし、英語とかもかなり使える子が多かったし…。

池上　うんうん。

藤村　だけど、その高校は、推薦で入って来てる子がわりと多くて、そんなにこう、「塊」っていう子は多くなかったから、うん、やっぱり生活しやすかった（笑）。

池上　なるほどね（笑）。分かりました。またちょっと後で話を聞きます。

四、学校に対する不信感

池上　えー、大変お待たせしました。高田さん。神奈川県の…これを言ってしまうと分かってしまうっていうのがあるんですが、神奈川県の国立大学の附属中学の一年のときに不登校になったということですね。高校は別の私立の女子校に進学して、その後は大検の資格を取ってフリーターをして、現在短大の一年生、ということですね。今は、アルバイトに明け暮れた生活をしているようですけど（笑）。不登校のきっかけはどういうことですか？

高田　私の通っていた学校は、小学校からの持ち上がり組と、中学校からの受験組がいたんですよ。それでグループが分かれてるようなところがあって、自分は中学からの受験組のグループの中に一応は入っていたんです。でも、その狭間で、どちらのグループにも属さないような子がいて、私はそういうのが嫌だったんで、積極的にそういう子に話しかけて一緒にお昼食べたりとか、そういうことをしてました。そうしたら、私も元々一緒にいたグループから外されてしまって。自分は、自分で正しいと思っていることをしているのに、やっぱりそれは学校の社会の中では認められないようなところがあって、そのことがすごくストレスになって、夏休みのあとに、学校に行こうとすると胃が痛くなるようになっちゃって。

他にも胃炎が起こったり、普通に長時間寝てても寝た感じがしなくて、いくら寝ても寝足りなくて、朝起きられなくなっちゃったんですね。それがきっかけで学校に行かなくなっちゃったんです。

池上　で、学校に行かなくなって、それからどうしてました？

高田　私の場合、ひきこもりというのとはまた違って、普通に…小学校時代の友人で今でも付き合いがある子がいるんですけど、休日はそういう子達と遊んで、みんなが学校に行ってる間はプールとか図書館に行って本を読んだり泳いだり、というようなことをしてました。

池上　ふんふん。

高田　あとは、親が心配して、地元の児童相談所に通ってカウンセリングを受けたりもしてました。

池上　そのとき学校側は？　中学校の先生はどうしました？

高田　中学校の先生は、…私は家庭訪問を受けたという記憶はそんなにないんです。多分三年間の中で数回、という感じだと思います。私の中で学校の先生というのは、正直言って、いてもいなくても同じような感じですね。

あとは、私も藤村さんと同じように、国立大学の付属の中学校だったので、進級できるかどうかということがありました。結果的に私の場合は、教育研究所の方から働きかけてもらったりして進級はできたんですけれども、毎年、進級ができるかどうかってことで学校に呼ばれるんですよ。

池上　うん。

高田　で、親と一緒に呼ばれて…そうすると学年主任の先生と、副校長の先生と、あとは担任の先生なんかがいるんですね。でも結局そこに話し合いに行っても、学校の先生が、来た私に対してよりも、上司である学年主任や副校長先生に気を遣ってるっていうのがミエミエで、「なんでこの人達、こんなにヘコヘコしてるんだろう？」と思って、すごく…やっぱり若かったから潔癖だったんだと思うんですけど、すごく不信感が募っちゃって、それ以来はあんまり、学校の先生とのふれあいっていうのは、なかったですね。

池上　うん。中学生のあなたにも分かるくらい、その担任の先生は、あなたじゃなくて上司を見てたってことね？

高田　そうですね。副校長先生が座ってて、空いている席はいっぱいあるのに、学年主任の先生とかには椅子も出されない、みたいな…。席にも着けなくて、ずっと立ってるようなところとか。

池上　うん。

高田　あと、一年生のときの担任の先生が、次の年に担任から外されてすごく暇そうな教科…技術家庭かなんかの先生になったのを見て、「ああ、これは、私が行く・行かないが、先生の評価の基準にされてるんじゃないかな」っていう気持ちに…まぁ、実際そうだったかどうかは分からないんですけど、そういう気持ちになりました。そのこともなんだか道具にされてるようで、不信感が募る感じがしたんですよね。

池上　うん、なるほどね。で、その後、高校は別のところに行ったわけね？　それはどうして？

高田　そうですね。元々通っていた中学校は中学までで、高校はなかったんですけども…。

池上　ああ、はいはい。

高田　結局ここの高校も三年生のときに出席日数が足りなくて辞めてしまったんですけれど、その高校の場合は、勉強に対する取り組みの度合いが、自分のやる気と見合ってなかったんですね。

池上　どういう意味？

高田　正直言って、お馬鹿さんな学校だったっていうか（笑）。中学での出席日数は足りないし、試験も受けてないから成績が付いてないんで、中学からの受験の段階で、行きたいって思うような高校には行けないんですよね。で、その高校は自分の学力に見合ってなかったので、授業を聞かないでもそこそこの成績が取れちゃって、それなのに学校に通わなければならないのが、最後の最後でバカらしくなっちゃって。自分なりに計算して、ぎりぎり間に合うくらいで卒業できるかなって思ってたんですけど、結局足らなくなっちゃって（笑）。それで学校は辞めて次の年に大検を受けて、大学受験の資格は得ることができたんですけど…。

　今は短大に通っているんですけど、高校のときはとにかくもう、周りもみんなやる気がないんですよね。で、自分だけ一人やる気を出してるのも馬鹿馬鹿しくて。大学に行こうって考えてる子なんてほとんどいないんじゃないか、って感じだったんで、それがすごく不満だったんですよね。

池上　うん。

高田　「自分がやりたいのはこんなことじゃないのに」と思ったら、もう、学校に行く気がしなくなっちゃって、そのまま行かなくなってしまいました。

池上　なるほどね。そういう不登校もあるわけね。で？　今は短大に行ってるわけですね？

高田　はい、そうです。

池上　楽しいですか？

高田　あ、楽しいです。

池上　どこが違うの？

高田　えっと…まずあの、高校辞めてから大学に入るまで、まるまる二年間あったんですけれども、ずっとフリーターというかたちでアルバイトをやってたんです。普通のＯＬさんと同じぐらいのお給料はもらえてたんですが、やっぱり体調とか崩しちゃって。で、そうすると、フリーターだから働いた分しかお給料が入ってこなくって、「ああ、やっぱり普通の就職するには、学校に通って勉強するっていうのが一番手っ取り早いんじゃないか」って。必要性に迫られて、自分の意志で進学したんですね。

池上　うん。

高田　で、大学に入ってみると、高校と違って自分で好きな教科を選べて、その中で自分が思いもしなかった知識との出会いみたいなのがあって、それがすごく今の自分にとってはプラスになってると思ったので、良かったなと。あとは周りがみんな年下なんで、自分自身、心の中で余裕を持って、相手に接することができる…昔だったら許せなかったことも、今だったら「あ、若いな」と思って（笑）、許せるようになって。

池上　（笑）

高田　そういう意味で、自分がすごく大人になれたのかなっていうふうに思っています。

五、現在の不登校の多様な傾向

池上　分かりました。また後ほどそれぞれ四人の方にお話を伺いますけど、牟田先生。

牟田　はい。

池上　ここまで聞いてきてですね。四人、いろいろな不登校のタイプですよね。

牟田　そうですね。

池上　神経症の人もいるし、今とっても多くなっているひきこもりの人もいるし、最後の高田さんはひきこもりではなかったようですけれど、そういう、それぞれみなさんの相談を受けてきての、現在の不登校の傾向といいますか、どんなことが言えるんですかね？

牟田　高田さんの場合はどちらかというと、学校の問題に起因するタイプ、という気がするんですね。学校に起因するタイプっていうのは、比較的、心の問題よりは学校の先生と生徒のコミュニケーションをもうちょっと明確に、きちっとしていかなければならない。コミュニケーションが不足しているために行けなくなってしまうっていう子どももすごく多いから。学校の先生と子どものコミュニケーションというのは、先生同士のコミュニケーションにもずいぶん大きな影響がある。で、先生同士のコミュニケーションが上手くいってないところは、先生と生徒のコミュニケーションも上手くいかない、という事例はすごく多いですよね。

それから、藤村さんのようなケース、いわゆる私立の有名中・高一貫の学校で行けなくなっちゃうケースが、ここ四、五年の間に急増しているのが現実です。俗に言う進学校の中でも、「超」がつくような進学校の中で、息切れ…昔、小泉先生という早稲田の先生が「息切れタイプの不登校」（注二）とおっしゃったことがあるんですけれど、そういった子どもたちと非常に似たような現象で、中・高一貫の中で、やっぱり自分自身で居場所を見つけられずに、行けなくなってしまう、というケースの子どもたちが、最近になってすごく増えているという気がします。

それから横山君のケースで、家族関係。今、日本中の家族で、家族の問題のない家はないと思うんですけど、不登校の子どもだけではなく、ほとんどの子どもが、家族関係で問題を抱えています。親子関係の問題の中でとっても気を遣ってしまうとか、あるいは完全主義でまじめで、どちらかというと親の期待に応えたいっていうような、典型的な古典的タイプの不登校の人ですよね。そういった子どもの場合、先生の方も遠慮してしまって、家庭訪問はするんだけど、「静かにしておいてあげた方が良いのかな」という感じで、子どもだけでなく、おそらく先生の方も引っ込んじゃうという傾向もあります。それで長い間のひきこもりになっているというケースがあると思います。

で、どちらかというとそのひきこもりの人たちは、横山君のケースでもそうだったんですけど、学校の問題を離れて、もっと「自分自身っていったい何なんだろうか」とか、あるいは「生きるってどんな意味があるのか」といったような、すごく本質的な問題まで深く入っていってしまう。それゆえ、金澤君のようなかたちで、神経症的な症状とか神経症の症状に入っていくというケースが多いです。

ただ、この神経症の症状の人はすごく多いんですが、実は金澤君の場合も、「神経症的症状なのか、ほんとに病的な神経症なのか？」って区別

（注二）　息切れタイプの不登校　真面目に親や先生の言うこと聞き入れ、完璧にやって頑張っていた子どもが、思春期に入って、風邪などのちょっとしたことがきっかけで不登校に陥ってしまうケースのことを言う。いわゆる優等生の息切れタイプの不登校。十年ほど前は、実際にこういうタイプの子の不登校が多かったが、最近は、「誰でもがなる」に変わって来ている。

は、すごく難しいんですね。で、金澤君くらいのケースでも、病院によっては投薬をしていくんだけど、ほとんど効果が上がっていかない。だから金澤君の場合でも、「神経症的な症状」、いわゆる「強迫観念」…自分自身の認識の中で、自分で勝手にイメージを作ってしまってそれに縛られてしまう。だからそういう意味では、新しい、正しい認知をしていくのが大切です。アメリカの論理療法で、何故自分はいらだつのだろうか、何故そういう行動をしなければいけないのかと、原点に戻ってもう一度論理を組み立てて考えていくっていうのもあるんですが、それが全てではないと思うんですよ。たまたま金澤君の場合は、割とそれで楽になった、っていうケースだと思います。

池上　分かりました。

学校や家庭の対応

六、形だけの対応は逆効果

池上　今日この会場に来ていらっしゃる方々も、それぞれがいろいろと悩みを抱えていらっしゃるだろうと思うんですが、そういう意味で、会場に来ている人たちに対するヒント、アドバイスになると良いなと思って、これから四人の体験者に質問します。まず、これまでのみなさんの不登校の体験の間に、学校や家庭が何をしたのか。今の話では、学校は何もしてくれてないっていう感じがするんですけど、そのときに、学校や家族にして欲しかったこと。それから、こんなことをしてくれたけど、こんなことはして欲しくなかったということがあれば、聞きたいなと思います。

まず、金澤君からどうですか？　こう、家庭や学校が、「してくれなかったんだけどこんなことをしてくれれば良かったのになあ」ということが、何かありますか？

金澤　不登校になり始めたときっていうのは、その人が苦しんでいたり、やる気がなくなって学校に行かなくなったというのがあると思うんです。そのときにはやっぱり、「どうしたの？」と、話を聞いてあげることがとても良いと思うんですね。ただし、ここで子どもの話を聞いて、それが間違っている場合でも、あまり否定をしない方が良いと思います。

池上　うん。

金澤　子どもはとても苦しんでいるから、そこで、「それは違うよ」と先生が言ってしまうと、「どうして自分の苦しみを分かってくれないんだ」という気持ちになると思うんですね。だから、子どもの言っていることが少し間違っていたとしても、「そうだね、苦しいね」というような対応をして欲しかったです。

池上　なるほどね。こんなことをして欲しくなかった、ということはありますか?

金澤　はい。形式的な家庭訪問とか、大して話もしないような面接、というようなことは、子どもに対して逆に不信感を与えると思います。

池上　なるほどね。

金澤　そうしてしまうと、「先生は、自分では何も考えないで、校長に言われたりマニュアルに書いてあるようなことを単にやっているだけで、自分のことを全然考えてくれない」「相談者でも何でもない、ただ行動してるだけ」と思われてしまうので、そういった形式的なことというのは、やらない方が良いと思います。

池上　なるほどね。形ばかりの家庭訪問をしても、受ける方は見破ってしまうわけだね?

金澤　はい、そうです。

池上　なるほどね、分かりました。

七、「待つ」ことが大事

池上　えぇ…横山君はいかがですか?　こういうことをして欲しかったなぁ、と思うことは、学校や家庭に対してあります?

横山　一言で言えば、「放っといてくれ」ですかね。

池上　ああ、あなたの場合は、放っておいて欲しかった。

横山　干渉しないでくれっていう意味ですね。今でも多少あるんですが、当時は、学校とか親に対する不信感っていうのがすごく強くありました。そうは言っても、やはり不登校ですから、「このままではどうなるんだろう」と、自分自身不安もあったんですが。そういうときに、親や学校が何らかの対策を…例えば親であれば本を買ってきて自分に薦めるとか、それが嫌でした。正直なところ、読んだところでどうなるとも思えませんでしたし、それをやられるたびに、「一体誰のためにそういうことをやっているんだろうか」と、すごく不信感がわいてきましたね。

池上　ふーん。

横山　例えば、親に本を薦められれば…自分の子が不登校になって自分が苦しいから、それを何とかするために、そういった本を読んでいるんじゃないだろうか、という気がしてきて、すごく強い不信感があって。それで「放っといてくれ」と。

池上　うん。

横山　学校にしても、ハナから頼りにしてませんでしたから、「ああ、どうだっていいや」っていうのが正直な感想です。

池上　なるほどね。ま、つまり、それが嫌だったたっていうことにもなるんだな？

横山　はい。

池上　しかし放っておけば何とかなった、というわけでもないよね。例えばね、あなたが親や学校の先生だったと仮定してみましょう？

横山　はい。

池上　そのときに、あなたみたいな不登校の人がいた。どうすればいいの？

横山　どうしようもないですねぇ（笑）。

池上　（笑）放っといてくれっていうのは、つまりそういうことだよねぇ？

横山　はい。

池上　まあ、つまりいろんなタイプがいるわけだけど、学校が何もしてくれないってことに対して不信感を持つ人もいれば、逆にそんなことしてくれないほうが良かったという人もいる。結局あなたは、放っておかれたけど、自分で一生懸命努力した結果、立ち直れたってことなの？

横山　いや、周りには助けてもらっていると思います。だけど最終的に、周りの人に助けてもらうのも、自分で動かなければどうしようもないということだけは強く思っていたので、自分でそういうことを調べたりするまでは、待っていて欲しかったですね。

池上　なるほどね。動き出すまで待っていて欲しかった。

横山　はい。

池上　分かりました。

八、組織としての対応ではなく

池上　すると、不登校にもまさにいろんなタイプがあって、どう対応したらいいのかっていうのがずいぶん難しいようですが、それはまた牟田先生に後ほどお伺いする、ということで…藤村さん。

藤村　はい。

池上　どうですか？　「こういうことを学校や家庭にして欲しかった」ってこと、あります？

藤村　私の場合、学校の立場みたいなものを全面に出されたんですけど、そういうのはすごく困りました。

池上　ふーん。

藤村　組織として私に対応している、って感じがすごく見えたんです。「校長はこう思ってるから」というように。そういうのではない、先生個人としての働きかけっていうのが、私には全然見えなくて、誠意が感じられなかったというか…。

池上　ふーん。

藤村　なんか、「建前として、行かなければいけないから来た」というふうに見えたのが、すごく嫌でした。

池上　なるほどねぇ。それはみんな他の人と共通してますね。家庭はどうですか？

藤村　親は、最初、一回くらいは行けと言いましたが、そのあとからは、しばらくそっとしておこうという感じになりました。ひきこもっている間は暇ですから、私が興味を持ちそうなものをいろいろ買ってきてくれたり、一緒に植物を育ててみようとかしてくれました。そういうのは、味方になってくれるっていうか、一緒に悩んでくれているなって、すごく感じました。

池上　うん。

藤村　逆に嫌だったのは、学校から送られてきたプリントとか。すごい膨大な量のプリント類がくるんですけど、それを全部持ってこられたときは、「どうしよう」と思いました。

池上　うんうん。

藤村　そういうのとか、あと、学校の立場みたいなのを言われたときは、まだ私はそういう段階じゃなかったんで、そういうふうに言われると脅迫されてる感じがするだけでした。それよりは味方になってくれて、一緒に悩んでもらってたほうがよかったですね。

池上　そうか、そうすると学校に対する思いがみんな共通しているように思いますね。

九、「じゃあ次は…」への反発

池上　高田さん。家庭や学校、こういうことが嫌だった、あるいはこうして欲しかったということはありますか?

高田　そうですね、私の場合は、たまに保健室に行って、保健室登校（注三）をしていたんですが、保健室に行って、また次に行くとすぐに、「教室に行けるよね」という先生の対応が、すごく嫌でしたね。そんなにすぐに変われないよって。あとは、先生同士の人間関係の延長で、上の方の…校長先生は大学の先生だから滅多に来ないんですけど、副校長の先生が、私に対してまですごく威圧的だったのも嫌でした。別に悪いことは何にもしてないのに、校長室みたいなところに呼ばれて、お説教されてるような気持ちになったので、「何がいけないの?」って反発しようと思いました。

池上　で、どうして欲しかった?

高田　私も藤村さんと重なってしまうんですけど、もうちょっと親身になって欲しかったですね。

池上　ただ、学校の先生にしてみるとね、「不登校だったのが保健室まで来てくれた、ああ、良かった良かった。じゃ、保健室に来てくれたなら、次は授業に出て欲しいよね」って思うのも分かる気がするんだけども…。

高田　そうですね。でも、その期間があまりにも短すぎるんですよ。一回来たらすぐ次、っていうわけにはいかない、って分かって欲しかったですね。

池上　うんうん。

高田　私には私のペースがあって、そういうところを読みとって欲しかった。それは難しいことなのかな。そこまで先生に要求していいのか分からないですけど…。

池上　そうか、それは一人一人違うんだもんね。

高田　そうですね。

池上　それで、早すぎるかな、適切かなって考えるのも、つまり、親身になって欲しかったっていうことなのかな?

高田　そうですね。「ここまでやって下さい」「じゃ、次はここ」というのが、すごく機械的な気がして、私はそんなマニュアルには収まらないわよ、という反発をしてましたね。

カウンセラーについて

十、カウンセラーの対応

池上　四人みんなに聞きたいんですが、スクールカウンセラーに相談にのってもらったっていう人はいますか？　金澤君はサポート校にカウンセラーがいるって話でしたよね？　他の三人はどうでした？　いわゆるスクールカウンセラーみたいな人は…。

高田　私たちのときは、スクールカウンセラーっていう仕組み自体が学校にはなかったですね。

池上　なるほど、そうですね。で、金澤君のところには、カウンセラーがいたわけですよね。その人に相談にのってもらったことが、すごく大きかったってことなのかしら？

金澤　はい。

池上　カウンセラーと話をしてみて、どうでした？

金澤　いろいろと話はしましたが、カウンセラーの側から要求してきたり、課題を突きつけてきたりというのは少なくて、さらにもっと言ってしまえば、カウンセラーの側から話を聞きに来るっていうことも少なくて、沈黙が続くというのがよくあったんですよ。

池上　ふーん。

金澤　だから、自分から話をするっていうのが多かったです。その沈黙が続くようなカウンセリングっていうのは、僕のようなタイプには有効だと思います。でも、同じような対応をできないような人も大勢いると思いますし、同じような対応では、駄目だと思います。

池上　わかりました。カウンセラーの人が、みんなにそういうことをやっていて、たまたまあなたに対してそれが良かったのか、それとも優れた人で、それぞれの相手によって対応を変えていたの

（注三）　保健室登校　クラスの人の視線が気になって教室には入れずに、保健室に登校すること。

か、そのへんは分からないよね？

金澤　わかりません。

池上　わかりました。他の三人は、例えば学校の先生、家庭の他に、第三者のカウンセラーみたいな人がいると、良かったかしら？　事情は変わらなかったかしら？　それは家庭の問題だけど、どうかしら？

高田　児童相談所に通っていたので、そこで家族でカウンセリングを受けてましたが、プライバシーを探られるようで結局嫌になって、私の場合は通わなくなってしまいました。

池上　なるほどね。他の二人はどうですか？

横山　正直、スクールカウンセラーがいたところで、行かなかったと思いますね。

池上　それこそ、放っておいてくれっていう立場だもんね（笑）。えー、藤村さん。

藤村　まず、実際にその場所まで行けるかという問題と、行ったとしてもそこまで踏み込んだ話をできるかという問題があったと思います。当時は、心を閉ざしているような状態だったから…。家から一歩も出ない生活をしてたから、そこまで行けたなら授業にも出られたと思うんですけど、そこまでできない人がいっぱいいると思うんですよね。

池上　わかりました。えー、牟田先生に二点お伺いしますけど…。

牟田　はい。

池上　今ありましたように、それぞれタイプが違うわけですねえ。それぞれのタイプによって、家庭や学校の対応はもちろん違うと思うんですが、どうすれば良いかってことですね。これは簡単じゃないことは分かっていますけど、とりあえずどういうことが考えられるのかということ。

それからもうひとつが、カウンセリングのあり方。第三者としてのカウンセリングのあり方ですが、その二点についていかがですか。

牟田　一つ目ですが、それは難しい問題で、どうしていこうかって考えているんですけど…まず、その子のタイプ別（注四）っていうのを、どう捉えるかっていうのがあると思うんです。

今日の話の中でもありましたが、文部省でも「タイプ別の数の発表」というのを、十二月と八月に出しています。そのタイプ別の分類…先生がタイプ別に分類したのと、子どもたち自身に「自分はどのタイプに属しますか」って聞いた自己申告の分類に、すごく差があるんですね。先生達自身でも、その分類をしたときが、不登校の初期の段階なのかあるいは中期頃の段階なのか、自分が関わったときが初期か中期か終わりの方だったかで多少変わってくる。

例えば、情緒混乱型が複合型になっていたり、学校に起因するものが無気力型になっていたり、分類する時期で違ったタイプになるから、タイプを一つに分けて、「この子はこのタイプですよ」ってするのは、とっても難しい部分があると思いますね。

池上 なるほどね。

牟田 だからまあ、大まかにタイプ別の認識をしつつ…現在どういう状況にあるのか、この人は無気力型なのか、あるいは情緒混乱型なのか、それともいろんなものが混じった複合型なのか、あるいは学校の問題が全然解決していないために行きづらくなっているのか、っていうように、子どもが今悩んでいる状況を的確につかむことがすごく重要なのではないかな、と。そのつかみ方としては、もちろん子ども自身から話を聞くことも重要だけれど、お父さんやお母さんの情報を総合することも、とても重要なんじゃないかなという気がします。

文部省は、不登校者の数が一〇万人に達したときに、三年越しで追跡調査をしてきました。青少年の様々な問題が続出して起こったので、調査の発表がちょっと先送りになっていますね。その中で見えてきたのは、不登校のタイプは大きく三つに分かれる、ということ。

一つは、「遊び非行型の不登校」。この遊び非行型の不登校の人たちは、一番社会適応していいます。二十、二十一の人たちなんですね。「学校に行けば良かった」って、いちばん後悔している人たちです。私も聞き取り調査で、「何でそう思うのか」って聞いたんですが、「あいつ車運転するんだけどさ、誰よりも運転は上手いと思うんだけど免許が取れないんだよ」って。「どうして?」と聞くと、「あいつ、マークシートをなめてたん

(注四) タイプ別の不登校　詳細は巻末資料⑦を参照

だけどさ、漢字が出てくると読めないんだよ。それで意味が分かんないんだよ。やっぱり中学・高校のときに勉強しておけば良かったな」っていう人たち。免許だけではなく、他の資格試験もそうだということで、いわゆる「遊び非行型」の人たちの場合、やっぱりもっとコミュニケーションをとって、説得をしていかなければいけない。そういう意味では登校刺激をしていかなければいけないな、という人たち。

もうひとつは、「意図的なタイプ」の、自ら好んで行かなくなってしまった人たち。「学校に行っても意味がないよ、行く必要なんてあんまりないよ」という。その人達は、いわゆる学校には行ってないけど、比較的自由に生活をしている。だから、後悔とか自責の念とかもあまりないし、他人の目もほとんど気にならない。で、今は何をやっているかというと、大検を取って専門学校…自分の好きなアニメーションの学校に行ったり、あるいは自動車の専門学校に行ったりというかたちで、わりと充実してる人たち。これが「意図的なタイプの不登校」の人たちです。

それから、一番社会適応が悪い、中には四年制大学に進学してる人もいるのが、どちらかというと「情緒混乱型の不登校」の人達。この人達っていうのが、後悔もしているけれど、「あのときはやむを得なかった、行きたくても行けなかった、どうしようもなかった」と思っていて、なおかつ「今も苦しい生活を送っている」。彼らは、様々な援助が欲しいときと欲しくないときと、両方あります、って答えているんですね。

大まかに、この三つのタイプぐらいに分けてみて、どこに分類するかっていうことが重要なんじゃないかな、と思います。

で、まあ、いつ発表になるか分かりませんが、その中で非常に具体的に細かく…いわゆる大学の先生の専門用語ではない、子どもの答えに即したグルーピング（注五）をしたものがあります。グループごとに「そのときの気持ち」があって、このグループにいくつ当てはまるからそこのタイプの人達だと分かるようなかたちで発表がされると思います。そういうような資料があったら見て、大きく三つに分けて考えてみるのも必要じゃないかな、と思います。

二つ目の、カウンセリングのあり方というのも難しいですね。

カウンセリングで一番困るのは、いわゆるひきこもっている人たち。表に一歩も出て来ないわけですから、当然相談者のところにも来ません。で、相談者のところに来ないものを無理矢理に家庭訪問してもだめです。本人が、「来て欲しい」という意思を示すなら行ってあげた方が良いし、本人が、「来ないで欲しい」と言ったら行かない方が良い。

じゃあカウンセラーはどうしたら良いのか。基本的にはお父さんやお母さん…お父さんが来るケースは少ないですが、お母さんに来てもらって、そのお母さんから状況を聞いて、お母さんを支えてあげることが、まず一番重要なんですね。まずはお母さんの不安を取り除いてあげる。基本的な関係としては、お母さんと子どもとの間にはパイプがありますので、お母さんが不安を取り除かれて安定すれば子どもも安定するというふうに、普通はなっていきます。そうなったら、大抵の場合、子どもが来られる状況になります。

ですから、学校の先生がやれることっていうのは、ひきこもった子どもに直接対応することではなくて、親を支えてあげることです。いわゆるタイプを示してあげて、「どういう経過になっていって、今後こうなることが予測されますよね」「一生続くわけじゃありません、今の状況はこういう状況ですよね」ってやってあげることで、親の不安を取り除いてあげる。それから親の気持ちを聞いてあげれば、ずいぶん支えられるんじゃないかと思います。親を支えることで家族環境に変化をもたらしていく。そのことは、子どもが動くための大きな要因の一つになるのではないかと思います。

もうひとつ言っておきたいのは、一番ひきこも

（注五） 子どもの答えに即したグルーピング　不登校追跡調査のC調査による分類（巻末資料⑤参照）。子どもの自由にインタビューを行ない関連する項目について、後に、カテゴリー分けして分析したもの。
アンケート調査では、あらかじめ仮定した答えを用意して、分析したもので調査者の考え方（予想した範囲）に回答がしぼられ、調査者の想像のカテゴリーを越えることが出来ない。調査者の想像を越えるだろうと考えられる、不登校の子どもの複雑な思いや不安な気持ちを拾い上げるために、このような形式で実施した。

りの傾向の多い「情緒混乱型」の場合、子どもたちは、葛藤がすごく強いんです。その葛藤は、全てが合理的に割り切れる「大人」から見ると、非常に矛盾しているように感じるんだけど、子どもたちの中では両方正しいわけです。その両方正しいものがぶつかり合って、矛盾を引き起こしてしまう。そういうアンビバレンスな感情を持っている子どもに対して、親や先生や相談者が結論を出してしまったら絶対駄目ですね。あくまでも結論は子どもが出す。先生や相談者は、判断したり結論を出したりしないで欲しい。横山君も言っていたように、しばらく待ってあげて、子どもに結論を出させる、ということが必要なんじゃないかな、と思います。

質疑応答

十一、教育研究所について

池上　では、今から質疑応答の時間をとります。みなさんいろいろと聞きたいことがあると思います。ここにいる四人もまだ話し足りない様子ですので、どうぞ質問のある方、手を挙げていただけますか。…一番前の方どうぞ。

会場・一　山形から来ました。今日はいろいろとお話ありがとうございます。

　質問は、牟田先生が教育研究所を作った理由をまずお聞きしたいな、と。

　それから体験者の方たちがどうしてそこに行ったのかという理由と、そこで何をしたのか、それについて聞きたいので宜しくお願いします。

池上　分かりました。それではちょっと総論になりますけどね、牟田先生、お願いします。

牟田　まず、「教育研究所」は、一九七二年に設立しました。私は、教育心理を専門にしてたのですが、その頃、相談員というのは、どこにも就職先がなかったんですね。病院のセラピストや児童相談所に入るというのはあるんですが、私は教育相談がやりたかったから、そこには行かなかった。教育の相談員というのもありますが、今でもそうですが、ほとんど退職校長が占めている状況だったからそこにも入れなかった。それで結局、自分で開かなければならなかったんです。

そこに来た子ども達は、いわゆる自閉の子どもと、学習遅滞の子どもと、その頃で言う「長欠児童」…長期欠席児童ですね。その中で私が関われる人達っていうのは、心理的な要因を考えると「長欠児童」でした。私はドクターではないから、むしろ相談と教育援助、教育支援をしていこうっていうことで始めました。

で、このシンポジウムを主催している「登校拒否研究会」は、一〇年前にボランティア活動の一環として始めたものです。子どもたちに関わって、子どもたちを受け入れる方法を探す、それから先生達に理解を求めていく、そういうかたちで始めました。

目的としては、基本的に別途の対応をしていた厚生省と文部省に接点を見付けてもらうという、ちょっと政治的な目的と、先生や相談という人達の理解の輪を広げるという目的で、今日までやってきたっていうのが現状です。

教育研究所で何をやっているのか、という質問ですが、基本的にはほとんどがひきこもっていたケースですので、親が相談に来るというかたちで、親に対応しながら、本人達が面接に来られる状況にしていきました。実際に来た子どもたちに対してやっていることは、学習援助と教育相談とケースワーク、人間関係の距離の取り方、体力づくり。生活リズムを取り戻していくということもやっております。

池上 親御さんは、どこでどうやって教育研究所の存在を知ったんでしょうね？

牟田 新聞の記事を見たり、ＮＨＫのラジオ相談で聞いたりとか、いわゆるそういうようなことだろうと思うんですよね。

池上 そうしますと、ここにいる四人の方は、みなさん、どこかの段階では必ず教育研究所に行っているわけですね？

牟田 そうですね。

池上 じゃ、行ってどうだったのか、ちょっと聞いてみましょうか。金澤君から。あの、牟田先生がいても遠慮しないで、良い点、悪い点含めてですね、教育研究所に行ってみて、どんなことを言われたのかなぁ？ どんな話をすることになって、それが良かったのか悪かったのか…どうですか？

金澤 僕の場合はまず、親が新聞か何かで教育研究所を調べてきました。親が電話で問い合わせて、まず親だけがカウンセリングに行って、帰って来てから、「教育研究所という所があるんだけど、カウンセリングに行かないか」と言われたんですね。僕はその前に、何回かそういう所に行ったことがあったんですが、あまり効果がなかったし面白くなかった。だから最初は拒否したんです。でも、段々自分のやる気が出てきたのか、「行ってみようかな」という気になったので、行ってみました。そうしたら、牟田先生も話をちゃんと聞いてくれる、ということがありましたし、雰囲気も良くて、同じぐらいの年齢の子ども…僕が行ったときには、十六、七歳くらいの人がいて、楽しそうだなという感じがしたので、通うことにしました。

池上　同じくらいの年齢の子が何人もいたの？　一人？

金澤　五人ぐらいですね。

池上　その、五人ぐらいの人達は、そこにいて何をしていたの？

金澤　授業の時間ではない時間に見かけたんですが、まあ、雑談をしたり遊んでいたりと、そういうことでした。

池上　ふーん。何だろ、その雰囲気が良かったたってどういうことかしら？

金澤　普通だったら、午前中とか昼間から、中学生ぐらいの、僕ぐらいの子どもが外で遊んでいるっていうのは、僕にとっては考えられないことだったんですね。

池上　うんうん（笑）。

金澤　平然と遊んでいるんですよ、隠れるわけでもなく。

池上　うんうん。

金澤　で、そこで、「あ、そういうのも良いなぁ」と思って。楽しそうだなと。ここだったら昼間でも退屈しないし、楽しくやれそうかなと思いました。

池上　なるほどねぇ。はい、分かりました。横山君は？

横山　やはり、最初は金澤君と同じで、親がどこかで教育研究所のことを知ったらしくて、「こういう所があるよ」と…。あの頃は確か、まだ高校に行ってた頃でした。どんな所だかよく分からなかったし、「研究所」なんて物々しい名前ですから怖かったんですが、一度、学校を早退してカウンセリングに行ったんです。

行ってみての第一印象としては、「騒がしい所だな」っていうのが…。

池上　（笑）

横山　まあ、とにかくそれだけが印象に残っていました。しばらくして高校を辞めて、とにかくどうしたら良いか分からなかったんで、教育研究所に相談に行って話を聞いてもらいました。それから一年くらいひきこもってしまったんですけど、それでもひと月とかふた月に一度くらいの間隔で話をしに行って…。もうそろそろ一年かなっていう時期に、悟りというか、結論というか、ふっと頭に浮かんで「あ、行こう」って。それが二月頃だったんですけど、四月から通い始めました。

池上　その、「結論がふっと浮かんだ」って、どういうこと？

横山　たぶん、たわいもない話をしていたんだと思うんですけど、「あ、人の目なんか気にせず生きていけばいいじゃないか」って、ふとひらめいたというか…。

池上　吹っ切れたという感じね？

横山　吹っ切れたというか、ひらめいた、というような…なんか…。

池上　ひらめいた…はぁー。

横山　とにかく、そういうのが頭の中に浮かんできて、これで動けるなと思って。

池上　なるほどね、「人の目なんか気にしなくったって良いじゃないか」と。

横山　はい。

池上　「やりたいことをやればいいじゃないか」というふうに、ね。なるほどね。

横山　ええ。

池上　分かりました。それから藤村さん。

藤村　えーと、私がまだひきこもっているときに、母がまず教育研究所に行って、カウンセリングを受けたり話を聞いてきたりしていました。それでちょうどその頃に、私もそろそろ外に出てみたくなって、やっと出られるようになったときに、「じゃあちょっと見に来てもらおうか」って。家に来てもらって、勉強を見てもらったり、いろいろ話を聞いてもらったりしてて、「同じぐらいの子がいっぱいいるから来てみない？」って言われて…家に来てもらっているときから、外に出たくて出たくて仕方ない感じになって、それからはスムーズに通い始めるようになりました。

池上 ひきこもっていたわけでしょ？

藤村 はい。

池上 それが外に出たくて出たくてたまらなくなったって、何かきっかけってあったの？

藤村 一人で外に出られる時間っていうのは、やっぱり中学校が終わった夕方からで、それが自分の活動の時間なんですよ。でも、それだけじゃなんだか…昼間の時間をもてあましてたこともあるし、勉強してみたいなと思ったりとか、少しずつ外への興味が出てきていましたね。

池上 それはどうしてなんだろうねぇ。つまり、あなたにとって、家の中にずっとひきこもっていた時間というのは、あなたの成長する上で必要だったってことなのかしら？

藤村 必要でした。

池上 それは、ある程度の時間を経たことによって、次の段階に行くことが出来たということ？

藤村 はい、多分その期間がないままに同じことをしたとしても、外には出られなかったと思います。

池上 ふーん…だけど、なんていうのかな、そこから通えるようになったってことは、つまり、教育研究所に行かなくても、今のような状態になることが出来たの？ それともやっぱりその途中経過として、教育研究所が必要だったの？

藤村 やっぱり必要…同世代の子ともいろいろ話したかったし、かといって、学校に戻れるかっていったら戻れない。ちょうど同じくらいの年齢で、同じようなステップを踏んで来てる子達がいっぱいいて、馬鹿な話もするけれど、ちゃんとした学校に対しての話とかもたくさんしたので、そういう中で、自分の中で決着できたから、「じゃあ高校に行ってみようか」と思えたんだと思います。

池上 分かりました。高田さんは？ お姉さんもここに？

高田 えっと、一つ上の姉がいるんですが、姉もいじめとかいろいろな問題で不登校になって、姉妹して不登校でした。姉は、高校進学に際して通信制の高校に通うことにしたので、学習援助というかたちで教育研究所にお世話になることになったんです。私も、昼間の時間を…地元の友達も、平日は学校に行ってるんで、休日くらいしか遊べないから、昼間の時間をすごくもてあましてたので、「お姉ちゃんが通うんだったら一緒についていこうかな」という感じで（笑）。やっぱり、一人で踏み込む勇気がなかったんで、そこで姉にくっついて来ました。さっき金澤君は、一緒にいたのが五人くらいって言ってましたけど、その当時は人数ももうちょっと多くて、藤村さんなんかも一緒にいました。そこに行って、それぞれ細かいところは違っても、同じような悩みを持った、学校に通えないという状況を抱えた子がいることで、すごく、私は安心できたんですよね。「自分だけじゃないんだ」と思って。

池上　うん。

高田　学校には不登校の子が少なかったんですよ。

池上　そうだね。

高田　周りにそういう人もいなかったから、自分だけじゃないと分かって、すごく安心できたんで…。一緒に運動したり身体動かしたり、そういうこともできたので、私にとっては楽しかった、と思うんです。

池上　ありがとうございました。えー、他に質問ございますか？　はい、そこの方。

十二、親の働きかけについて

会場・二　大阪から来ました、私立の女子の高等学校の、生活指導部長です。二点お聞きしたいと思います。

本校では、十二〜三年前から、専門のカウンセラーの先生に、週に二日来ていただいています。で、その日に一時間単位で二人のカウンセリングをするんですが、十何年、ずっと見ていて、仕方のないことかもしれませんが、アドバイスというよりも、ほとんど話を聞いてあげるだけで過ごしていると思います。ただ、学校に来てカウンセリングを受ける生徒については、ほとんど心配してないんです。問題は、家で閉じこもりっきり、全く家を出ない場合です。こういう場合、親御さんは心配で仕方ない。そこで親御さんがカウンセリングを受けるわけですけど、なかなか上手くいかない。

さっき藤村さんのお話に、閉じこもりきりのときに、親御さんが何か興味のあるものを持ってくるとか、働きかけの話がありましたね。僕自身は、それが大切だろうといつも思っているんです。ただ、カウンセラーの先生もその時間だけしか関わっていませんし、話を聞くだけっていうのもあるので、それすら出来ない。

学校や親としては、何とか進級して欲しい、卒業して欲しいと思いますから、親御さんの気持ちも痛いほど分かるんです。だけど僕自身は、長い人生、ここで何年か立ち止まっても良いじゃないかと思うんです。学校や親御さんは、本人がやりたいことを見つけてあげる努力をする必要があるんじゃないかと感じるんです。

そこで藤村さんにまずお聞きしたいのは、そういう親御さんの働きかけについてです。さっきのお話の親の働きかけについて、もう少しお話しいただけるとありがたいです。

もう一つ、こちらは牟田先生にお話を伺いたいのですが、閉じこもりっきりというか、ひどい不登校の生徒さんだと、本人を説得するというのはなかなかできません。横山さんのように、「放っといてくれ」っていうタイプが非常に多い。ですから、親御さんの考えを治さなければいけないと思っています。多くの親御さんは、とにかく、親戚とか周りのことばかりを気にして、学校に行って欲しいという気持ちが非常に強い。だからその辺のことを学校として親御さんにアドバイスしたいのですが、そのことについて牟田先生に聞かせて欲しいです。

池上　わかりました。その二点ですね。じゃ、まず藤村さん。ひきこもりのとき、親が一緒に野菜を作ったりっていうような働きかけがあったって言いましたね？

藤村　はい。

池上　その辺をもう少し話していただけますか？

藤村　えっと、その時点ではひきこもりではなかったっていうか、外にもう出られる状態だったんですけど…そうですね、もうその頃には外に多少は出ていました。それまでは、親と何かを一緒にすることもほとんどなくて、一人で生活してるような感じだったのですが、そのときは親が、「何か作ってみようか」って、野菜の種とか、いろいろ買ってきてくれました。うーん…でもその前にも、「どこか遊びに行く？」と聞くことはあって、私が勝手に人目を気にしてたけれど、わりと親はあっちこっち連れて行きたがって、こう、親と子どもの時間というものを持とうとしてくれてたと思います。

池上　その、野菜作りだとかね、それはつまり、もうある程度ひきこもりから脱出してからの話ですね？

藤村　家の中で…家族と話をできる状態ではありました。

池上　うん。その、最初の頃のひきこもりの状態のときは、家族との話は？

藤村　ほとんど、もう…食事も別で、もう、部屋に何でも揃っている状態で…。

池上　食事のときは？　親が食事を部屋に届けるわけ？

藤村　もう、昼と夜が逆転していたんです。だから、時間は何時間ずつかズレていたので、ほとんど顔を合わせることもなく、という感じで…。

池上　そういうときに、親は、休みの日にどこか行こうっていう働きかけはしていたの？

藤村　してました。「どこか行くけど、来る？」って。

池上　で、あなたはどうしたの？

藤村　最初はほんと、駄目でしたけど、どうしても行きたいと思うものには行っていましたね。

池上　どんなところに？

藤村　映画見に行ったり、遊びに行ったりとか。そういうことは、もう、人参ぶら下げられた馬じゃないけど（笑）、そういう感じで、くっついていきました。

池上　ああ、そう。さっきあなた言ったけど、あなたとしては人の目が気になるんだけど、親はそんなこと関係なく、子どもを一緒に連れて行こうっていう感じが見えたわけね？

藤村　見えましたね。

池上　うん。それはやっぱり、嬉しかった？

藤村　嬉しかったですね。

池上　ふんふんふん、なるほどね。つまり、「人のことなんてどうでもいい、うちの子どもなんだから」という、家族として行動をしようとする、親の気構えが見えたってことなのかしら？

藤村　はい。

池上　それがあなたにとっては救いだったのかな？

藤村　はい。

池上　分かりました。じゃ、牟田先生。

牟田　はい。東京都のデータ（注六）で、不登校になっても、どの機関にも全く相談しない、学校の先生にも相談員にも児童相談所にも相談をしない、っていう人達が、約四〇%いますね。残りの六〇%はどこかに相談をする。どこかに相談するケースはまだ救われるんですが、ただその相談を受けたときには、まず最初に親の話を聞いたときに、子どもに身体症状があるのかどうか、気を付けてあげて下さい。例えば、頭痛や腹痛、吐き気やめまいがあったり、下痢があったりっていうような、身体症状を伴っている場合です。ストレスが要因になって身体症状が起こっていますから、その原因を考える。また、そういう身体症状があって、さらに昼夜逆転をしている、そういうときには、登校刺激をしてもほとんど効果が上がらないということを、まずちゃんと説明をしてあげる。

ストレスから来る下痢という自律神経失調症は、よっぽど酷いケースでも、一八〇日ぐらいで大体改善しているんです。でも、昼夜逆転がそのまま続くということは、全く外に出ないから運動不足で体温が上がらないとか、血糖値がいわゆる低血糖の状態になっているために、だるくてしょうがないという症状が起こっているからです。では身体をどうやって動かすのか、なんていうアドバイスを僕はしていきます。

だから、子どもの動かし方の問題として、身体の問題、それからストレスの度合いの問題、それと昼夜逆転の問題、それから生活リズムの改善の問題、というように、具体的なアドバイスをしていく。それと同時に、実は不登校の子ども達の心の問題っていうのは、不信感や不安感、あるいは緊張感がすごく強い。特に不信感は、学校に対するものもあるけど、親に対するものもあります。その不信感というのは、具体的ではなく、とっても抽象的な不信感だから、それを拭い去るには、どうやって信頼関係を築いていくかっていうことが、とっても大切なんです。

基本的に、こういう「情緒混乱型」の不登校の場合は、家族の中で一番気を遣っている人に表れます。家族構造のねじれがある場合、そのねじれ構造の中にあって、一番中心部でねじれの力を受けてしまっているのが、実は不登校。だから、周りで遠心力をかけているのが実は親だ、って気付いてもらうことがとっても大切ですね。

ですからそこで気付いたことを、説教するというかたちではなく、お子さんと一緒に考えながら、一緒に涙を流す…というようなことができると良い。親自身も、何らかの強迫観念を持ちながら子育てをやっている。その強迫観念が子どもに悪影響を起こしていたんだ、と気付くと、親の方はとっても楽になりますよね。

その辺のところが本当にできるかできないかは、カウンセラーの人達の力量の問題かな、っていう気がします。スクールカウンセラーが配置されて何年かたって、次第に効果が上がってきていますけれど、そのスクールカウンセラーをやっている臨床心理士は、もともとは病院で精神病の人達を相手にしていたセラピストの人達が多い。今もそれを兼任している人達がやっている。ですから、スクールカウンセラーの人達が、病院でのカウンセリングと不登校の子どもへのカウンセリングには、ちょっと違う部分があるということを認知できていれば、かなり力量が上がっていくのかな、という気がします。私としては、不登校の子どもへのカウンセリングとしては、家族療法を含めた対応をしていかないと、非常に難しいと思っています。

残りの、全く相談に来ない四〇％っていうのは、家族が本当に混乱してしまってどうにもならない状況に追いやられている人達が、実は多いんです。本当なら福祉的な相談を含めた、いわゆる「社会的なケア」を必要としている人達ですよね。だからそういう意味では、経済的支援、社会的支援を含めたかたちで、不登校…その家族の支援と、子どもの支援活動を充実させていかないと難しいのかな、と思います。教育的な配慮の元に教育相談をしていくというだけでは難しい状況だと思います。

ただ、私立学校の場合、先にちょっと言いましたけど、「具体的にはどうしたらいいんですか？」と、具体性のことばっかり、あるいは指示待ちの親が非常に増えてきている傾向は否めないという気がします。

（注六）東京都のデータ　平成十一年度　小学生三八・一％、中学生四三・三％、平成十二年度　小学生三八・一％、中学生四二・三％が、東京都におけるどこにも相談しに行かなかった人の数（東京都教育委員会、教育相談センター調べ）。詳細は巻末資料⑥を参照。

今までに進学神話みたいなものが出来上がっていて、そこで子ども自身がストレスからつぶれてしまっているんだけど、「この学校が駄目だったら次はどんな学校がいいんですか？」「こんな学校だったらいいですか？」と。高田さんのお母さんは、高田さんの行った女子高をすっと受け入れてくれたけど、「そんなところ行ったら絶対駄目です」とか、「もう大学に行けないから、その子には未来がないです」と言っちゃうような親がいます。その場合は、そういった教育に対する認識をどう変えていくか、あるいは周りの親戚を含めたそういう圧迫とか、親の学校信仰という強迫観念を、どう解き放ってあげるかということが、大きな問題になってきているのかな、と思います。これが、これからの大きな課題だと思います。

池上　分かりました。はい、では他にございますか？　ではそちら…。

十三、人の目を気にしないようにするには

会場・三　茨城県から参りました。情緒障害学級を担任しております。今日は本当に、貴重なお話をありがとうございました。

実は、私が担任している中学二年生の女の子なんですが、とにかく人の目が気になってしかたないようです。まあ、登校はしているんですが、人の目がない時間に登校して、そしてみんなが下校する前に下校する、というようなことを繰り返しております。休み時間もほとんど教室からは出ない、とにかく人に自分の姿を目撃される…人の目をすごく気にする生活を送っている生徒がいるんです。その子にはいろいろな事情がありまして、小学校の五、六年は全欠状態で、中学になって登校するようにはなったものの、そのような状態で…。私は中学一年から受け持っているんですが、状況は良い方向に動いていない、という気がしてならないんです。

そこで四人の体験者の方にお聞きしたいんですが、人の目というもの、特に友達の目が気になるという状況を克服したきっかけがありましたら、お伺いしたいと思います。

それから牟田先生には、今後のその子に対しての対処と言いましょうか、どんなアドバイスをし

ていったらいいのかということをお伺いしたいと思うんですが、宜しくお願いいたします。

池上　はい、分かりました。それではまずその四人に聞きましょう。人の目を気にしなくていい…さっきそういえば横山君、ふっとひらめいたって言ってたよね？　「何だ、人の目を気にしなくても良いんだ、自由にすればいいじゃないか」って…。

横山　はい。

池上　それはどういうきっかけ…つまり、それまではあなたも人の目をずっと気にしてたの？

横山　はい。ま、今でもそういうのは多少残ってますけど…なんでしょうかね…気にしなくなる…慣れしかないんじゃないでしょうかね？

池上・牟田　（笑）

池上　だけど、しばらくひきこもってたよね？　その間中、ずっと人目が気になってた？

横山　まあ、それでも、友達と遊ぶことはありましたけど、やっぱり今から思えば、人の目が気になってたっていうのはありましたね。

池上　うんうん。その場合のさ、人の目が気になるってどういう意味なの？　つまり、本当なら中学校に行ってなければいけないはずなのに、平日の昼間、学校にいないでふらふらしている姿を見られることが気になってたの？　それとも、そもそもあなたという人間の存在自体、誰かから見られてるんじゃないかなと心配で、人の目が気になるの？

横山　前者ですね。平日の昼間から、という…。

池上　つまり、不登校であるってことが分かってしまうってことかなぁ？　…やっぱり、平日の昼間は学校に行ってるものだ、と。

横山　はい。

池上　それが、そうじゃないところを見付かると、それはやっぱりまずいな、という思いがあったということね？

横山　はい、ありました。

池上　ふーん、で、それはひらめいて、「気にしないでいいや」ってなったら、別に平日昼間から出歩けるようになったっていうこと？

横山　まあ、出歩けるようになりましたが…。

池上　ふーん、なるほどね…。

横山　でもそのひらめいたっていうのが、なぜそんなふうになったのかって、自分でもいまだに良くわからないんですよ。

池上　それはひきこもりになってから、どのくらいたったときだった？

横山　一年くらいですかね。本当に自分の家の中にずっといる、部屋の中にこもりっきりってなってから、ちょうど一年くらいですね。

池上　そのくらいたったときに、ふと…。

横山　はい、ふと。

池上　思ったわけね？　わかりました。金澤君はどうですか？

金澤　はい。その女の子には当てはまらないと思うんですが、自分の場合は、横山君が話していたように、学校に行くべき時間に行っていない、ということだったんですね。というのは、やっぱり僕は学校に行きたいし、行きたいという気持ちが強いがために、「行かなければならない」っていうような気持ちがあったんで、行かなければならない時間に行っていない、というのがあからさまになるのが、自分にとって非常に恐ろしかったんですね。

池上　うんうんうん。

金澤　だからやっぱり、人の目にはあまり付きたくないな、と。さらに言えば、しなければならないことをしていないというのは、とても後ろめたいことなんで、生きることにも後ろ向きになりましたし、そうするとやっぱり、人の前に出られずに家の中にずっと閉じこもった方が楽だということで、閉じこもっていました。

池上　なんて言うかな、人の目を、今は気にしなくなった？

金澤　はい。

池上　その、きっかけみたいなものはあるかしら？

金澤　きっかけはあるんですが…自分の場合は、人の目を気にする必要性というのは何だろう、と考えたんですね。それはやっぱり、ある程度は人間社会を生きていく中で、人の目を気にして、人に気を遣って、人間関係を作って生活をしていかなければ、生きていけないと思うんですね。そうしなくてはならない、というわけではないんですが、ある程度はしないと生きていくのは難しいと思うんです。そういうことなんだということを、自分で考えて、納得しました。

そうすると、別に、真っ昼間の時間に外に出て、悪い理由は特にないんだ、と。警察に捕まるわけでもない、悪いことをしているわけでもない、という事実を自分で見つめ直して、ただ単に悪いことをしている気分になるだけであって、実際はそうではないんだ、と自分に言い聞かせることによって、少しずつ慣れていきました。

池上　なるほどねぇ…そうやって自分と向き合ったってことですね。ええーと、藤村さんはどうですか?

藤村　えっと、やはり、みんなと一緒で、周りの中学生は学校に行っている時間帯なのに、自分だけ外にいるのは変だなというのがありました。あと、学校に行ってない自分に対して、自分が悪いんじゃないかっていうのがあって、自分が悪いから、行けないから、学校がある時間帯に外でふらふらしているのはやっぱりおかしいな、ってずっと思ってました。人はそんなに見てないんですけど、すごく人目が気になって、ひきこもっている間も、外の人に何を思われてるのか、とか、昔の友達はどう思ってるだろう、とか、周りの人は本当は考えてもいないようなことを、過剰に気にするっていうのがありました。

学校に行ってない自分とか、そういうのをある程度許せるというか、自分の中で決着がついて教育研究所に通うようになったころには、「大して人も見てないし、自分は悪くないし」と思えるようになりました。そうなるまでは、やはり人目はとても気になりました。

池上　その、自分が解決するきっかけっていうのは何かあった?

藤村　やっぱり、教育研究所に通うようになって、色んな人と話しているうちに、自分の登校拒否に対して、引け目を感じられないというか、そういうふうに思えるようになってから、ですね。

池上　なるほどなぁ…高田さんもさっき、教育研究所に行ったら、同じような人がいっぱいいるから、「何だ、気にしなくてもいいや」と思えるようになったって言ってましたね?

高田　今みんなが言ってたのは、世間体という意味での「人目が気になる」だと思うんですけど、私は、自分の容姿とか、例えば服装だとか髪型だとか、そういうのがすごく気になって、街を歩いているだけで誰かに笑われているんじゃないかっていうような気持ちになることがあります。それが気になって外が出歩けないというほどではなかったんですが、ふっと思うと、「今あの人が笑ってたのは私のことなんじゃないか」という気持ちになることがありました。学校にも通ってなかったから、流行についていけない、っていうのもありましたし。逆に、教研に通うようになって、服装とかで、同年代の女の子と接するようになって、「今日のそれ、可愛いね」とか、自分を肯定してくれる言葉をかけてもらうことで、だんだん自分に自信が持てて、解消されたような気がしてます。

池上　なるほどねぇ。

高田　それと高校に入ったときに、高校の制服がとても可愛くって、それを着ることで自分も可愛くなったように感じて、それで段々人目が気にならなくなったような気がします。今思えば、自分はすごく自意識過剰なぐらいに、自分の容姿とかを気にしてた時期があったなぁ、ということを思い出しました。

池上　なるほどね、分かりました。ええ、牟田先生、いかがでしょうか。

牟田　はい、人の目が気になるっていうのは、基本的に、自分が肯定的に考えられない、だから否定的にしか捉えられないという感情が強いんですね。ですから、自分が肯定的に考えられるようになれば、「あ、自分は自分なんだ」と、自分を受け入れることが出来る。だから、先生がその女の子と話が出来るなら、肯定的になれるように、その子の否定的な部分を全部聞いてあげて、受け入れてあげながら整理してあげる。それが出来れば、その子の、自分を受け入れられない、否定的に物事を捉えるっていうのを、自己肯定に変えてあげられる。

さっき言っていた三つのタイプ（注七）の子どもも、自己が肯定できる子は社会適応している。でも、自己が肯定できない子、今の自分が否定的にしかとらえられない子は、まだ社会に適応できていないっていうことが多かったです。だから、今の自分が肯定できれば、過去の自分も、過去の不登校のことも、肯定できるように変わっていきます。人の目が気になるというのが、何が気になっているのか、何に劣等感を持っているのか、子どもと話をしながら一緒に解決してあげることが、とっても大切なんじゃないかなと思います。話を聞いて、整理をしてあげることで、自己肯定に変えていくことが出来ると思います。

池上　分かりました。時間の関係で、あとお一人ということでよろしいでしょうか。どうしても聞きたいという方、他にいらっしゃいますか？　じゃ、その方最後ということで…。

十四、母親との関わり合い

会場・四　宜しくお願いいたします。東京の養護教諭です。

小学校一年生の事例なんですが、自由保育の、哲学者の精神に則った保育園（注八）が東京に何カ所かあるんです。カリキュラムはあるんですが、その対象児童が選択をしなければ、その一日は自由に過ごせるっていうシステムらしいんです。今までそこに通っていたお子さんが小学校に入りましたら、当然周りと合いません。四〇人の中で切磋琢磨されますから、もう、初期から不登校です。身体症状が出ております。その中で、お母様は、横山さんのお母様じゃありませんけれども、あらゆる本を買ってきてお読みになって、理論武装して学校に参ります。学校に相談に来るということは、やはり学校に行かせたいんだなっていう気持ちは分かるんですが、お父様は小児科医で、他のお子さんの不登校の相談にのっていらっしゃる。そんな中で、学校としてはどうして関わっていけばいいのか。こういう問題は、これから、若いグループに出てくる問題じゃないかと思

（注七）　三つのタイプ　「無気力」「不安などによる情緒的な混乱」「複合」の三タイプを指す。

（注八）　自由保育の哲学者の精神に則った保育園　ルドルフ・シュタイナー（ドイツ）哲学者の教育哲学による保育を行なう保育園や幼稚園のこと、いわゆるシュタイナー教育を行なう幼稚園や保育園を指していると思われる。

シュタイナーをキーワードにインターネット検索をして、「シュタイナーと幼児教育の情報交換室」から「シュタイナー教育／リンク情報」を調べると、東京で十三校ほどある。

シュタイナーの幼児教育は、詰め込み教育を排して、子どもが本来持っているものをのびのびと育て、自由な意思を伸ばし、次に、体力を付け、最後に知性を伸ばすといった考えに基く。

シュタイナー教育については、子安美知子著『シュタイナー教育を考える』（学陽書房）、『ミュンヘンの小学生』（中公新書）、『ミュンヘンの中学生』（朝日文庫）等に詳しい。

うんですが、まず横山さんには、お母様へどう関われば良いのか教えていただきたいということと、そして牟田先生に、この事例はどうしていったらいいのかをお伺いしたいと思います。

池上　はい、わかりました。えー、横山君、ご指名ですが…。

横山　えーと、お母さんとの関わり合い、というご質問ですよね。…そのお母さんは、一体何を求めているんでしょうかね？　自分のお考えがあってのことでしょうけど…。

池上　横山君の場合も、ひきこもりのときに、親がずいぶん色々な本を買ってきて、あなたに読めって言ったけど、それは実は、親が自分で読みたかったんだろうって話、さっきしてたよね？

横山　はい。

池上　つまり、あなたの親への不信感もあるんだろうと思うんだけど、親は親でやっぱり、多分必死で、悩んでいたんだろうと思うんだよね。だからこそ色んな本を買って、読んだんだろうと思うんだけどねぇ…。

横山　はい。

池上　あなたは、親のそういう振る舞いに対して、不信感を持ったわけ？

横山　はい。

池上　どうして？

横山　誰が苦しんでいるのかな？っていう…救いを求めてるのは、子どもか、親か…。

池上　うん、両方なんじゃないの？

横山　そうだったんだと思います。だけど、少なくともそのときは、母が僕を助けようとしているとは感じられなかったんですね。

池上　ふーん。それはどうしてなんだろう？　それは親が、自分の子どもが不登校だったら体面が悪いなと考えてるとか、心配してるとか、そういうふうに受けとめたの？

横山　はい。何か、親が精神的に強く依存していたものがあって、それは僕なしでは成立しない、と。で、そのアイデンティティの拠り所であったものが壊れてしまうと、自分自身も壊れてしまう。自分自身が壊れないために、僕を学校に行かせるとか、そういう道に進ませる、そういったものではないんだろうか、と…。

池上　なるほどね。つまりあなたのお母さんは、あなたのことをとっても期待している、あるいは、あなたのことをとっても頼っている、そのあなたが不登校になることによって、親の自らのアイデンティティが壊れてしまうんじゃないかということで、不安に思って悩んでいた、とあなたは受けとめたわけだ？

横山　はい。

池上　すごいね、良くそうやって分析できるね。

横山　やることなかったですから。

池上・会場　（笑）

池上　分かりました。ええ、そこでまた、逆にそういう、母と子の関係に対して、あなたは不信感を持ったと。

横山　はい。

池上　なるほどね。他の三人はどうですか？

高田　えっと、そのお母さんは、学校のシステムがいけないって…理論武装というのは、学校に対して理論武装してくるわけですよね？

池上　そうなんですか？　その場合の理論武装ってのは、どんなことなんですか？

会場・四　いわゆる、自分の教育方針が正しい、今までの自由保育っていうのは、上の子…二十歳前後になる二人のお子さん達にもさせたかったけれど、二人続けて生まれちゃったので時間がなかった。時間が空いて生まれたお子さんだから、徹底的に自分の教育方針を通した、っていうことだと思うんです。で、不登校になってしまった現状に対しての理論武装だけであって、やっぱり学校は必要と認めているんだと思います。

池上　ということだそうですが…。

高田　あ、そうですか。どうなのかなと思って聞いたんですけど…別にそれだと…。

池上　分かりました。藤村さんはどうかしら？　今のそういう人に対して。

藤村　……

池上　わからない？　金澤君。

金澤　やっぱり、不登校になる人の多くは中学校ぐらいであって、小学生でもいるんですけど、中学校で不登校になる人と、小学校の低学年で不登校になるのとでは、少しタイプが違うように僕は思うんですね。だから、僕はちょっと答えることはできません。

池上　分かりました。では、牟田先生、どうですか？

牟田　はい。えーと、ハッキリ言って私も分かりません。で、自由保育とか、自由を優先して本人の持っている個性をのびのびと伸ばしていくことはとても必要なことだと思います。もしそういう教育方針をお母さん自身が持っているならば、そういう学校を選べば良いのじゃないかな、という気がするんですね。そういうことをうたい文句にしている私立の学校も今は出来てきているわけですから、何も公立の学校を選ぶ必要はないのではないかなと。

公立の学校の場合は、もちろん個性を、その子の持っている能力や個人的な資質を伸ばしていくということも必要だけれども、同時に、いわゆる全体化、組織化っていうような、集団化教育も当然、重要な課題の一つだと思うんです。その集団化教育に子どもがなじまないんだったら、お母さんの教育方針に従って、徹底的に個性を重視した学校を選んでいくっていうことが、必要なんじゃないのかなって思います。

ただ、その子ども自身が本当にそれを望んでいるか望んでいないかっていうのが、大きな問題の分かれ目だという気はします。まだ小学校一年生だから何とも言えないんだろうけれど、それがお母さんの教育方針であって、子どもは望んでいないんだったら、それは一種の児童虐待に近い。親自身が押しつけをしたとしても、それに対して、親が子どもにフォローして、コミュニケーションをしていって、子ども自身に納得させていくっていうことがもちろん必要なんだろうけれど。基本的には、親がそういう教育方針を持つならば、そういった学校を全国に求めて、あるいは全世界に求めて探していくっていう以外、方法はないのではないか。それを、一つの公立の学校に押しつけていくっていうのは、とても難しいのではないかなと思います。

で、学校は必要としているけれど自分の教育方針は譲らないっていっても、なかなかそうは、現実には上手く行かないということがあるんではないでしょうか。その辺が、これからの学校が持っている難しさなのかもしれません。

池上　分かりました。ありがとうございました。

十五、不登校で得たもの・失ったもの

池上　もっと質問したいこともあろうかと思います

が、時間がなくなって参りましたので、最後に四人の方々に、もう一つ質問して、最後に牟田先生にまとめていただこうと思います。あの、四人の方、不登校の体験ですね。随分大変な思いをしたと思うんですが、その不登校によって得たもの、あるいは失ったもの、あるいはまとめて、あなたにとって不登校体験っていったい何だったんだろう、と。ちょっと抽象的になってしまいますけれど、ちょっとそれを振り返って言っていただきたいと思うんですが。金澤君、どうです？

金澤　はい。僕が不登校になったのは神経症からです。その神経症を治す時間に、不登校になりました。失ったものは、僕がやりたいと思っていた、様々なことが一時的にその時間、出来ませんでした。そういうことです。

池上　得たものってあります？

金澤　得たものは…考える時間、ですね。

池上　考える時間ね。

金澤　はい。余裕が出来ました、時間に。

池上　はい、分かりました。では、横山君。

横山　不登校体験をして、悩んで苦しんで、いろいろ考えました。でも、今では社会に少しは復帰できたと思ってます。で、ああいった荒波を乗り越えたんだから、多少のことは大丈夫だろうっていう自信がつきました。失ったものは、楽しい学校生活とか、それくらいだと思います。

池上　はい、藤村さん。

藤村　私にとっての不登校の時間っていうのは、自分を見つめ直す時間。そのまま学校に行き続けていたら考えもしなかったような、たくさんのいろんなことを得ることが出来たと思います。で、失ったものと言われれば、やっぱり中学校の三年間という時間を失った、とは思います。けれど、その間、他の子達が経験しないようなことをたくさん得られて、だから、今の自分があるのだと思うので、有意義な時間だったと思っています。

池上　はい。高田さん。

高田　私にとって不登校は、いずれは来る挫折だったと思います。そのときに不登校にならなくても、あのまま行けばいずれは何らかの形で挫折してたのではないかなと思います。で、失ったものは、やっぱり、普通の学校生活の思い出です。大学に行っても、そのときのことを聞かれると答えに詰まっちゃったりすることがあるんで、そういうことが…。得たものは、今の自分だと思います。

池上　はい。今の四人の話を聞いて、牟田先生が先ほど、その、自分を否定的に考える、それをどれだけ自分を肯定的に考えることが出来るかによって、過去を振り返ることができるっておっしゃってましたよね。

牟田　はい。

池上　今、四人の方々が見事に、やっぱり、失ったものもあるけれど得たものがあるって、ちゃんときちっと言えたのは素晴らしいな、つまりはこういうことなんだなと思いながら聞いたんですが、最後のまとめといいますか、いろいろな悩みを持ってここにいらっしゃる会場のみなさんへのメッセージを含めて、お話しいただけますか？

牟田　ひきこもりの子どもが、実は増えているんですね。で、実際にひきこもりになってしまうと長期化していく。でもひきこもりの子どもたちも、実際は社会と関わりたいんです。社会に出て、そこで思い切って働いてみたい、コミュニケーションや人間関係を豊かにしていきたいっていうような気持ちが、ものすごく強いんです。

実際に二十歳を越えた人達のカウンセリングをしていると、そういう気持ちがあるんだけれど、年齢が上がるに連れて社会との接点がどんどんなくなっていってしまうんです。で、やはり、中学校・高校くらいの年代が、そういう意味では一番社会との接点を持ちやすい時期なのかな、という気がします。

だから、不登校に対してのマニュアルを作ることも必要なのかもしれないけれど、それ以上に、不登校に関わる個々の大人達が、どれだけ自分自身を見つめ、「自分らしさ」を不登校の子どもたちに与えることが出来るかが大切だと思います。子どもたちは、その与えられたものを、自身の生きる糧に変えていく。その、生きる糧に変えていったときに、子どもたちの中に、自己を肯定できる自分が出来ていくんじゃないかなっていうような気がします。

まあ、長ったらしい、ちょっと難しいことを言ったんですけど、あの、「自分探し」と「自己を肯定的に見られるような思考の旅」っていうのを、子どもたちはしているんだな、だから、その思考の旅っていうのは、色んなところで、実は関わり合いながら、自分自身の個性を大人が出しながら、その人達を否定しないで受けとめていってあげることが、とっても大切なのかなっていう気が、私はしています。

池上　はい、ありがとうございました。

先日、昨年度の不登校が十三万人になったというニュースがありました。で、私はこれを見てちょっと驚いたんですが、その扱いが、以前に比べて非常に小さくなったということですね。新聞でも一面トップに掲げているところはどこもありませんでしたし、テレビのニュースは、伝えてはいたけれども、そんなに大きなニュースにしていなかった。

ニュースに携わっているものから言えば、珍しいことは大きなニュースになる。珍しくないことは扱いが小さいという原則があります。そこからいうと、不登校が十三万人を越えたことは、ちっとも珍しいことではない…つまり、一〇万人を越えてしまった以上、もう大きなニュースにならなくなったということだと思うんですね。

例えば中学校ですと、四一人に一人は不登校という形になっています。一クラスに一人はいる、ごく当たり前、ごく普通のことになってしまったんだろうということですね。

この数字自体、あくまでも統計的な数字ですから、実数を反映しているとは思えません。実際、もっと多いはずですね。それが大きなニュースにならなくなったということは、よく考えれば、みんなが非常に理性的に、「不登校はどこでも誰にでも起こりうること」と受けとめるようになったというふうに考えられなくもありません。が、その一方で、これだけ大変なことになっていても、それが大きなニュースにならないほど一般化してしまったということは、逆に言えばとても深刻なことでもあるのかな、と、いうふうに思っております。

先ほど牟田先生が、その不登校を分析して、まもなく秋に文部省から発表になるだろうというお話がございました。その中で、大きく分けて、「遊び非行型」と「意図的不登校」、それと「情緒混乱型不登校」という分け方があるという話でした。その「情緒混乱型不登校」というのは、いわば、今の言葉で言えば「ひきこもり型」だろうと思うんですが、その文部省的に分けると、ここにいる四人は、いずれも最後の「情緒混乱型」に分類されるはずですね。

ところが、お聞きになって分かるように、四人ともやはり、それぞれタイプが随分違います。色々なタイプがあるということですよね。やはり、この問題に取り組むにあたっては、ある程度のタイプ分けは対策をとる上で必要なことだと思うのですが、タイプを分けるところだから、とマニュアル的な対応は必ずしもできない。やはり、とっても難しいんだなということを受けとめました。

と同時に、四人の方々の話を聞いて、私はとにかく大変驚いています。同じ世代に比べて、本当に大人なんですね。しっかりしてる。やはり、とっても自己を見つめてきたからこそ、これだけ大人になり得たんだろうなというふうに、私は思っています。

金澤君は、自分は神経症である、その神経症である自分とずっと向き合ってきて、それを克服してきた。非常にそれは大変なことだったと思うんですが、そのことをきちっと乗り越えてきたんだろう、と。とにかくひたすら感心して聞いておりました。

横山君は、家庭のあり方、自分と親との間合いも含めて非常に冷静に分析しているんですね。それから、親元を離れて、沖縄に今いて、離れたことが良かったんだといっていましたが、子どもが親から独立する、あるいは自立するというのがありますが、多分横山君のところでは、親が子離れすることも出来たんだな、というふうに、横山君は自分の家庭を分析しているのではないかなと思いながら聞いておりました。

それから藤村さんの場合も、結局は家庭の中でのあり方ですね。親が子どもにどう働きかけをするのか、どうすればいいのかというときの、非常に良いアドバイス、ヒントになったんだろうと思っております。とりわけ、先ほどの質問にもありましたけれど、「他人の目が気になる」、その他人の目が気になる子どもに対して、親が他人の目なんか気にしなくて良いんだと、親が自らそれを実践して見せたのではないかな、と思いながら聞いておりました。

そして高田さん。みんなもそれぞれそうなんですが、とりわけ学校のあり方、今の学校への不信感をですね、それをきちっと見せてくれてる。とりわけ学校の先生が、ついつい上ばかり見ているとですね、それを子どもは見事に見抜いてしまう。やっぱり鋭いものを持っているんだなということですよね。そういう、子どもの鋭さを、先生は一体どう受けとめればいいのかということを痛感いたしました。

四人の方の話から共通して受けとめられるのは、やっぱり、「学校に対する不信感」です。形ばかりの家庭訪問をしても、それを子どもはすぐに見破ってしまうということですね。「本当に親身になって話を聞いて欲しかった」という話もありました。学校のあり方が問われているというありきたりの言い方をしたくはありませんけれども、やっぱり、学校の対応を見事に見ているということですね。そこでまさに、学校の先生方の態度を、不登校の子どもはしっかり見ているんだよ、ということをきちんと受けとめた方が良いんだろうな、というふうに思っております。

私が勝手にまとめても仕方がありません。それぞれの方の貴重な話を、それぞれの方、いろんな受け止め方が出来たと思います。そういう意味で、ここに来て自分の辛い体験を話してくれた四人の方に、本当にお礼を申し上げます。本当にありがとうございました。

コメント

金澤くんは、神経症を伴う不登校。その神経症とどう付き合いながら自分の状態像を良くするかということが課題でした。彼は、こだわりが非常に強いタイプの神経症で、例えば漢字の練習をしても、漢字の成り立ちから気になって全然覚えられないのです。金澤くんのご両親は高学歴で、父親はエリート商社マン。兄妹もトップ校に通っているのに、自分は勉強が全然できない。クラスメイトや担任も自分を理解してくれない。だから自分は生きている意味がない、と思ってしまったんですね。そうした全てのことが彼の孤立感を募らせ、その強迫観念が教室で椅子を持ち上げて大立ち回りをするというような行動につながってしまったのです。

カウンセリングは、母親と一緒に受けていたのですが、「お母さんは何もわかっていない」と怒鳴ってばかりの状態が一年くらい続きました。

彼のこだわりが和らいだのは、教育研究所に通うようになって一年くらい過ぎた頃から。同世代で不登校という同じ悩みを抱えた子どもたちの中で、自分を受け入れてもらえたことが精神的な安定につながり、こだわりがなくなっていきました。シンポジウムで話している彼を見ていたら、「自分は人とは少し違うけれど、そのことをわかって欲しい」と会場の人たちにも呼びかけるように話していたので、成長が感じられました。

その後、大検に受かり予備校に通っていましたが、ここでも彼特有のこだわりが出てきました。「好きな勉強ができればいいのだから、最終学歴が予備校でもかまわない」と言い出したんですね。それを何とかしなければいけないと思って、合宿に連れていったんです。三ヶ月ぶりに会ったので、温泉につかりながら、彼の話をよく聞いて受け止めた上で、その後、みんなの前で私は彼を怒鳴りつけました。「オマエはそうやって、いつまでも周囲に甘えてばかりいる気か。オマエの考え方は、家族にも社会にも甘えている」「予備校は大学に入るための勉強をする所で学問をする所ではない。本気で好きな学問を修めたいならば、自分が学びたい大学や先生を探して、ちゃんと大学に行け」という具合に。一時間くらいした後に彼が、「牟田先生は、ボクの神経症がほぼ治って、みんなと同じような状態になっていると判断したから、そう言っているんですね」と言いました。「そうだ！」と私はひとこと答えただけでしたが、その合宿から帰った後、彼は猛勉強してこの春から大学生です。やはり「ここだ」というタイミングを逃さずに、彼と真剣に向き合ったことで、彼の背中を押してあげられたんだと思います。

初めて横山君に会ったのは、高校に入ってから。彼も金澤くんほどではありませんが、こだわりが強いタイプの子でしたね。母親に「個性的であれ」と育てられ、現に、小・中学校では、色々な場で活躍していました。しかし一方で、母親は「礼儀正しくあれ」とも言う。それを彼は「礼儀正しくというのは、人との調和を保つこと。つまり人と同じでなければいけないのか」と捉えて混乱してしまった。そのことが、自我が確立できなかった最大の原因だ、と彼は自己分析しています。もちろん母親には、そんなつもりはなかったのです。ただ、とても教育熱心で、講演会を聞きに行ったり、お母さん同士の勉強会に参加したりしていましたので、そうした影響から出てくる親の発言を子どもは敏感に察知していたのかもしれませんが。

彼は大学に入りましたが、その後もやっぱり悩んだり考えたりを繰り返しています。たまたま彼が所属した探検部に、高校の先生を定年退職して大学生になった方がいて、合宿で無人島のような所に行き、何日も寝食をともにして、焚火を囲んで話をしたことなどが、随分彼の支えになっているみたいです。

彼は沖縄でネコを飼っているのですが、帰省のときにはネコも連れて帰ってくる。「唯一こいつがオレの支えです」なんて言っていますよ（笑）。

藤村さんは、とても優しくてナイーブな子です。中学三年の途中までひきこもっていましたが、もともと生き物が好きな子だと聞いていたので、母親のカウンセリングのときに、「庭で一緒に何かを育ててみたらどうですか」とアドバイスをしました。生き物の教育力はすごいですからね。それでお花のほかにも、ナスやキュウリを種から蒔き、苗を育てて植え替えて収穫したり、庭にいる生き物の観察をしたりすることで、少しずつ動けるようになったんですね。当時彼女には、生まれたばかりの弟がいて、苦しくても母親に甘えられなかった。だから、学校のこと以外に、普段の生活の中で母親と共通の話題ができれば、彼女の心も救われるのではないかと思ったのです。

動けるようになった彼女自身には、心の問題や人とのトラブルはなかったので、「高校に進学したい」という彼女の希望をどう叶えてあげるかが課題でした。シンポジウムの中で彼女も話していましたが、私立中学の場合、出席日数や成績がなければ卒業資格を出しませんが、私が必死に学校側に屁理屈をこねて卒業資格をもらい、私立の女子高に合格しました。大学も好きな理系を選んで薬学部に入り、今は薬剤師を目指しています。彼女は割合順調に行ったと思います。

高田さんは、活動的・行動的な不登校。学校以外では、友だちとテーマパークに行ったり、映画を見に行ったりしていました。ただ、女の子と上手くやっていけず、男の子との方があっさりさっぱりつきあえるからと、学校でも次第に女の子のグループから外れていってしまったんですね。それでも活動的だから、自分はどのグループにも所属してないんだけど、あちこちに首を突っ込んでは引っ掻き回すんですよ（笑）。それが友人とのトラブルの原因にもなっていました。それに彼女は頭がいいせいか怠け者なんです。試験の二十分前にささっと教科書を見ればできてしまうので、机に向かってじっとして勉強ができない。

彼女の一歳上のお姉さんも不登校でしたが、二人とも感情の未分化が見られました。極端から極端に感情が流れて途中がない。みんなと一緒に「あぁ、楽しかったね」とか「つらいよね」という気持ちを共有できない。不登校の子にはよくあることですが、それが著しかったのです。その理由には、彼女たちが小さいときに、祖父母四人の看病を母親が一手に引き受けていたので、二人とも母親に最低限しか関わってもらえなかったことがあるのでしょう。一番密着して可愛がってもらわなきゃいけない時期に、そうしてもらえなかったことが原因です。

高校に行っても、「怠け者」だから（笑）、出席日数が足りなくて結局大検を受けました。それから短大に入って就職も決まりました。右に左に揺れながらきましたが、でももう大人ですから心配するには及ばないでしょう。

平成十五年春

牟田武生談

おわりに

毎年夏の終わり、不登校シンポジウムの司会役を引き受けることで、さまざまなタイプの不登校の人たちから話を聞くことができました。

シンポジウムに出てきてくれる人たちは、いずれも二〇歳前後の若者です。その若者たちが、自分が経験した辛い不登校の様子を極めて冷静沈着に報告してくれる姿に、毎年感心しています。「ここまで冷静に自分を見つめることができる力量は、不登校という体験があってこそのことなのだろう」と思います。その体験を語ってくれることが、不登校になっている教え子の指導に悩んでいる先生、わが子の不登校に苦しむ親たちに、どれだけの助けになったことか。私は、いつも、出席してくれる若者たちに頭が下がります。

不登校で苦しんだある女性は、「学校は好きなんですよ、学校には行きたいんです」と語ってくれました。それなのに、行くことができない。つらく苦しいことだったと思います。では、どうすれば、いいのか。

長年不登校の問題と取り組んできた牟田先生の話には、大変説得力がありました。不登校の子どもたちが激増していくメカニズムがよく理解できました。と同時に、蓄積された経験がないと、個別の不登校の子に対する接し方を適切に見出すことが容易ではないこともわかりました。

「不登校の子には、こういう接し方をすればいい」とか、「この子は不登校のこのタイプだから、こういう指導を」とかいったマニュアルは無意味であることも痛感します。

結局は、焦らず慌てず、ゆっくりじっくり、不登校児と向き合っていくことの大切さを知ることができました。

子どもの姿をあるがままに受け入れることから始め、その子の話をひたすらよく聞くことがいかに大切なことであるか。これは、不登校にかぎらず、教育のすべてにわたって大切なことではないか、と思います。

この本は、不登校問題にとどまらず、あるべき教育の本質論に迫る内容になっているのではないかと考えています。それは、シンポジウムの会場で、大勢の人がいるにもかかわらず、正直に自分の体験を語ってくれた若者たちがいたからだ、と感謝しています。

二〇〇三年四月

池上　彰

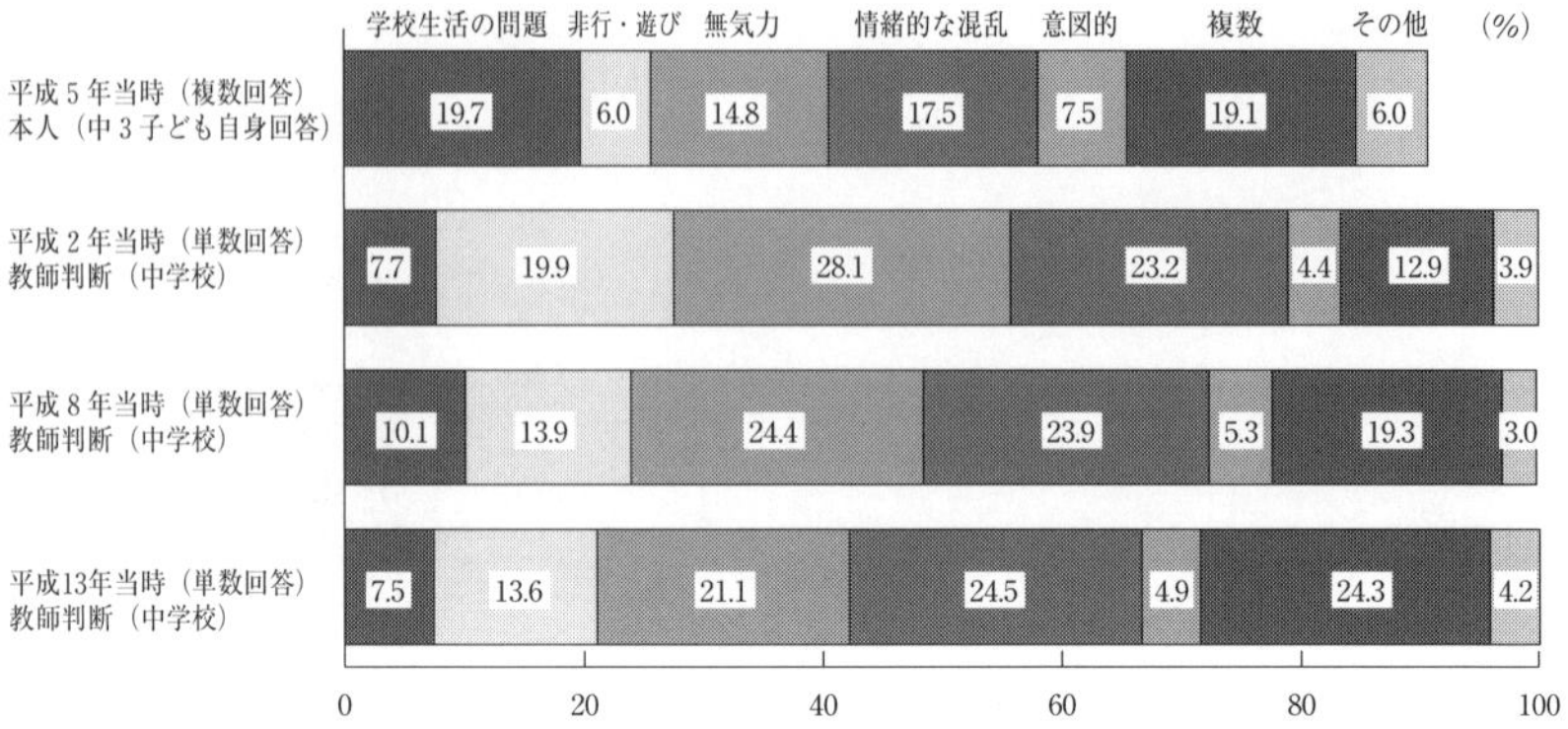

本人は、自分の不登校のきっかけや継続の問題を「学校生活の問題」に起因していると考え、教師は「非行・遊び」「無気力」「情緒的な混乱」が主として、本人自身の問題にしています。この意識の違いが、教師不信をまねいていた原因の一つとも考えられます。

資料⑦：タイプ別の不登校

不登校のタイプ別は、現在、文部科学省で作られたものが基準になっています。文部科学省では、現在、前年度の学校基本調査を8月に発表しております。その中で、不登校児童・生徒の数やタイプが出ています。

タイプとしては

○　学校生活上の影響…いやがらせをする生徒の存在や、教師との人間関係等、明らかにそれと理解できる学校生活上の影響から登校しない（できない）。
○　あそび・非行…遊ぶためや非行グループに入ったりして登校しない。
○　無気力…無気力でなんとなく登校しない。登校しないことへの罪悪感が少なく、迎えにいったり強く催促すると登校するが長続きしない。
○　不安などの情緒的混乱…登校の意思があるが身体の不調を訴え登校できない、漠然とした不安を訴え登校しない等、不安を中心とした情緒的な混乱によって登校しない（できない）。
○　意図的な拒否…学校に行く意義を認めず、自分の好きな方向を選んで登校しない。
○　複合…不登校状態が継続している理屈が複合していていずれが主であるかを決めがたい。
○　その他…上記のいずれにも該当しない。

このタイプを基準に、学校が不登校の子どものきっかけや継続を、該当する子どもの最近の状態に最も近いものを一つ選択して、判断したものとなっています。

「学校生活上の影響」によって不登校になった子どもも、時間の経過とともに、教師の目から見た行動観察では「遊び・非行」になったり、「無気力」や他のタイプに変化し、最後に様々な状態像を現す「複合」になったりすることが多くあります。しかし、「不登校追跡調査」のように、本人（子ども自身）に、中3時に自分の不登校を振り返って複数回答させ、判断させると、次のようになります。

■相談・指導を受けた機関等

［単位：校］（表3—9）

校種 区分　　年度	小学校			中学校		
	10年度	11年度	12年度	10年度	11年度	12年度
①適応指導教室	217 (8.7)	204 (8.8)	174 (7.5)	838 (10.8)	867 (11.1)	907 (11.6)
②教育センター等教育委員会所管の機関（①を除く）	596 (23.9)	505 (21.7)	522 (22.4)	817 (10.5)	644 (8.3)	619 (7.9)
③児童相談所・福祉事務所	188 (7.5)	192 (8.3)	181 (7.8)	348 (4.5)	396 (5.1)	364 (4.7)
④保健所・精神福祉保険センター	17 (0.7)	20 (0.9)	27 (1.2)	21 (0.3)	14 (0.2)	35 (0.4)
⑤病院、診療所	175 (7.0)	191 (8.2)	193 (8.3)	242 (3.1)	329 (4.2)	357 (4.6)
⑥上記以外の施設	126 (5.1)	128 (5.5)	111 (4.8)	219 (2.8)	248 (3.2)	217 (2.8)
⑦上記①～⑥の機関等での相談・指導は受けていない	1,173 (47.1)	1,086 (46.7)	1,119 (48.1)	5,279 (68.0)	5,305 (68.0)	5,328 (68.1)
計	2,492 (100)	2,326 (100)	2,327 (100)	7,764 (100)	7,803 (100)	7,827 (100)
⑧養護教諭による専門的な指導を受けた		238 (10.2)	381 (16.4)		910 (11.7)	1,023 (13.1)
⑨スクールカウンセラー、心の教室相談員等による専門的な相談を受けた		186 (8.0)	330 (14.2)		1,637 (21.0)	2,089 (26.7)
⑩上記⑧⑨による相談・指導を受けていない		1,902 (81.8)	1,613 (69.4)		5,266 (67.4)	4,710 (60.2)
⑪上記①～⑥、⑧～⑨による相談・指導を受けていない		886 (38.1)	887 (38.1)		3,375 (43.3)	3,311 (42.3)

※（　）内は、該当する児童・生徒数／不登校児童・生徒数×100（%）
ただし30日以上の不登校とする。
※①～⑥は学校における相談・指導は含まない。
※⑧～⑪は、平成11年度分の調査からである。

（東京都教育委員会
「平成12年度における児童生徒の問題行動等の実態について」より）

資料⑥：東京都教育委員会の資料

■「指導の結果登校する又はできるようになった児童・生徒」に特に効果のあった学校の措置（複数回答）

［単位：校］（表3—8）

区分	校種	小学校			中学校		
	年度	10年度	11年度	12年度	10年度	11年度	12年度
学校内での指導の工夫	不登校の問題について、研修会や事例研究会を通じて全教師の共通理解を図った	263 (27.1)	218 (23.0)	211 (21.5)	195 (30.8)	202 (31.7)	146 (22.8)
	すべての教師が当該児童・生徒に触れ合いを多くするなどして学校全体で指導にあたった	214 (22.1)	167 (17.6)	174 (17.8)	157 (24.8)	169 (26.5)	158 (24.6)
	教育相談担当の教師が専門的に指導にあたった	92 (9.5)	48 (5.1)	39 (4.0)	153 (24.2)	95 (14.9)	70 (10.9)
	養護教諭が専門的に指導にあたった		93 (9.8)	85 (8.7)		135 (21.2)	146 (22.8)
	スクールカウンセラー、心の教室相談員等が専門的に相談にあたった		66 (7.0)	79 (8.1)		303 (47.6)	323 (50.4)
	友人関係を改善するための指導を行った	181 (18.7)	163 (16.1)	154 (15.7)	178 (28.1)	193 (30.3)	156 (24.3)
	教師との触れ合いを多くするなど、教師との関係を改善した	240 (24.8)	210 (22.1)	169 (17.2)	282 (44.5)	252 (39.6)	214 (33.4)
	授業方法の改善、個別の指導など授業がわかるようにする工夫を行った	71 (7.3)	67 (7.1)	42 (4.3)	41 (6.5)	51 (8.0)	35 (5.5)
	様々な活動の場面において本人が意欲をもって活動できる場を用意した	173 (17.9)	173 (18.2)	149 (15.2)	125 (19.7)	107 (16.8)	115 (17.9)
	保健室等特別の場所に登校させて指導にあたった	147 (15.4)	122 (12.9)	103 (10.5)	234 (40.0)	220 (34.6)	180 (28.1)
家庭への働きかけ	登校を促すため、電話をかけたり迎えに行くなどした	308 (31.8)	258 (27.2)	240 (24.5)	311 (49.1)	395 (62.0)	312 (48.7)
	家庭訪問を行い、学業や生活面での相談にのるなど様々な指導・援助を行った	285 (29.4)	230 (24.2)	216 (22.0)	336 (53.0)	414 (65.0)	332 (51.8)
	保護者の協力を求めて、家族関係や家庭生活の改善を図った	263 (27.1)	232 (24.4)	230 (23.5)	262 (41.4)	284 (44.6)	230 (35.9)
諸機関との連携	教育相談センター等の相談機関と連携して指導にあたった	196 (20.2)	161 (17.0)	151 (15.4)	261 (41.2)	245 (38.5)	186 (29.0)
	病院等の医療機関と連携して指導にあたった	55 (5.7)	41 (4.3)	43 (4.4)	57 (9.0)	60 (9.4)	79 (12.3)
その他		27 (2.8)	29 (3.1)	36 (3.7)	49 (7.7)	37 (5.8)	39 (6.1)
計		2,515 (260)	2,268 (239)	2,121 (216)	2,641 (417)	3,162 (496)	2,721 (424)

※（　）内は、該当する学校数/在籍学校数（30日以上）×100　（%）
※「養護教諭が専門的に指導にあたった」「スクールカウンセラー、心の教室相談員等が専門的に相談にあたった」については、平成11年度分の調査からである。

資料⑤：追跡調査について

平成10年度の不登校追跡調査の目的は、「不登校であった子ども達に、不登校の状況、当時の心境、不登校時の援助のあり方はどうだったのか、その後の進路状況について追跡調査を行い、不登校問題に対する学校での相談活動のあり方や支援方策を検討し、今後の学校での取組みや施策のあり方の資料を得る」ために実施された。調査対象は、平成５年度に全国の公立中学校に在籍していた子どものうち、「学校ぎらい」を理由として年間30日以上欠席した者、25,992名。

調査方法

A調査：基礎調査　19,286名

25,992名のうち調査可能な19,286名を対象に当時在籍した学校に依頼して実施した。過去にさかのぼり欠席状況や進路、B調査が可能かどうかを含め調査した。

B調査：アンケート調査　1,393名

協力してくれる子ども達にアンケート調査を依頼した。なお、A調査とB調査は統計的な関連が認められ、B調査での検討が可能であることが確認された。

C調査：電話インタビュー　467名

アンケートに出てこない内容についてフリートーキングでインタビューを行い、その内容を分類して、子ども達の個々の心情をうきぼりにするように分析をした。

資料④「登校拒否のきっかけ」についての学校・保護者、児童生徒の認識とは、調査の目的も、方法も、規模も異なる。前回の調査は不登校の子ども達が、どのようなきっかけで不登校になって、どのような気持ちで過ごしているのか、保護者はどのように思い、どのような対応をしているか、学校はどのような対応をしているのか、を知ることが目的であったが、今回の調査は小学校と中学校の連携のあり方、進路指導のあり方、どんな対応や支援が支えになったか、どんな機関（教育相談・医療・適応指導学級・フリースクール等）が役立ったか、自分にとって不登校はどのような意味があったか、得たもの・失ったものは何か、今どのように過ごしているか（現在の様子）等、多岐に渡っている。

■中学校

（人）

<table>
<tr><th colspan="3">区　　分</th><th colspan="2">学　　校</th><th colspan="2">保　護　者</th><th colspan="2">本　　人</th></tr>
<tr><td rowspan="6">学校生活での影響</td><td>1</td><td>友人関係をめぐる問題</td><td>38
(16.9)</td><td rowspan="6">88
(39.1)</td><td>39
(19.9)</td><td rowspan="6">84
(42.9)</td><td>39
(18.8)</td><td rowspan="6">77
(43.8)</td></tr>
<tr><td>2</td><td>教師との関係をめぐる問題</td><td>6
(2.7)</td><td>9
(4.6)</td><td>8
(4.5)</td></tr>
<tr><td>3</td><td>学業の不振</td><td>23
(10.2)</td><td>16
(8.2)</td><td>18
(10.3)</td></tr>
<tr><td>4</td><td>クラブ活動、部活動等への不適応</td><td>4
(1.8)</td><td>8
(4.1)</td><td>4
(2.3)</td></tr>
<tr><td>5</td><td>学校のきまり等をめぐる問題</td><td>5
(2.2)</td><td>4
(2.0)</td><td>6
(3.4)</td></tr>
<tr><td>6</td><td>入学、転編入学、進級時の不適応</td><td>12
(5.3)</td><td>8
(4.1)</td><td>8
(4.5)</td></tr>
<tr><td rowspan="3">家庭生活での影響</td><td>7</td><td>家庭の生活環境の急激な変化</td><td>16
(7.1)</td><td rowspan="3">80
(26.7)</td><td>6
(3.1)</td><td rowspan="3">19
(9.8)</td><td>2
(1.1)</td><td rowspan="3">7
(4.0)</td></tr>
<tr><td>8</td><td>親子関係をめぐる問題</td><td>31
(13.8)</td><td>7
(3.6)</td><td>1
(0.6)</td></tr>
<tr><td>9</td><td>家庭内の不和</td><td>13
(5.8)</td><td>6
(3.1)</td><td>4
(2.3)</td></tr>
<tr><td rowspan="2">本人の問題</td><td>10</td><td>病気による欠席</td><td>21
(9.3)</td><td rowspan="2">56
(24.9)</td><td>22
(11.2)</td><td rowspan="2">51
(25.9)</td><td>15
(8.5)</td><td rowspan="2">65
(36.9)</td></tr>
<tr><td>11</td><td>その他本人に関わる問題</td><td>35
(15.6)</td><td>29
(14.7)</td><td>50
(28.4)</td></tr>
<tr><td></td><td>12</td><td>その他</td><td>7
(3.1)</td><td>7
(3.1)</td><td>23
(11.7)</td><td>23
(11.7)</td><td>25
(14.2)</td><td>25
(14.2)</td></tr>
<tr><td></td><td>13</td><td>不明（わからない）</td><td>14
(6.2)</td><td>14
(6.2)</td><td>19
(9.7)</td><td>19
(9.7)</td><td>2
(1.1)</td><td>2
(1.1)</td></tr>
<tr><td colspan="3">合　　計</td><td colspan="2">225
(100.0)</td><td colspan="2">196
(100.0)</td><td colspan="2">176
(100.0)</td></tr>
</table>

（注１）複数回答が含まれる。また、記入もれがあるため、合計は一致していない。
（注２）括弧内はそれぞれが縦の欄の合計に占める割合。

中学校においては、学校、保護者及び本人ともに「学校生活の影響」とする意見が多い。また、小学校と同様「家庭生活での影響」をあげた者が、保護者や本人に比べて学校に多い。さらに、本人の認識として「本人の問題」のうち「その他本人に関わる問題」をあげる者が学校や保護者よりも多く、小学生に比べ登校拒否に陥ったきっかけを自らの問題として捉えている中学生が多い。また、「不明」及び「その他」をあげた者は、学校よりも保護者や本人に多く、登校拒否に関する家庭での不安や悩みがうかがえる。

（文部省初等中等教育局中学校課
「登校拒否児童生徒に関する調査結果（平成５年11月）」より）

資料④：登校拒否に陥ったきっかけについての学校、保護者、児童生徒の認識

アンケート調査により、児童生徒が登校拒否に陥った直接のきっかけについて、学校(教師)、保護者及び児童生徒本人がどう捉えているかを表のとおり、13項目について分類して、それぞれどれに当てはまるかを聞いた。

（人）

<table>
<tr><th colspan="3">区分</th><th colspan="2">学校</th><th colspan="2">保護者</th><th colspan="2">本人</th></tr>
<tr><td rowspan="6">学校生活での影響</td><td>1</td><td>友人関係をめぐる問題</td><td>5
(7.5)</td><td rowspan="6">13
(19.5)</td><td>5
(8.9)</td><td rowspan="6">16
(28.7)</td><td>10
(18.5)</td><td rowspan="6">24
(44.5)</td></tr>
<tr><td>2</td><td>教師との関係をめぐる問題</td><td>1
(1.5)</td><td>3
(5.4)</td><td>3
(5.6)</td></tr>
<tr><td>3</td><td>学業の不振</td><td>3
(4.5)</td><td>1
(1.8)</td><td>3
(5.6)</td></tr>
<tr><td>4</td><td>クラブ活動、部活動等への不適応</td><td>0
(0)</td><td>1
(1.8)</td><td>2
(3.7)</td></tr>
<tr><td>5</td><td>学校のきまり等をめぐる問題</td><td>0
(0)</td><td>3
(5.4)</td><td>4
(1.4)</td></tr>
<tr><td>6</td><td>入学、転編入学、進級時の不適応</td><td>4
(6.0)</td><td>3
(5.4)</td><td>2
(3.7)</td></tr>
<tr><td rowspan="3">家庭生活での影響</td><td>7</td><td>家庭の生活環境の急激な変化</td><td>11
(16.4)</td><td rowspan="3">29
(43.2)</td><td>2
(3.6)</td><td rowspan="3">6
(10.7)</td><td>2
(3.7)</td><td rowspan="3">8
(14.8)</td></tr>
<tr><td>8</td><td>親子関係をめぐる問題</td><td>13
(19.3)</td><td>0
(0)</td><td>2
(3.7)</td></tr>
<tr><td>9</td><td>家庭内の不和</td><td>5
(7.5)</td><td>4
(7.1)</td><td>4
(7.4)</td></tr>
<tr><td rowspan="2">本人の問題</td><td>10</td><td>病気による欠席</td><td>2
(3.0)</td><td rowspan="2">11
(16.4)</td><td>2
(3.6)</td><td rowspan="2">19
(33.9)</td><td>3
(5.6)</td><td rowspan="2">15
(27.8)</td></tr>
<tr><td>11</td><td>その他本人に関わる問題</td><td>9
(13.4)</td><td>17
(30.3)</td><td>12
(22.2)</td></tr>
<tr><td></td><td>12</td><td>その他</td><td>11
(16.4)</td><td>11
(16.4)</td><td>5
(8.9)</td><td>5
(8.9)</td><td>5
(9.2)</td><td>5
(9.2)</td></tr>
<tr><td></td><td>13</td><td>不明(わからない)</td><td>3
(4.5)</td><td>3
(4.5)</td><td>10
(17.8)</td><td>10
(17.8)</td><td>2
(3.7)</td><td>2
(3.7)</td></tr>
<tr><td colspan="3">合計</td><td colspan="2">67
(100.0)</td><td colspan="2">56
(100.0)</td><td colspan="2">54
(100.0)</td></tr>
</table>

（注１）複数回答が含まれる。また、記入もれがあるため、合計は一致していない。
（注２）括弧内はそれぞれが縦の欄の合計に占める割合。

小学校においては、学校に「家庭生活での影響」とする意見が多く、保護者に「本人の問題」（このうち、特に「その他本人に関わる問題」）とする意見が多く、本人に「学校生活での影響」とする意見が多い。登校拒否に陥ったきっかけについて学校、保護者、本人の間で認識の相違がみられる。

資料③：不登校の発生件数

■不登校の都道府県別児童生徒数（30日以上）

都道府県		小学校				中学校				計			
		計	国立	公立	私立	計	国立	公立	私立	計	国立	公立	私立
1	北海道	870	2	864	4	3,482	3	3,474	5	4,352	5	4,338	9
2	青森県	346	0	345	1	1,531	8	1,523	0	1,877	8	1,868	1
3	岩手県	244	2	242	0	1,073	13	1,058	2	1,317	15	1,300	2
4	宮城県	427	0	424	3	2,211	2	2,174	35	2,638	2	2,598	38
5	秋田県	189	0	189	0	737	0	734	3	926	0	923	3
6	山形県	236	1	235	0	972	7	961	4	1,208	8	1,196	4
7	福島県	372	0	372	0	1,704	0	1,700	4	2,076	0	2,072	4
8	茨城県	666	0	666	0	2,842	3	2,821	18	3,508	3	3,487	18
9	栃木県	525	0	525	0	2,339	2	2,322	15	2,864	2	2,847	15
10	群馬県	352	0	352	0	1,700	0	1,693	7	2,052	0	2,045	7
11	埼玉県	1,548	0	1,548	0	5,928	0	5,894	34	7,476	0	7,442	34
12	千葉県	905	1	904	0	4,584	0	4,541	43	5,489	1	5,445	43
13	東京都	2,364	2	2,322	40	8,378	9	7,820	549	10,742	11	10,142	589
14	神奈川県	1,727	0	1,726	1	6,962	11	6,776	175	8,689	11	8,502	176
15	新潟県	557	3	554	0	2,076	7	2,066	3	2,633	10	2,620	3
16	富山県	166	0	166	0	797	0	797	0	963	0	963	0
17	石川県	221	1	220	0	872	0	866	6	1,093	1	1,086	6
18	福井県	178	0	177	1	611	4	604	3	789	4	781	4
19	山梨県	202	0	202	0	929	0	927	2	1,131	0	1,129	2
20	長野県	686	2	684	0	1,826	6	1,818	2	2,512	8	2,502	2
21	岐阜県	596	0	595	1	2,038	12	2,015	11	2,634	12	2,610	12
22	静岡県	709	0	708	1	2,737	4	2,677	56	3,446	4	3,385	57
23	愛知県	1,504	0	1,504	0	6,203	9	6,124	70	7,707	9	7,628	70
24	三重県	361	0	361	0	1,496	1	1,480	15	1,857	1	1,841	15
25	滋賀県	583	1	580	2	1,313	7	1,280	26	1,896	8	1,860	28
26	京都府	656	1	653	2	2,222	1	2,170	51	2,878	2	2,823	53
27	大阪府	1,839	5	1,829	5	8,987	1	8,800	186	10,826	6	10,629	191
28	兵庫県	1,141	3	1,137	1	4,906	5	4,829	72	6,047	8	5,966	73
29	奈良県	352	1	350	1	1,433	0	1,404	29	1,785	1	1,754	30
30	和歌山県	374	1	373	0	1,207	6	1,198	3	1,581	7	1,571	3
31	鳥取県	143	3	140	0	590	2	588	0	733	5	728	0
32	島根県	249	1	248	0	682	3	674	5	931	4	922	5
33	岡山県	551	3	548	0	2,051	4	2,022	25	2,602	7	2,570	25
34	広島県	797	2	795	0	2,905	6	2,839	60	3,702	8	3,634	60
35	山口県	319	3	316	0	1,245	3	1,237	5	1,564	6	1,553	5
36	徳島県	175	0	174	1	791	5	783	3	966	5	957	4
37	香川県	162	2	160	0	922	4	906	12	1,084	6	1,066	12
38	愛媛県	190	0	190	0	964	4	952	8	1,154	4	1,142	8
39	高知県	273	0	272	1	832	2	807	23	1,105	2	1,079	24
40	福岡県	839	1	838	0	4,412	1	4,374	37	5,251	2	5,212	37
41	佐賀県	170	0	170	0	736	0	735	1	906	0	905	1
42	長崎県	239	0	236	3	998	3	985	10	1,237	3	1,221	13
43	熊本県	271	0	271	0	1,722	0	1,712	10	1,993	0	1,983	10
44	大分県	225	0	225	0	1,071	2	1,067	2	1,296	2	1,292	2
45	宮崎県	176	0	176	0	873	0	864	9	1,049	0	1,040	9
46	鹿児島県	290	2	288	0	1,301	9	1,276	16	1,591	11	1,564	16
47	沖縄県	408	0	408	0	1,722	0	1,720	2	2,130	0	2,128	2
合計		26,373	43	26,262	68	107,913	169	106,087	1,657	134,28	212	132,349	1,725

（文部科学省初等中等教育局児童生徒課
「生徒指導上の諸問題の現状と文部科学省の対策について（平成14年３月）」より）

■学年別いじめの発生件数

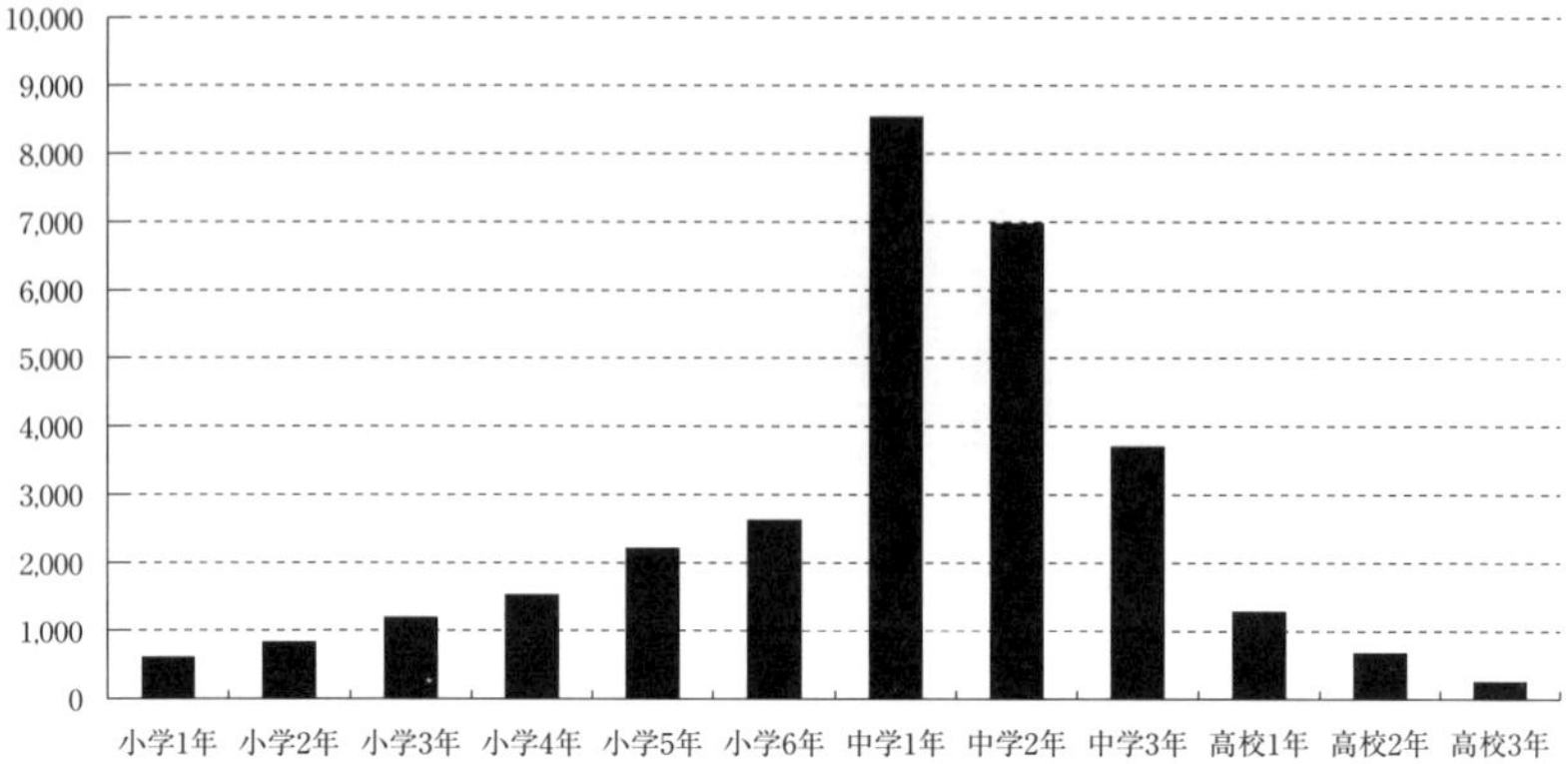

■いじめの発生件数の学年別・男女別内訳

区　分		男子	女子	計
小 学 校	1 年生	363	243	606
	2 年生	543	298	841
	3 年生	751	462	1,213
	4 年生	868	677	1,545
	5 年生	1,198	1,059	2,257
	6 年生	1,424	1,228	2,652
	小計	5,147	3,967	9,114
中 学 校	1 年生	4,685	3,899	8,584
	2 年生	4,052	2,960	7,012
	3 年生	2,338	1,437	3,775
	小計	11,075	8,296	19,371
高等学校	1 年生	916	415	1,331
	2 年生	452	252	704
	3 年生	176	116	292
	小計	1,544	783	2,327
特殊教育諸学校	小学部	18	13	31
	中学部	17	16	33
	高等部	28	14	42
	小計	63	43	106
合計		17,829	13,089	30,918

学年別の比較では、小学校から学年が進むにつれて多くなり、中学一年生が8,584人と全体の約28％を占め、最も多くなっている。その後は学年が進むにつれて減少している。

男女別の比較では、小学校、中学校では男女の差はあまりないが、高等学校では、男子の占める割合が高くなっている。

（文部科学省初等中等教育局児童生徒課「生徒指導上の諸問題の現状と文部科学省の対策について（平成14年３月）」より）

資料②：いじめの発生件数

■都道府県別いじめの発生件数

	都道府県	小学校	中学校	高等学校	特殊教育諸学校	計	1,000人当たりの発生件数
1	北海道	358	856	147	1	1,362	2.1
2	青森県	82	455	23	3	563	3.0
3	岩手県	37	88	30	4	159	0.9
4	宮城県	103	326	68	3	500	1.8
5	秋田県	51	139	12	0	202	1.4
6	山形県	30	132	30	0	192	1.3
7	福島県	35	103	62	1	201	0.7
8	茨城県	590	684	76	1	1,351	3.7
9	栃木県	1,083	1,019	36	5	2,143	8.7
10	群馬県	86	59	51	2	198	0.8
11	埼玉県	407	1,078	80	1	1,566	2.1
12	千葉県	1,095	1,564	33	1	2,693	4.3
13	東京都	680	1,148	45	16	1,889	2.0
14	神奈川県	489	1,635	162	12	2,298	2.8
15	新潟県	148	429	56	0	633	2.1
16	富山県	59	84	11	0	154	1.2
17	石川県	75	136	58	1	270	1.9
18	福井県	42	175	27	0	244	2.4
19	山梨県	27	133	28	0	188	1.7
20	長野県	67	121	24	4	216	0.8
21	岐阜県	193	315	74	0	582	2.3
22	静岡県	138	796	52	1	987	2.3
23	愛知県	1,081	1,916	163	3	3,163	4.0
24	三重県	126	472	89	6	693	3.1
25	滋賀県	43	95	18	0	156	0.9
26	京都府	60	109	7	0	176	0.7
27	大阪府	348	686	107	4	1,145	1.3
28	兵庫県	214	898	67	7	1,186	1.9
29	奈良県	88	252	21	10	371	2.3
30	和歌山県	35	75	21	0	131	1.0
31	鳥取県	12	56	5	0	73	0.9
32	島根県	36	108	22	0	166	1.8
33	岡山県	100	358	102	0	560	2.4
34	広島県	123	508	66	0	697	2.2
35	山口県	183	467	51	4	705	4.1
36	徳島県	56	136	11	1	204	2.0
37	香川県	32	126	28	0	186	1.6
38	愛媛県	108	154	40	1	303	1.7
39	高知県	44	70	21	0	135	1.5
40	福岡県	63	272	16	2	353	0.6
41	佐賀県	15	17	20	0	52	0.4
42	長崎県	202	431	131	2	766	3.9
43	熊本県	19	84	22	2	127	0.5
44	大分県	89	167	25	1	282	1.9
45	宮崎県	14	21	40	4	79	0.5
46	鹿児島県	76	240	33	3	352	1.5
47	沖縄県	72	178	16	0	266	1.2
合計		9,114	19,371	2,327	106	30,918	2.2

■平成８年度までの校内暴力*の発生状況

区　分	中学校				高等学校			
	発生学校数	発生件数	公立学校総数	発生学校数の割合(%)	発生学校数	発生件数	公立学校総数	発生学校数の割合(%)
57年度	1,388	−	10,252	13.5	415	−	3,954	10.5
58年度	1,373	3,547	10,314	13.3	349	768	4,081	8.6
59年度	1,203	2,518	10,402	11.6	281	647	4,128	6.8
60年度	1,173	2,441	10,472	11.2	283	642	4,147	6.8
61年度	979	2,148	10,517	9.3	314	653	4,178	7.5
62年度	988	2,297	10,555	9.4	309	774	4,191	7.4
63年度	1,010	2,858	10,585	9.5	392	1,055	4,182	9.4
元年度	1,136	3,222	10,578	10.7	452	1,194	4,183	10.8
2年度	1,187	3,090	10,588	11.2	498	1,419	4,177	11.9
3年度	1,237	3,217	10,595	11.7	572	1,673	4,170	13.7
4年度	1,293	3,666	10,596	12.2	590	1,594	4,166	14.2
5年度	1,285	3,820	10,578	12.1	597	1,725	4,164	14.3
6年度	1,477	4,693	10,568	14.0	693	1,791	4,163	16.6
7年度	1,460	5,954	10,551	13.8	775	2,077	4,164	18.6
8年度	1,862	8,169	10,537	17.7	918	2,406	4,164	22.0

＊「学校生活に起因して起こった暴力行為」であり、対教師暴力、生徒間暴力及び器物損壊を合わせたもの。

（文部科学省初等中等教育局児童生徒課
「生徒指導上の諸問題の現状と文部科学省の対策について（平成14年３月）」より）

資料①：暴力行為の発生件数

■校内暴力の発生学校数・発生件数

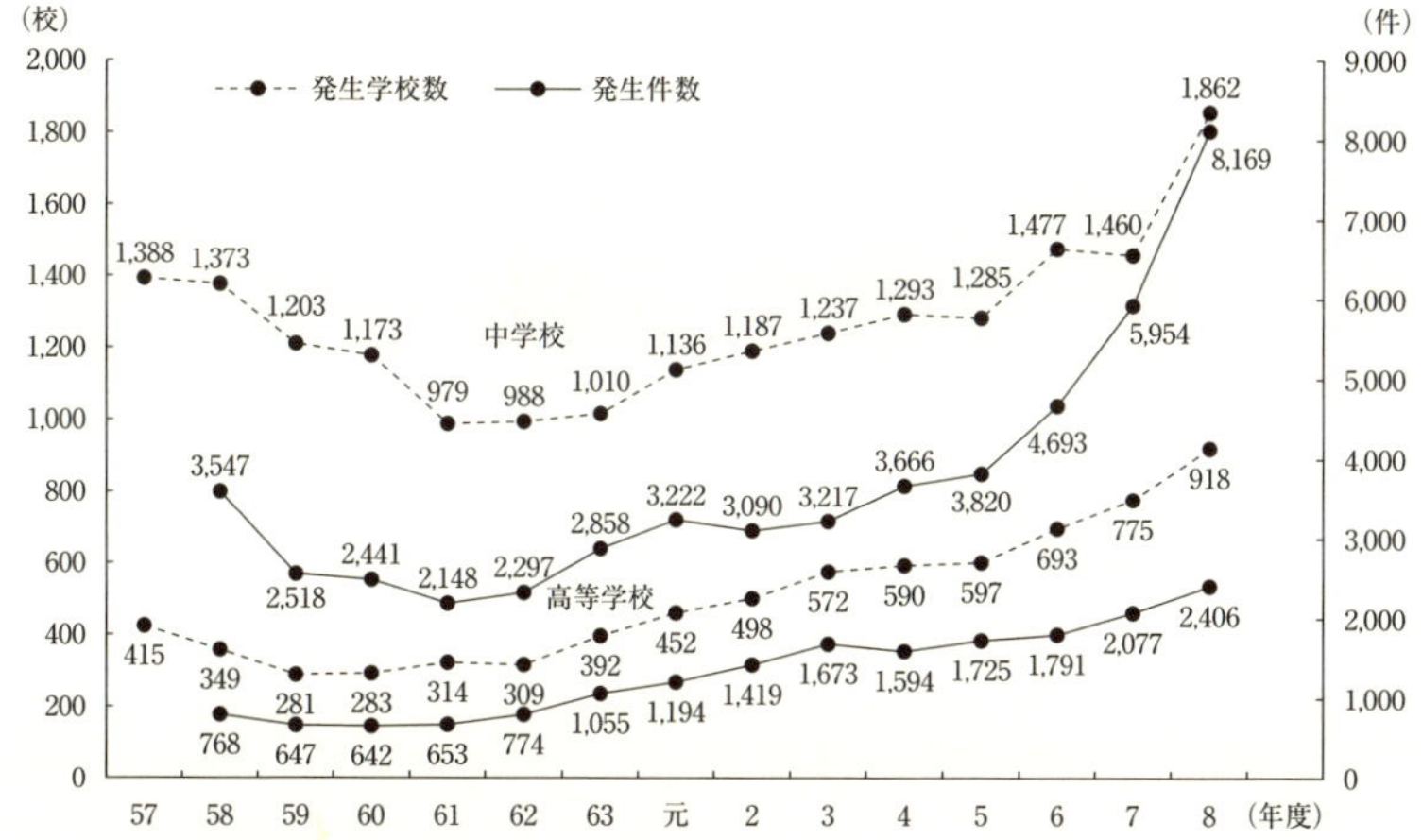

■暴力行為の発生件数の比較（四形態別）

学校内では、生徒間暴力が16,825件（前年度比10.8%増）と最も多く、次に器物損壊、対教師暴力となっており、学校外においても、生徒間暴力が3,926件（対前年度比6.5%増）と最も多い。

形態		小学校			中学校			高等学校			合計		
		学校内	学校外	計	学校内	学校外	計	学校内	学校外	計	学校内	学校外	計
対教師暴力	発生件数(件)	204	1	205	4,678	66	4,744	814	15	829	5,696	82	5778
	構成比(%)	15.3	0.7	13.8	17.1	1.7	15.2	13.6	0.9	10.9	16.5	1.4	14.3
生徒間暴力	発生件数(件)	668	112	780	12,519	2,738	15,257	3,638	1,076	4,714	16,825	3,926	20,751
	構成比(%)	50.2	73.7	52.6	45.9	68.6	48.8	60.9	65.8	62.0	48.6	67.9	51.4
対人暴力	発生件数(件)	6	39	45	154	1,188	1,342	61	544	605	221	1,771	1,992
	構成比(%)	0.5	25.7	3.0	0.6	29.8	4.3	1.0	33.3	8.0	0.6	30.6	4.9
器物損壊	発生件数(件)	453	−	453	9,942	−	9,942	1,458	−	1,458	11,853	−	11,853
	構成比(%)	34.0	−	30.5	36.4	−	31.8	24.4	−	19.2	34.3	−	29.4
合計	発生件数(件)	1,131	152	1,483	27,293	3,992	31,285	5,971	1,635	7,606	34,595	5,779	40,374
	構成比(%)	100.0	100.0	100.0	100.0	100.0	100.0	100.0	100.0	100.0	100.0	100.0	100.0

巻末資料

資料①：暴力行為の発生件数

資料②：いじめの発生件数

資料③：不登校の発生件数

資料④：不登校に陥ったきっかけについての
学校、保護者、児童生徒の認識

資料⑤：追跡調査について

資料⑥：東京都教育委員会の資料

資料⑦：タイプ別の不登校